江苏省高校哲学社会科学研究一般项目（项目号：2022SJYB0368）
江苏省教育厅高校基础科学（自然科学）研究面上项目（项目号：22KJD630003）

中国股票市场的建设与发展

杨光艺　著

中国金融出版社

责任编辑：赵晨子
责任校对：潘　洁
责任印制：陈晓川

图书在版编目（CIP）数据

中国股票市场的建设与发展/杨光艺著．—北京：中国金融出版社，2023.7
ISBN 978 -7 -5220 -2068 -6

Ⅰ．①中…　Ⅱ．①杨…　Ⅲ．①股票市场—研究—中国　Ⅳ．①F832.51

中国国家版本馆 CIP 数据核字（2023）第 121073 号

中国股票市场的建设与发展
ZHONGGUO GUPIAO SHICHANG DE JIANSHE YU FAZHAN
出版
发行　中国金融出版社
社址　北京市丰台区益泽路 2 号
市场开发部　(010)66024766，63805472，63439533（传真）
网 上 书 店　www.cfph.cn
　　　　　　(010)66024766，63372837（传真）
读者服务部　(010)66070833，62568380
邮编　100071
经销　新华书店
印刷　北京七彩京通数码快印有限公司
尺寸　169 毫米×239 毫米
印张　14.75
字数　247 千
版次　2023 年 7 月第 1 版
印次　2023 年 7 月第 1 次印刷
定价　66.00 元
ISBN 978 -7 -5220 -2068 -6

序　言

自1978年十一届三中全会以来，改革开放取得了巨大成就，其中资本市场的建设不仅是改革开放的关键因素，同时其自身也经历了一段伟大历程：由1984年第一家公开发行股票的飞乐音响到2023年的5031家上市公司；由1986年世界上最小的交易所“静安营业部”到按市值排名世界第二的沪深交易所。

从1990年沪深交易所成立至今，我国资本市场经历了一段繁荣发展的伟大历程，在党和国家的领导下，针对资本市场发展进行了一系列重要的改革措施，其中包括：2006年的股权分置改革让A股市场进入全流通时代；2002年QFII制度的启动和2014年沪港通机制的实施加快了我国资本市场开放的步伐；2019年科创板试点注册制开启了资本市场新时代；2020年新《证券法》的正式实施强化完善了资本市场的法制建设；2021年北京证券交易所宣布成立，意味着我国的多层次资本市场建设更进一步。这一系列改革将推动我国资本市场更加开放、更加市场化、更加规范、更加丰富，迈向“规范、透明、开放、有活力、有韧性的资本市场”。

中国资本市场三十余年的发展可谓是开天辟地、波澜壮阔，让所有金融人热血澎湃。然而，作为高校金融学教师，在与学生的交流中发现，学生对于资本市场这一系列改革既感兴趣又充满自豪，但却缺乏深度系统的理解，基于此，笔者在南京审计大学开设了“中国股票市场”的通识公选课，通过整理和梳理，形成此书，以期全面系统地阐述我国资本市场建设的逻辑、历程与成果。

根据我国资本市场建设的具体内容，本书的前八章分别介绍了证券交易所的成立、股权分置改革、注册制改革、资本市场开放、多层次资本市场建设、做空机制、T+1交易制度和价格稳定机制，第九章从资本市场的功能视角对资本市场的建设进行了综合性评价，附录的两个章节分别从编年体的形式和牛熊转化的视角梳理了我国资本市场建设的逻辑与过程。

除本书以外，本人还在B站开设账号“讲金融的光溢”，利用网络视频的媒介传播我国资本市场的建设逻辑以及建设过程中人与事，目前，该账号共包含三个合集，分别为［光溢课堂］、［金融人物］与［金融故事］。可以预见的是，我国资本市场建设的步伐不会放缓，B站将是本人继续讲述中国金融故事的重要平台，未来该B站账号将持续介绍资本市场建设过程中具有代表性的案例以及其中设计的金融学原理。

最后，借此序感谢历轮“中国股票市场”课堂中学生的反馈以及宋达、王越、顾宇楠等同学在视频制作方面的帮助。

2023年5月

目录

第一章　证券交易所的成立

混沌未分天地乱，茫茫渺渺无人见。
自从盘古破鸿蒙，开辟从兹清浊辨。

——《西游记》

第一节　股份制改革

一、改革开放

1978 年 12 月党的十一届三中全会胜利召开，标志着改革开放的正式启航，社会主义现代化建设成为全党的重要工作。

改革开放的工作率先在农村取得突破，小岗村实行家庭联产承包责任制，在 1979 年获得丰收，仅 1979 年的粮食总产量就相当于 1966—1970 年 5 年的粮食产量总和。随着小岗村“包产到户”的实行，农村改革在全国范围内全面展开。1980 年 9 月 27 日，中央下发《关于进一步加强和完善农业生产责任制的几个问题》，再次肯定在生产队领导下实行的“包产到户”；1982 年 1 月 1 日，中国共产党历史上第一个关于农村工作的一号文件正式出台，明确提出“包产到户、包干到户”都是社会主义集体经济的生产责任制。

农村改革的成功意味着经济体制的改革重点将由农村转向城市。首先，城市经济是我国经济的重要内容，城市企业是工业生产、建设和商品流通的主要承担者，是社会生产力发展和经济技术进步的主导力量。在当时，仅城市工业企业提供的税收和利润就占全国财政收入的 80% 以上①；并且，城市经济改革也是从以第一产业为主的农业经济向以第二产业为主的工业经济转

① 资料来源：中共中央关于经济体制改革的决定［S］. 1984 - 10.

型的重要举措。其次，农村改革的成功迫切需要城市改革相呼应，一方面，农村改革的成功增加了农作物产量，而农产品的销售需要城乡流通的渠道以及市场销售渠道；另一方面，农村改革的成功增加了农民的收入，农村居民日益增长的需求也迫切要求城市经济改革。最后，农村经济改革的成功显示出我国经济发展的巨大潜力，也为城市经济改革提供了经验。在农村经济改革已然取得巨大成功的基础上，以及对于城市经济改革的迫切需求，1984 年党的十二届三中全会通过了《中共中央关于经济体制改革的决定》，明确提出经济体制改革的重心将从农村转向城市，并对城市改革的各个方面、各个环节提出了系统的意见和措施。

具体到当时的城市经济改革，主要的思路和方向有两个，分别为宏观层面的市场经济改革（马洪，1984）和微观层面的股份制改革（厉以宁，1986）。其中，市场经济改革的主要内容和目标是建立一个依照价值规律运行的、能够有效配置资源的市场体系；而股份制改革的目标则是建立产权明晰、权责明确、政企分开、管理科学的现代企业制度。

二、国有企业改革

作为当时重要的制度改革方向之一，股份制改革率先在 1980 年 8 月初的全国劳动就业工作会议上由厉以宁提出。由于在 20 世纪 80 年代初期，计划经济仍然占据主导地位，国有企业是微观经济运行的主体，因此，国有企业改革成为当时城市经济改革的重点内容，其中股份制改革又是国有企业改革的重要探索和终极形式。具体而言，国有企业改革大致分为四个阶段：第一阶段为放权让利阶段，具体的政策措施包括扩大企业自主权、利改税等政策；第二阶段为经营管理权与所有权分离阶段，该阶段的主要措施有承包经营制和租赁制等；第三阶段是涉及企业所有权和现代企业制度的股份制改革阶段；第四阶段为全面深化阶段，代表性文件为 2015 年 9 月 13 日出台的《中共中央、国务院关于深化国企改革的指导意见》，国资监管由“管企业”向“管资本”转变。

其中，无论是在第三阶段还是第四阶段，股份制改革都是国有企业改革的基础与核心。首先，在改革初期，经济活力的提升，加上价格改革的推进，通货膨胀率居高不下，1988 年和 1989 年的居民消费者价格指数均超过了 18%，为抑制通货膨胀率的进一步恶化，政府开始收紧信贷，发行股份成为企业获取资金的新途径，使股份制改革成为当时的重要尝试。其次，无论是放权让利，还是经营管理权的转让，均具有较强的不稳定性；并且企业经理在分享利润后，并不能随着企业的利润增长扩大获取额外的资产增值，容易导致企业经理的经营动力不足，甚至侵吞国有资产。另外，股份制改革是建立现代企业制度的基础。曹凤岐（1998）指出，现代企业制度的基本特征为"产权明晰、权责分明、政企分开、管理科学"，而股份制通过持有股份的形式明确了股东的资产、权利以及责任，是现代企业制度的基础。最后，股份制是国有企业改革全面深化的重要依托，相较于"管企业"，"管资本"有助于进一步推进政企分开、政资分开，厘清国资监管的职责边界，更多依托产权关系和资本纽带、更多依靠公司章程和法人治理结构、更多采取行使股东权和发挥董事作用等手段履行出资人职责，促使国有企业真正成为依法自主经营、自负盈亏、自担风险、自我约束、自我发展的独立市场主体（郝鹏，2019）。

三、股份制改革的实践

相较于股份制在学术研究中的讨论，股份制更早出现在实践探索中，自从家庭联产责任承包制在农村改革中取得成功后，在合作经济基础上演进而来的股份合作经济率先在农村地区相继兴起。根据马庆泉（2003）的整理，在农业领域，该演进路径为"农户→农户互助→松散的农户合作体→股份合作体→股份合作经济"；在非农领域，该演进路径为"非农合作企业→联合企业→股份合作企业→股份合作经济"。

家庭联产承包责任制和农村互助的实践使有专业特长的农村富余劳动力从农业中脱离出来，专门从事农副产品加工、运输、建筑、矿石等资源开发的非农产业，加之农村基层组织对非农产业的鼓励，在农村出现了大量的社队企业和个体工商企业。但是，在当时资金匮乏的时代，资金来源成为企业发展的难题，为进一步促进社队企业的发展，1979 年 7 月 3 日，国务院发布《关于发展社队企业若干问题的规定》，提出社队企业"在开办的时候，或者有条件的地方，经过公社、大队社员代表大会通过，可从大队、生产队公积金中提取适当数量的入股资金"，从法律制度上确定了资金入股的法律基础。1983 年 1 月 2 日，中共中央在《当前农村经济政策的若干问题》中提到"不能一讲合作就只限于按劳分配，不许股金分红"，再一次肯定和鼓励了股份合作经济。

从 1984 年开始，中国经济体制改革的重心由农村转向城市，股份经济也开始在城市初步试点。1984年4月在常州召开的城市经济体制改革试点工作会议提出，要进一步放开搞活城市集体企业，办法是“允许职工投资入股，年终分红”，拉开了城市集体企业、国营小企业试点股份制的序幕。1984年8月10日，上海市发布了《关于发行股票的暂行管理办法》，这是我国证券方面的第一个地方法规。1984年10月20日，党的十二届三中全会通过了《中共中央关于经济体制改革的决定》，明确提出“增强企业活力是经济体制改革的中心环节”。此后，在北京、上海、广东、四川、辽宁等地的少数集体企业和国有中小型企业进行股份制试点，例如抚顺红砖、广东宝安县联合投资公司、北京天桥百货公司、上海飞乐音响股份有限公司等。

1986年3月10—16日，第一次全国城市经济体制改革工作会议召开提出，“中国的一部分企业也很可能实行一种全新的股份制”，这是官方首次提及“股份制”的概念。1986年10月12日，深圳市政府出台了《深圳经济特区国营企业股份化试点暂行规定》，股份化试点在经济特区率先展开。1986年12月5日，国务院出台《关于深化企业改革、增强企业活力的若干规定》，提出“各地可以选择少数有条件的全民所有制大中型企业，进行股份制试点”，“股份制”首次出现在中央的官方文件中，极大地激发了地方政府试点股份制的热情。例如，深圳、上海分别出台了《股份制试点的暂行规定》等关于集资入股的相关法规，股份制改革试点工作在政府层面开始得到推进。

专栏1-1　第一只公开发行的股票——飞乐音响

在20世纪80年代，随着改革开放的深入推进，人民的生活水平逐步提高，对于娱乐生活的需求也随之上升。其中，上海街头出现了一些音乐茶座，这种音乐茶座的火爆也推动了对音响设备的需求，时任上海电声总厂厂长的秦其斌发现了这一商机。但是，开展这一新业务最缺的就是资金，为了解决资金问题，秦其斌想到了利用股票进行集资。

1984年11月15日，《新民晚报》刊出了《上海飞乐音响公司接受个人和集体认购股票》一文，一时间在社会上引起了巨大的反响，原本只想面向其他单位和内部职工发行股票的秦其斌，在这种舆论下也不得不公开发行。1984年11月18日，经人民银行上海分行批准，上海飞乐音响股份有限公司正式成立，并决定向社会公众及职工发行股票，总股本1万股，每股面值50元，其中35%由法人认购，65%向社会公众公开发行。

虽然飞乐音响的股票也有"保本保息"的条款，但在之后的发展中，该股票成功进入流通市场，并成为第一批上市的沪市"老八股"。因此，该股票也认为是我国的第一只股票。相比之下，抚顺红砖厂和北京天桥百货在其之前也发行过"股票"，虽然也被称为"股票"，但其本质仍属于债券，例如，北京天桥百货发行的股票就规定了偿还期限为5年，年息5.4%，到期还本分红；而抚顺红砖厂则在1982年后陆续购回了此前发行的股票。

资本市场不仅在飞乐音响开创期间为其募集了急需的资金，还为其未来的发展提供了强大助力。在资本市场下，飞乐音响在未来的几十年持续发展，公司也从最初的50万股本发展成为2021年底市值高达77.7亿元、营业总收入达45.7亿元的公司；在业务方面，跟随时代变迁，公司也相继进入电子产品加工行业、计算机软件开发及系统集成行业、绿色照明行业等。

股份制试点工作在1987年前虽然暴露出诸多混乱现象。例如，大部分股票均具有明显的债券和福利色彩、内部管理不规范、滥发股息红利等，但总体来看，仍卓有成效。因此，在1987年召开的中共十三大会议上提出："改革中出现的股份制形式，包括国家控股和部门、地区、企业间参股以及个人入股，是社会主义企业财产的一种组织方式，可以继续试行。一些小型全民所有制企业的产权，可以有偿转让给集体或个人。"在肯定股份制的同时，提出了一些规范性意见，股份制经济试点进入了扩大和深化的阶段，标志性的事件为上海真空电子器件公司在1987年1月向社会公开发行了4000余万元的股票，成为中国第一家实行股份制的大中型国营企业。

在交易所正式成立前，自1980年1月抚顺红砖厂发行股票以来，经过十余年的发展，股票市场在探索中发展成熟。截至1990年，全国共有4750家企业发行了各种形式的股票，共筹集资金42.01亿元，其中公开发行筹集的资金17.39亿元，非公开发行筹集的资金24.62亿元。[①] 总的来说，股份制改革在改革开放初期，为企业发展提供了最重要的生产要素，盘活了

① 资料来源：马庆泉．中国证券史［M］．北京：中信出版社，2003.

企业活力，是经济体制改革的重要探索，并成为推动社会主义现代化建设的重要手段。

第二节　证券交易所的成立

一、柜台交易

股份制改革的推进，为企业获取资金提供了新的渠道，但在市场初期，由于缺乏流通的市场，股东很难将手中的股票变现。除此之外，风险投资资金也由于缺乏股票流通市场来实现投资收益，抑制了其风险投资的积极性；另外，流通市场的缺失还影响了风险投资资金的周转率，进而影响以融资为主要目的的股份制改革。因此，为健全完善股份制改革的体系，提升市场融资功能，必须构建集中的、规范的股票流通市场，与当时蓬勃发展的股票发行市场形成“双轮驱动”。

改革开放后，最早的股票流通渠道为私下交易，产生于1984年11月18日飞乐音响发行股票后，股票的持有者自发进行的实际转让。根据当时的规定，持股者必须自找转让对象，并到代理发行机构办理转让手续，转让价格为中国人民银行统一规定的“票面金额+银行活期储蓄利息”。股票转让的严格限制，以及私下交易存在的信息不对称、交易成本高、市场人为分割等原因，产生了股票“掮客”的现象，这虽然在一定程度上推动了股票的流通，但其中存在交易不规范、投机盛行以及存在欺诈行为等问题，在损害投资者利益的同时，不利于资本市场的长远发展。为进一步保障投资者的利益以及规范股票流通交易，建立更加规范的流通市场势在必行。

1986年9月26日，为应对日益盛行的股票私下交易，中国人民银行上海分行批准中国工商银行上海分行信托投资公司静安营业部成立专门的证券营业部，公开挂牌代理买卖飞乐音响和延中实业两只股票，静安营业部也就此成了中国第一个柜台交易台。在静安营业部第一天营业中，700股的飞乐音响全部售罄。1000股的延中实业在收盘时卖出840股，反映出当时大家对于股票流通的需求。为进一步规范股票柜台交易，1987年1月，中国人民银行上海分行出台了《证券柜台交易管理暂行办法》。规定股票必须在经中国人民银行批准的证券柜台进行转让或买卖，证券柜台可以直接自营证券买卖。

专栏 1－2　第一个股票流通场所——静安营业部

1986 年 8 月 26 日，静安营业部在南京西路 1806 号正式开业，成为新中国成立以来第一个公开进行股票交易的场所。因此，也被称为“世界上最小的证券交易所”。

静安营业部除了是我国第一个柜台交易和股票流通场所外，静安营业部还拥有我国资本市场的诸多第一，参与了第一只 B 股的发行；构建了我国第一个股票指数——静安指数。

除此之外，作为第一个股票流通市场，B 股市场还是我国资本市场早期对外开放的窗口，仅 1986 年就先后有 80 多批 300 多位外宾来访，以及英国 BBC、日本 NHK、美国环球电视台、法国电视台等 20 多个国家和地区的媒体，其中包括纽交所主席范尔霖前来过户飞乐音响股票。

1988 年 4 月 7 日，深圳特区证券公司开始受理深圳发展银行的股票转让业务，成为深圳地区第一个柜台交易点。随后，柜台交易在上海和深圳两地继续发展。到 1990 年，上海共有 16 个证券交易柜台和 40 多个证券交易代理点；深圳则有 10 个股票交易柜台。从静安营业部开展柜台交易业务开始，到 1990 年沪深交易所开业前，沪深两地先后有 12 只股票进入柜台交易，累计交易总额为 18.52 亿元。其中，上海累计成交 0.65 亿元，深圳累计成交 17.87 亿元。

二、上海证券交易所的成立

虽然上海和深圳两地分别于 1986 年和 1988 年开设柜台交易来规范股票交易，但由于柜台交易在制度设计和制度安排上仍存在诸多不足。例如，政府对柜台交易设立的严格的涨跌停板限制，导致场外股价和柜台股价存在巨大差异，再加上同一股票在不同交易柜台同样经常存在巨大价差①，最终导致私下交易仍然繁荣发展。柜台交易制度设计上的局限及其导致的股票私下交易，均要求尽快建立统一的、公开集中的股票交易场所。

关于成立交易所的想法最初以文件形式出现是在 1988 年 3 月，以王波明、高西庆和王巍等留学人员为主的八人小组起草了一份《关于促进中国

① 1990 年 11 月 10 日，深发展、深万科、深金田、深安达和深原野的场外价比柜台挂牌价分别高出 52.17 元、17.45 元、89.02 元、22.65 元、96.67 元，平均高出 73%。

证券市场法制化和规范化的政策建议》，首次提出在中国建立证券交易所。与此同时，一些改革派人员也在积极推动证券交易所的建立，并最终在1988年9月8日举办的北京市万寿宾馆会议上，起草形成了《中国证券市场创办与管理的设想》（也就是著名的白皮书），其中包括《筹建北京证券交易所和可行性报告》。白皮书的问世意义非凡。首先，白皮书构建了中国资本市场的蓝图，为后来沪深交易所的成立提供了重要参考和指导；其次，本次万寿宾馆会议有大量政府机构和官员参与，为未来推动证券交易所的成立扫清了一部分的思想障碍；最后，白皮书也促成了证券交易所研究设计联合办公室（以下简称联办）在1989年3月15日成立，而联办是沪深交易所创建的主要参与方，并同时主持了全国证券自动报价交易系统的创建。随着白皮书的问世和联办的成立，创建证券交易所的进程进入了“快车道”。

后来由于种种原因，证券交易所的成立地点由北京转移到上海。其中，从上海自身原因来看，首先，最重要的是1990年是开发开放浦东的开始阶段，需要大量的资金，而证券交易所的成立有助于企业获取资金，助力浦东新区的发展。其次，上海建立证券交易所的客观条件较为成熟，具体体现在以下几个方面：（1）证券品种和交易规模的扩大，包括国库券、重点建设债券、企业债券、金融债券和股东等30多个上市品种；（2）证券经营机构初具规模，截至1990年底，上海已包括申银证券、万国证券和海通证券在内的26家证券经营机构和50多个柜台交易网点，其中静安营业部是我国改革开放后第一个正规的股票流通场所，也是证券交易所的雏形；（3）已经形成了《上海市股票管理暂行办法》《上海市证券交易管理办法》《上海市债券管理暂行办法》《上海市证券柜台交易管理暂行办法》等一系列相应的法规和管理办法；（4）投资观念在上海市民中较为普及，股票发行和股票交易的火热以及“杨百万”进行国库券套利的故事均说明，投资管理在上海市民中不仅普及，还相对成熟。

1989年12月2日，时任上海市委书记、市长的朱镕基就如何深化上海金融体制改革的问题召开了市委常委扩大会议，在听取刘鸿儒等人的意见后认为，上海要加快金融体制改革的步伐，重现国际金融中心的风采，决定建立证券交易所，并任命时任交通银行董事长李祥瑞、体改办主任贺镐圣、中国人民银行上海分行行长龚浩成成立“三人领导小组”。1990年9月17日，中国人民银行上海分行向中国人民银行总行和上海市政府提交了《关于建立上海证券交易所的请示》；9 月 19 日，中国人民银行和上海市政府联合向国务院上报了《关于建立上海证券交易所的请示》；11 月 14 日，中国人民银行总行批复同意设立上海证券交易所；11 月 26 日，上海证券交易所举行成立大会；12 月 19 日，上海证券交易所正式开业，成为改革开放以来第一个正式营业的股票交易所。①

三、深圳证券交易所的成立

与上海创建交易所的原因类似，深圳在建设深圳特区的过程中需要大量的资金，如何吸引资金成为当时深圳发展最为迫切的需求，而金融业改革也成为 1980 年国务院决定设立深圳经济特区后最核心的内容。与中国资本市场初期的发展特征一样，首先，以融资为主要目的的发行市场率先形成。1982 年，深圳宝安县人民政府以宝府〔1982〕75 号文件批复成立了“广东省宝安县联合投资公司”。1983 年 7 月 8 日，宝安县政府批准该公司可以发行股票，面向全国公开募股。1983 年 7 月 25 日，《深圳特区报》刊登了宝安联合投资公司的招股说明书。1986 年 10 月 12 日，深圳市政府出台了《深圳经济特区国营企业股份化试点暂行规定》，该规定对企业进行股份制改革的范围、内容、股东、股份和股票、股份公司的组织结构、劳动人事制度、税收和分配、股份制改造程序等方面均作出了规定，是新中国成立以来第一部较为完整的国有企业股份化法规。随着一系列法规的逐步推出和完善，深圳市股票发行市场进入了一个新阶段。1987 年 5 月，深圳发展银行首次在深圳发行股票；之后，万科、金田、安达、原野也相继发行了股票，与“深发展”一同并称“深市老五股”。

随着发行市场的扩展，越来越多的流通需求导致了股票流通市场的形成。初期以私下交易为主，随着私下交易规模的扩大，黑市交易带来的问题更早引起了深圳市政府的注意；从 1988 年开始，深圳按下了建设规范化股票流通市场步伐的“加快键”。1988 年 4 月 7 日，深圳经济特区证券公司开始开展股票柜台交易业务；1988 年 11 月，深圳市政府成立了深圳资本市场领导小组，开始有组织、有计划地筹建深圳证券交易所；1989 年 4 月，深圳资本市场领导专家小组组长禹国刚完成了《深圳证券交易所筹建资料汇编》，收集大量资料为深圳证券交易所的成立提供参考；1989 年 11 月，

① 深圳交易所在 1990 年 12 月 1 日为试营业，还未正式营业。

深圳市政府下达了关于同意成立深圳证券交易所的批复；1990 年 8 月 18 日，深圳市先行成立深圳证券登记公司，为将来股票的登记过户做准备。由于缺乏国务院的批准以及上海证券交易所 12 月开业带来的压力，1990 年 12 月 1 日，深圳证券交易所进行试营业，成为改革开放以来第一家试营业的证券交易所；经过几个月的顺利运行，1991 年 7 月 3 日，经国务院批准，深圳证券交易所正式成立。

虽然上海证券交易所正式成立，但在深圳建立证券交易所仍然具有历史、地理、政策、文化和环境等原因和意义：(1) 深圳特区发展需要大量的资金，股票市场的建设有助于特区获取发展所需的大量资金。(2) 深圳特区的政策更加开放，深圳官员也更有敢于试点的勇气。(3) 靠近香港地区，容易汲取更多香港金融中心的经验、人才和资金。(4) 深圳特区的股份制试点成功，经济发展迅速，为股票市场的成立创造了良好的外部条件。(5) 在金融机构和金融人才匮乏的年代，深圳凸显其优势。1987 年，新中国第一家证券公司——深圳经济特区证券公司在深圳成立。除此证券公司外，大量金融机构为金融业的发展提供了更强的动力和更好的服务。例如，1988 年 6 月，特区外资银行的外币存款余额达 15 亿美元。(6) 深圳柜台交易的繁荣奠定了证券交易流通的基础，尽管深圳柜台交易从 1988 年才开始，但 1989 年和 1990 年深圳柜台交易额已经达到 2300 万元和 176000 万元，远远超过上海 777 万元和 4963 万元的柜台交易额。①

四、STAQ 系统的开通

1989 年底，联办受中国人民银行总行、体改办公室和财政部国债司委托，组成考察团，赴全国主要城市对我国证券市场和证券业的发展状况进行了一项大规模考察，发现以国库券为主的证券交易存在以下一些问题：(1) 通信手段落后，信息传递不畅，缺少统一的价格形成机制和统一的交易规则；(2) 交割结算处于原始状态，没有统一的结算交割中心，异地交割既不方便，也不安全；(3) 全国还没有形成集中、统一的交易市场，柜台和私下交易造成证券价格的不合理差异，黑市猖獗，严重损害了证券特别是国家债券的信誉，也损害了投资者的利益；(4) 分散的市场不利于国家监管部门进行有效管理。

基于上述原因，联办开始着手筹建证券交易自动报价系统（Securities

---

① 资料来源：中国金融年鉴（1993）[M]. 北京：中国金融出版社，1993；张育军主编. 深圳证券交易所综合研究报告（2001）[M]. 北京：经济科学出版社，2001.

Trading Automated Quotations System，STAQ）。该系统通过利用中国民航的订座系统建立了报价系统网络，并基于此报价网络联通了北京、上海、广州、海口、武汉、沈阳6个城市17家证券公司。该系统具有即时报价、辅助成交、统一结算和信息服务四大功能，初步形成了一个全国性的场外交易市场。该系统的建立有助于缩小各地证券价格的差异、增强偏远地区证券的流动性、保障证券交割的安全性，从而促进证券在二级市场的流通，并进一步推动一级融资市场的发展。

1990年12月5日，STAQ系统在北京人民大会堂举行开通典礼。由于私有化问题以及对于国有资产流失的担心，国有企业改制上市时采取了“存量不动，增量流通”的差异化制度安排，即国家股、法人股暂不流通，社会公众股可以流通。这样的制度安排使法人股不能在上海证券交易所和深圳证券交易所进行流通，STAQ系统的存在正好弥补了这一限制，与NET系统成为1999年两网关闭前重要的法人股流通市场。

1990年12月，深圳证券交易所试营业、STAQ系统开通和上海证券交易所正式营业，资本市场初期“两所一网”的格局正式形成，标志着中国证券市场正式重新建立。至此，中国资本市场也开启了一个新篇章！

参考文献

［1］曹凤岐．股份制与现代企业制度［M］．北京：企业管理出版社，1998.

［2］郝鹏．加快实现从管企业向管资本转变　形成以管资本为主的国有资产监管体制［J］．现代国企研究，2019（18）：10－15.

［3］厉以宁．我国所有制改革的设想［C］//中国经济学家年度论坛．董辅礽经济科学发展基金会．北京：中国社会科学院，2009.

［4］马洪．关于社会主义制度下我国商品经济的再探索［J］．经济研究，1984（12）：3－15.

［5］马庆泉．中国证券史［M］．北京：中信出版社，2003.

第二章 股权分置改革

万人操弓，共射一招，招无不中……

——《吕氏春秋》

第一节 历史遗留问题

改革开放以来，股份制改革成为解决国有企业困境、改善企业治理问题和建立现代企业制度的重要尝试。虽然股份制改革激活了市场活力，但是，由于当时仍处于经济体制改革的初期，股份制改革仍然在彷徨和摸索中前行，社会各界对股份制和资本市场的认识仍然存在较大的争议，争议的具体问题包括：(1) 发行股票会不会产生私有化的问题，(2) 发行股票会不会导致国有资产流失，(3) 发行股票会不会影响公有经济的主体地位。

出于对上述问题的担忧，并确保国有资产不流失，国有企业改制上市时采取了“存量不动、增量上市”的差异化制度安排，把上市公司的股份分为国有股、法人股、个人股和外资股①，并规定国有股和法人股暂不上市流通，只能通过协议方式进行转让，这种安排即“股权分置”。

由于一系列的原因，股权分置形成了非流通股股份占大多数、流通股股份占少数的局面。这些原因包括但不局限于：(1) 1994 年 3 月 11 日，国家国有资产管理局发布的《股份制试点企业国有股权管理的实施意见》规定，“对于特定行业和特定企业以及在本地区经济中占有举足轻重地位的企业，要保证国家股（或国有法人股，该国有法人单位应为纯国有企业或国家独资公司）的控股地位”，这就要求在部分公司国有股的数量要占据大多数的比例；(2) 在资本市场早期，我国的发行制度为额度制，由于当时建立资本市场的目标之一就是为国

① 1992 年 5 月 15 日国家经济体制改革委员会颁布的《股份有限公司规范意见》第二十四条。

有企业股份制改造服务。因此，能够获得额度和指标大部分是国有企业，并且为了让更多企业上市，上市公司在上市融资时的融资额度相对较小，导致非流通股股份的比例较低。由于上述这些原因，形成了在股权分置制度安排下非流通股股份占大多数的局面，截至2004年底，境内上市公司7149亿总股本中，非流通股占64%，其中，国有股在非流通股中占比为74%。

第二节 股权分置的影响

作为特殊历史背景下的阶段性安排，股权分置为国有企业上市融资创造了条件，但流通权的差异导致了流通股和非流通股定价机制的差异。其中，流通股按市价在证券交易所进行交易，而非流通股则按照净资产价格进行协议转让，形成了“同股同权不同价”的局面，这种“同股同权不同价”的二元股权结构也带来了一系列问题。并且，随着资本市场的发展，股权分置的弊端日益凸显，并限制了资本市场的进一步发展。

第一，股权分置扭曲了资本市场的定价机制。由于国有股和法人股只能进行协议转让，不能上市流通，并且，这些非流通股占据了总股份的约2/3，导致大量的股票并不参与实际的市场定价，少量的流通股和以个人投资者为主的交易市场为市场投机和炒作提供了肥沃的土壤，使价格并不能真实地反映上市公司的实际价值。

第二，股权分置不利于上市公司的公司治理。首先，定价机制的扭曲导致公司难以建立高管考核指标。由于股权处于公司资产索取权的最后环节，股价的高低也就能够反映所有人的利益是否能够得到满足，既可以反映一个公司的经营状况和盈利能力，也可以反映公司未来发展的预期。因此，股价或者市值成为管理层考核的核心指标，但是，在充满炒作和投机的股市，扭曲的价格并不能准确真实地反映市场对于公司运营和发展的评价，导致此机制下的价格或者市值很难成为管理层考核的指标。其次，股权分置导致流通股股东和非流通股股东指尖缺乏共同的利益基础。其中，流通股的收益主要来自股票价格，因此，股票价格的走势决定了流通股股东的利益基础，而非流通股股东不能将手中股份在交易市场进行转让，股价的变化并不会影响非流通股股东的财富变化，公司净资产的增加成为非流通股股东增加财富的最主要手段，由于非流通股占据了市场中约2/3的股份，导致大部分公司的大股东均为非流通股股东，这种股东之间的利益不一致容易造成严重的“隧道效应”问题，大股东利用自身优势攫取流通股股东的利益。其中，由于IPO、配股或增发等融资过程中流通股股东的出价远远高于非流通股股东，导致融资活动会增加公司的单位净资产。因此，融资活动成为非流通股股东攫取流通股股东的常见手段。最后，股权分置削弱了股东的监督效用。一方面，占据大部分股份的非流通股股东无法享受股价上涨带来的利益，因而缺乏监督的动机；另一方面，非流通股股东又由于股份数量较少，缺乏话语权，使流通股股东无法通过“用手投票”机制实施监督职能。另外，在股权分置的格局下，管理层缺乏对股票价格的关注，进一步导致“用脚投票”的监督机制同样失效，投票机制的失效容易导致管理层与非流通股股东形成合谋，侵占流通股股东的利益。

第三，股权分置削弱了资本市场的资源配置功能。首先，在二级市场，由于市场价格扭曲，投资者选择投资标的时，并未将公司运行和未来发展的影响提高到应有的重视程度，导致资金并不总是流向到收益率高且具有高成长性的公司。其次，在一级市场，由于股票价格扭曲，同样会影响以市场价格作为参考的融资行为。另外，考虑到非流通股股东增加净资产价值的动机，在配股或增发等融资行为中容易出现一些非市场行为，导致资金并不一定会流入未来发展前景更好的行业和企业。例如，吴晓求（2004）指出，在并购重组中，非流通股股东可以通过注入优质资产或编造产业转型使上市公司暂时符合再融资条件、制造并购重组概念，并在二级市场进行内幕交易和市场操纵、滥用公司资源等方式实施掠夺，这种投机性的并购重组不仅没有达到整合产业、提升产业竞争力的目标，还严重损害了流通股股东的利益。

第四，股权分置容易滋生内幕交易。一方面，非流通股占据上市公司的大部分股份，通常是公司的实际控制者，相比非流通股，既不容易被流通股约束，也具有更多的信息优势，尤其在资本市场早期信息披露制度并不完善的背景下，该信息优势更加凸显，为非流通股进行内部交易创造了外部条件；另一方面，股票价格的上涨并不会为非流通股股份产生财富效应，导致非流通股股东产生利用信息优势进行内部交易的动机。

第五，股权分置限制了各类衍生品创新的发展。根据衍生品定价的理论，衍生品的价格与对应标的的价格息息相关，而在股权分置的情形下，产生了两种股票价值。另外，流通股规模较小的问题滋生了炒作、投机以及内幕交易等乱象，导致市场价格失真，基于此，失真的价格进行衍生品定价同样面临效率问题和炒作、投机问题，限制了各类衍生品创新的发展。

第三节 国有股减持尝试

一、国有股减持的背景

在股权分置的股权结构下，国有股权高度集中且不可流通；在所有者缺位的情形下，少数社会公众股股东很难起到监督的作用，容易出现严重的内部人控制、对经理人员约束不力等问题。导致上市公司很难提升管理水平和运营效率、建立起现代企业制度。因此，降低国有股等非流通股占比成为解决股权分置问题的思路之一。

基于此背景，为进一步推进国有企业的改革和发展，促进国有经济发展壮大，1999 年 9 月 22 日，党的十五届四中全会审议通过《中共中央关于国有企业改革和发展若干重大问题的决定》，其中第七条第三款规定“在不影响国家控股的前提下，适当减持部分国有股，所得资金由国家用于国有企业的改革和发展”。为完善社会保障体制，开拓社会保障资金新的筹资渠道，支持国有企业改革发展，我国先后于 1999 年和 2001 年两次进行国有股减持尝试，但由于市场条件不够成熟以及减持方案不合理等原因，均最终被有关部门暂停实施。

二、第一次国有股减持

1999 年 11 月 29 日，我国政府推出了国有股配售试点方案，并确定了冀东水泥、华一投资、惠天热电、陆家嘴、中国嘉陵、天津港、富龙热力、成商集团、黔轮胎、太极集团 10 家单位作为国有股配售预选单位。其中，中国嘉陵和黔轮胎先行于 1999 年试点，其余 8 家将优先作为 2000 年国有股配售的预选单位。减持方式为向流通股股东进行配售，具体的配售方案为“10 倍市盈率以下的配售价格，年内 2 家试点，2 家配售总额约 5 亿元”。

1999 年 12 月 14 日，中国嘉陵和黔轮胎分别发布减持配售方案。其中，中国嘉陵的减持方案为中国兵器装备集团公司将所持有的 1 亿股以 4.5 元每股①的价格配售给股权登记日在册的社会公众股股东及证券投资基金。黔轮胎

① 中国嘉陵 1996 年、1997 年、1998 年每股收益（全面摊薄）分别为 0.51 元、0.46 元和 0.38 元，前三年平均收益为 0.45［(0.51 + 0.46 + 0.38）/3］元，按照不超过 10 倍市盈率的要求，确定配售价格为 4.5 元/股（0.45 × 10）。

的减持方案为贵阳市国有资产管理局将所持有的17105275股以4.8元每股[①]的价格配售给股权登记日在册的社会公众股股东、转配股股东及证券投资基金。

但由于配售价格过高，市场并不认可，两家公司的股价自方案发布之日起连续下跌，中国嘉陵和黔轮胎分别由12月14日的7.86元、8.4元跌至缴款截止日期的4.99元（截止日期为1999年12月28日）、6.59元（截止日期为1999年12月29日）。并且，由于价格过高，还导致认购不足的情形。例如，在黔轮胎的配售过程中，各投资基金全部放弃认购，剩余未被认购转为由主承销商包销，总量为4392898股，约占本次配售总额的25.68%。由于市场价格暴跌以及认购不及预期，导致第一次国有股减持计划无法继续展开。

三、第二次国有股减持

2001年6月6日，国务院正式发布《减持国有股筹集社会保障资金管理暂行办法》，标志着第二次国有股减持尝试正式启动。该暂行办法第五条规定，“凡国家拥有股份的股份有限公司（包括在境外上市的公司）向公共投资者首次发行和增发股票时，均应按融资额的10%出售国有股”，价格原则上采取市价定价方式，所得资金全部上缴全国社会保障基金。

与第一次国有股减持方案一样，减持价格并不被市场认可，且本次减持规模更大，针对所有国家拥有股份的股份有限公司。更为重要的是，相比第一次折价配股，本次减持价格采取的是市场价格，导致此方案同样未被市场所接受。自从减持方案发布后，市场经历了一轮连续4个月的暴跌，上证指数由减持方案发布当天的2238.50点一路下跌至2001年10月22日的1514.86点，下跌幅度达到32.33%，市价总值损失达1.8万亿元。证监会也不得不在2002年6月23日决定对国内上市公司停止执行《减持国有股筹集社会保障资金管理暂行办法》中关于利用证券市场减持国有股的规定，并不再出台具体实施办法，叫停了此减持方案。尽管此次叫停在短期内稳定了股市，但是，市场关于国有股减持的担忧仍在持续，股市进入了长达4年的熊市，股市也于2005年6月6日跌破1000点，最低触及998.23点，直至股权分置改革才开启新一轮牛市。

---

① 黔轮胎1996年、1997年、1998年每股收益（全面摊薄）分别为0.80元、0.38元和0.26元，前三年平均收益为0.48［（0.80+0.38+0.26）/3］元，按照不超过10倍市盈率的要求，确定股配售价格为4.8元/股（0.48×10）。

四、国有股减持失败的原因

根据吴晓求（2021）的总结，国有股减持失败的原因主要有以下四点。

第一，国有股减持的出发点和立足点存在问题。我国的国有股减持最重要的意义是通过将国有股持股比例降低，解决股权结构中“一股独大”的问题，形成合理的、多元股权相制衡的法人治理结构，推动国有企业建立现代企业制度。但是，如果单从国有股变现增补社保基金的角度出发，就会导致国有股持股比例过高的问题得不到根本解决。并且本次减持方案仅适用一定存量的国有股，剩余的国有股以及未来新上市的国有股同样面临流通问题，未来还需要不断推出相应的减持方案来应对不断上市的国有企业中的国有股占比过高的问题。同时，出于变现角度的国有股减持并没有考虑行业的差异与公司的差异，而是按照同一个标准减持，这样的减持方案不仅对国有资产的战略性调整意义不大，还会造成市场混乱，并影响国有股在部分行业的控股地位。

第二，国有股减持价格缺乏灵活性，并偏离市场实际。为防止国有资产流失，1994 年 11 月 3 日，原国家国有资产管理局和原国家经济体制改革委员会发布《股份有限公司国有股权管理暂行办法》提出，“国有资产严禁低估作价折股，一般应以评估确认后净资产折为国有股的股本”，使国有股的折股价格远低于流通股股东获取股份的价格。例如，1999 年、2000 年和 2001 年前 10 个月的上市新股发行价格分别为 6. 61 元/股、8. 31 元/股和 9. 14 元/股，平均配股价分别为 7. 79 元/股、9. 27 元/股和 10. 36 元/股。由于国有股是低价形成，而流通股是高价流入，并且流通股股东高价入股形成的溢价收入会被平均分摊到上市公司的平均每股净资产中，但是，两次国有股减持均是按照市场价格或者市场定价规律来进行定价，这种国有股卖出的定价方式与国有股入股的定价方式存在较大差异，造成了市场的不公平性，容易导致减持方案不被市场认可和市场波动。

第三，减持政策违背公共选择原则。首先，从持仓成本来看，相比流通股股东，非流通股股东持仓成本更低。其次，非流通股本身因为缺乏流通权，其内在价值理应低于流通股的内在价值，而减持方案却以市价进行减持，本质上对流通股股东的权益造成了侵害。另外，在股权分置的背景下，市场流通价格是在基于 1/3 的流通股为基础的供求关系下形成的；如果非流通股股东在获取流通权时，会对市场形成巨大的卖盘压力，在此压力下股价面临下跌风险，同样会造成流通股股东的资产减值。因此，无论是从前期股票持仓成本、中期流通权差异还是减持后股价波动风险，流通股股东均应该为非流通股股东获取流通权而得到补偿，但减持方案却采取市价作为原则，违背公共选择原则，导致市场对此减持方案并不认可。

第四，减持方案中各方并没有得到保障。首先，投资者并没有因为国有股的流通而获得任何补偿，但却为政府解决社保基金缺口掏了腰包。其次，国有股减持并不能使农村广大居民受益。国有资产是全国人民共同劳动积累下来的财富，其中也包括广大农民作出的贡献，根据《减持国有股筹集社会保障资金管理暂行办法》规定，“国有股存量出售收入，全部上缴全国社会保障基金”，但是当时的社保基金事实上仅覆盖了城镇居民，国有股出售收入流入社保基金牺牲了农民的利益。最后，国有股减持并未考虑公司的利益，根据建立现代企业制度的要求，必须要“产权明晰、权责分明、政企分开、管理科学”，但在这一过程中，行政手段强于企业行为，使企业处于一个较为被动的地位。

第四节　股权分置改革实施

一、实施步骤和进度

1993 年 11 月，党的十四届三中全会通过了《中共中央关于建立社会主义市场经济体制若干问题的决定》，经过 10 年的发展，社会主义市场经济体制的建立极大地推动了社会经济的发展，但处于探索期的社会主义市场经济体制也存在诸多问题有待完善。在此背景下，2003 年 10 月 14 日，党的十六届三中全会审议通过了《中共中央关于完善社会主义市场经济体制若干问题的决定》，提出“更大程度地发挥市场在资源配置中的基础性作用，增强企业活力和竞争力”。基于十六届三中全会的会议精神，针对资本市场发展过程中面临的“瓶颈”以及问题，时任中国证监会主席尚福林在 2003 年 11 月 10 日发表了《积极推进资本市场改革开放和稳定发展》，首次提出“股权分置”的概念。2004 年 1 月 31 日，国务院发布《关于推进资本市场改革开放和稳定发展的若干意见》（以下简称“国九条”），提出“积极稳妥解决股权分置问题。规范上市公司非流通股份的转让行为，防止国有资产流失”，成为推进股权分置改革的重要文件。

在“国九条”的指引下，股权分置改革在2005年正式启动。2005年4月29日，经国务院批准，证监会发布《关于上市公司股权分置改革试点有关问题的通知》，在遵循“国九条”中“在解决这一问题时要尊重市场规律，有利于市场的稳定和发展，切实保护投资者特别是公众投资者的合法权益”的总体要求，启动上市公司股权分置改革试点工作。2005年5月8日，证监会推出第一批股权分置改革试点公司，分别为金牛能源、三一重工、紫江企业和清华同方。

2005年5月10日，三一重工公布改革方案，拟10股送3股派8元现金，但遭遇市场“用脚投票”之后，经非流通股股东与流通股股东深入交流；5月24日，公司发布公告修订为10股送3.5股派8元现金，并提高减持门槛，将股份减持的时限推迟到股改方案满两年后，同时规定公司股票价格连续5个交易日收盘价达19元以上，大股东才具备通过交易减持的基本条件；6月10日，三一重工股权分置改革方案以流通股股东93.44%的赞成率顺利通过；并于6月17日，正式实施了股权分置改革方案，成为我国第一家实施股权分置改革的上市公司。除此之外，紫江企业、金牛能源和清华同方分别于2005年6月13日、18日和2006年1月23日的股东大会通过了各自公司的股权分置改革方案。

专栏2-1　三一重工的股权分置改革方案

根据2005年6月10日三一重工通过的股权分置改革方案，在股改前，三一重工共有总股本24000万股，其中流通股6000万股，非流通股18000万股。根据改革方案，非流通股股东须支付2100万股和4800万元现金的对价给流通股股东。因此，股改后总股本不变，且全部股份变成流通股，但是原非流通股股东持有的股份属于限售股份，即必须满足减持条件才可以进行交易减持，所以24000万股的股份性质变成了15900万股（18000万股-2100万股）有限售条件的流通股和8100万股（6000万股+2100万股）无限售条件的流通股。

为了增强试点公司的代表性和改革方案的适应性，并进一步稳定市场预期，为全面解决股权分置问题积累经验，2005年5月31日，中国证监会发布了《关于做好第二批上市公司股权分置改革试点工作有关问题的通知》。随着三一重工、紫江企业和金牛能源的股权分置实施方案在2005年6月17日前均表决通过，2005 年 6 月 19 日，证监会正式公布了第二批 42 家股权分置改革试点公司。第二批试点公司自 2005 年 6 月 28 日陆续披露股权分置改革方案，并于 2005 年 8 月 19 日股权分置改革方案全部表决完毕，标志着股权分置改革试点的顺利完成。

2005 年 8 月 23 日，经国务院同意，中国证监会、国务院国资委、财政部、中国人民银行、商务部联合发布了《关于上市公司股权分置改革的指导意见》，提出“股权分置改革试点工作已经顺利完成，改革的操作原则和基本做法得到了市场认同，改革的政策预期和市场预期逐渐趋于稳定，总体上具备了转入积极稳妥推进的基础和条件”，股权分置改革全面铺开。2005 年 9 月 4 日，中国证监会发布了《上市公司股权分置改革管理办法》，对于股权分置改革的操作程序、改革方案、改革后原非流通股的出售、信息披露等均进行了细致的规定。

遵循着“试点先行、协调推进、分步解决”的操作思路，股权分置改革在短时间内取得了丰硕的成绩，截至 2006 年 12 月 31 日，累计完成或进入股改程序的公司数已达 1303 家，总市值约 60504.47 亿元，约占沪深 A 股总市值的 98.55%，股权分置改革在一年半的时间内基本完成。

二、股权分置改革的主要工具

股权分置改革的核心是非流通股股东向流通股股东提供补偿，以获取流通权，而这种补偿又被称为对价。在股权分置改革中，对价方式主要有送股、派现、资产重组、权证、缩股、股份回购、注资、差价补偿等方式，其中送股和派现是最常用的对价方式。例如，根据三一重工的股权分置改革方案，非流通股股东向流通股股东按照每 10 股送 3.5 股并派 8 元现金。

除此之外，为保障流通股股东的利益，部分上市公司的股权分置改革方案还对非流通股股东的减持进行了限制。例如，紫江企业在股权分置改革方案中对非流通股股东的减持行为作出了约定，其中，对于第一大股东及关联股东，约定：（1）合计持有的非流通股股份自获得上市流通权之日起，在 12 个月内不上市交易或者转让；（2）在第（1）项承诺期满后，通过上海证券交易所挂牌交易出售股份数量占紫江企业股份总数的比例在 12 个月内不超过 4%，在 36 个月内不超过 10%；（3）承诺在第（1）项承诺期满后的 12 个月内，只有当二级市场股票价格不低于 2005 年 4 月 29 日前 30 个交易日收盘价平均价格 2.80 元的 110% 时，才可以通过上海证券交易所挂牌交易出售紫江企业股票。除此之外，对紫江企业的第二大股东也进行了类似的约定。

三、股权分置改革成功的原因

第一，市场机制形成的对价价格能够兼顾流通股与非流通股的利益诉求。从股权分置改革的本质出发，其主要的矛盾点在于流通股股东与非流通股股东之间，因此，股权分置改革的核心应该是保障双方的权益，在矛盾中寻求均衡。但是，在前两次国有股减持的经历中，行政色彩均较浓厚，而利益最相关的流通股股东与非流通股股东两方缺乏沟通渠道，导致由行政命令确定的执行方案很难被双方同时接受；并且，为防止国有资产流失，国有股减持的两次尝试均体现为对流通股不利。但是，在市场机制下，各上市公司的双方可以通过正式或者非正式的方式进行沟通，确定股权分置改革方案，这种通过沟通形成的对价价格更容易被利益双方所接受。并且，股权分置改革的方案由非流通股股东提出，首先可以确保非流通股股东的利益；另外，该方案还需要 2/3 以上的非流通股股东投票通过；因此，流通股股东也可以通过行使投票权来确保自己在股权分置改革中利益不被侵犯。

第二，“统一组织、分散决策”的工作思路。股权分置改革的关键是分散决策，其中，对价又是分散决策的核心。因为对于不同的公司而言，其对价价格受到各种因素的影响，并不适合用统一的标准来进行执行。例如，对于非流通股比例较低的公司而言，其获取流通权对市场的影响会较小，另外，由于非流通股股东持有的股份较少，导致其并不能支付过高的对价价格；因此，对于非流通股比例较低的公司而言，一般支付的对价较低；对于非流通股比例较高的公司而言，流通权对非流通股股东意味着更高的财富价值，且对市场的影响也更高，因此，市场需要更高的对价价格。但是，国有股减持尝试中却以统一的标准来实施，缺乏科学性。

第三，相关部门的通力合作，激励了各方的积极性。例如，我国财政部联合国家税务总局在 2005 年 6 月 13 日发布了《财政部　国家税务总局关于股权分置试点　改革有关税收政策问题的通知》，针对股权分置改革过程中的税收问题作出了相关规定：①股权分置改革过程中因非流通股股东向流通股股东支付对价而发生的股权转让，暂免征收印花税。②股权分置改革中非流通股股东通过对价方式向流通股股东支付的股份、现金等收入，暂免征收流通股股东应缴纳的企业所得税和个人所得税。相关税务的减免更进一步激励了上市公司股东推进股权分置改革的积极性。除此之外，《关于上市公司股权分置改革的指导意见》规定，“完成股权分置改革的上市公司优先安排再融资”，因此对于未完成股改的公司，会面临更加严苛的融资约束，进而影响公司的发展，这一约束机制对于公司加快完成股权分置改革具有较强的推动作用，尤其是那些在当时有融资需求的企业。

第四，稳定市场预期。两次国有股减持失败使股权分置问题成为一直悬在资本市场上方的“达摩克利斯之剑”，尤其在改革试点初期，各方认识仍存在分歧，尤其是两次国有股减持的无疾而终，也让市场对于股权分置改革的决心产生怀疑。但是“开弓没有回头箭”[①] 的表态稳定了市场的预期，一路下跌的股票市场也由2005 年4 月29 日发布试点通知之后开始企稳，上证综指在2005 年6 月6 日触及998. 23 点之后开启了长达两年多的牛市。

第五节　股权分置改革的意义

股权分置改革是一项对我国资本市场建设影响深远的重大制度变革，吴晓求和方明浩（2021）甚至将股权分置改革与资本市场的建立以及注册制改革并列为中国资本市场30 年的“三座丰碑”。本节将从资本市场建设、现代企业制度以及市场影响三个部分来讲述股权分置改革的重大意义和影响。

一、资本市场建设

第一，股权分置改革健全了资本市场的资产定价功能。在股权分置时代，根据股票的流通属性形成了两个价格，并且仅少数股份参与流通市场的定价，导致市场炒作和投机盛行，二级市场价格并不能真实反映股票的内在价值。股权分置改革强化了各类股东的共同利益基础，并且，非流通股流入市场参与市场定价，除了形成统一的市场价格外，也增加了决定市场价格的群体基础。除此之外，股权分置改革还有助于促进公司治理水平的提升，进而遏制控股股东为掏空中小股东而采取的虚假陈述和信息操纵等行为，推进资本市场信息透明度的提高，提升股票价格的信息含量和定价效率。

第二，股权分置改革完善了资本市场的资源配置功能。股权分置改革对于资源配置功能的促进作用主要体现在以下几个方面：（1）市场定价功能的提升会使资金流向回报率更高的企业，从而实现资本市场的资源配置功能。

① 尚福林．股权分置改革　开弓没有回头箭［N］．上海证券报，2005 -05 -16.

(2) 在股权分置的时代，由于非流通股股东并不能通过股票价格上涨使自身财富增加，但是，其又占据了大多数股份，使其在进行并购重组决策的时候并不会完全从公司发展的角度出发，进而降低并购重组的效率，抑制资本市场的资源配置功能。但是，股权分置改革后，大股东反而成为股票价格上涨最大的受益者，并购重组的决策也会更利于企业发展，提升资源的使用效率。(3) 股权分置时代的并购重组多以净资产作为基础，这一基础更多体现的是"过去"；而股权分置改革后，并购重组主要以市场价格作为基础，由于市场价格包含了投资者关于公司未来的预期，更加强调"发展"，因此，相比基于"过去"的资源配置，这种基于"发展"的资源配置更具效率。

第三，股权分置改革有助于推动上市规模和质量的不断提升。首先，股权分置改革能够极大地提升公司的治理水平，具体体现在以下几个方面：(1) 定价效率的提升为价格成为高管激励与考核的核心指标提供了重要基础。(2) 股东的利益趋于一致，大股东侵占小股东利益的行为会被削弱，同时增强了大股东对管理层监督的动力。(3) 国有股拥有了退出的渠道，对于之后建立合理的股权结构具有重要意义。股权分置改革在较短时间内的顺利完成，增强了市场的信心，投资者参与度和市场承载能力明显增强，一大批优质企业实现平稳上市。其次，股权分置改革还通过提升市场资源配置效率，使不同所有制企业之间资金可得性的差异逐渐缩小（刘津宇等，2014），为优质的民营企业提供了更加公平的融资环境，有助于提高企业的生产积极性和生产效率。

第四，股权分置改革转变了投资者预期和投资理念。股权分置改革的顺利完成意味着悬在我国资本市场上空的"达摩克利斯之剑"正式被解决，"流通股含权"预期的兑现减轻了市场结构调整的压力。并且，股权分置改革的成功提高了投资者对于市场的信心，减少了投资者对于不确定性的担忧，催生了更为理性的市场预期机制。除此之外，随着市场有效性的提高，公司的盈利与发展成为决定一家公司的最根本因素，投资者的投资理念也由股权分置改革下投机、炒作逐步转为注重公司价值与成长的长期投资理念。

第五，股权分置改革重新定位了资本市场的核心功能。改革开放初期，资本市场更注重融资功能，对于其他功能的忽视很大程度上导致了股权分置的局面。在这种背景下，资本市场的其他功能不能完全发挥，导致了市场的诸多问题和乱象，严重限制了资本市场的发展。针对这一"木桶效应"，股权分置改革重新思考了资本市场的其他功能，如定价功能、资源配置功能以及投资功能。尤其是资本市场的投资功能，资本市场是一个枢纽，连接了资金的需求方和资金的供给方，一个好的市场应该做到“一个扁担挑两桶水——哪头也不能空”。如果只注重融资，就会忽视投资者的利益，最终导致投资者参与市场的动力不足。

总的来说，股权分置改革的成功结束了股权的二元结构，使股票市场进入了全流通时代，各类股东的利益基础趋于一致，有助于完善资本市场的市场化定价机制，提升资本市场的资源配置效率，提高上市公司质量，稳定投资者预期。可以说，股权分置改革改造了我国资本市场初期的重大缺陷，重新定位了资本市场的核心功能，在制度基础上起到了重塑中国资本市场的作用。

二、现代企业制度

根据党的十四届三中全会关于现代企业制度的“产权清晰、权责明确、政企分开、管理科学”十六字方针。首先，股权分置改革通过对价的形式厘清了流通股与非流通之间的产权关系，改变了“股权分置下同股不同权”的现象，使所有股东的利益趋于一致。其次，股权分置改革还为国有股减持以及所有权和管理权相分离的现代企业经营模式提供了基础，也是我国目前从“管企业”向“管资本”转换的根本条件。

现代企业制度最直接的体现和成果是公司治理水平的提高。首先，股权分置改革使各类股东的利益趋于一致，有助于降低非流通股大股东的攫取行为和缓解大股东缺位带来的一系列问题。其次，股权分置改革为大股东，尤其是国有股东提供了卖出渠道，对于改变股权分置情形下“一股独大”的局面，完善股权结构具有重要意义。最后，全流通的市场有助于市场投票机制的发挥，一方面，股权的分散化使每一位股东的投票都至关重要，而不再是由控股股东一人决定，有利于促进投资者参与公司治理与监督；另一方面，“用脚投票”的机制对大股东与管理层形成了威慑作用，当大股东或管理层存在损害其他投资者利益或不利于公司长远发展的行为和决策时，投资者可以通过卖出股票，造成股价下滑，影响大股东的财富以及管理层的绩效指标。基于上述原因，股权分置改革对公司治理的促进作用得到了大部分研究的验证（廖理等，2008；汪昌云等，2010；强国令和闫杰，2012）。具体来看，股权分置改革对公司治理水平的提升主要体现在以下几个方面。

第一，股权分置改革最直接的影响就是股权机构的优化。股权结构的优化包括两个方面：首先，股权分置改革便利了国有股和法人股的退出渠道，使两者占比明显下降，股权集中度显著降低，上市公司开始形成有效的股权制衡机制（王新霞等，2011；林莞娟等，2016）。其次，陈信元和黄俊（2016）指出，股权分置改革后，控股股东与其他小股东利益逐步趋同和外部融资成本的下降，显著降低了控股股东构建多层级股权结构的动机，进而拉近了控股股东与上市公司之间的距离，有助于增强控股股东对管理人员的监督，并且股权层级的减少还会通过缩小控股股东现金流权和控制权之间的差异，降低控股股东与小股东之间的代理冲突。

第二，股权分置改革后，投资者关系逐渐由攫取转向迎合。在股权分置改革前，控股的非流通股股东由于与中小股东之间存在严重的利益不一致，导致控股股东会采取关联交易、资金占用、盈余操纵、现金分红以及过度投资等方式侵占上市公司资源，损害中小股东利益。股权分置改革后，控股股东的利益由账面价值最大化转为市场价值最大化，同时，市场参与度的提高以及投票机制的完善使控股股东的侵占行为更容易被发现，并遭遇卖空使其财富快速缩水。除此之外，股权分置改革后，基于市值的股权激励政策使管理层更加关注市场价格的波动，因此，控股股东与管理层对其他投资者的态度开始逐渐转为迎合，具体体现为掏空上市公司的程度显著下降（廖理和张学勇，2008；渡边真理子，2011）、向上进行盈余管理程度的提高（申慧慧等，2009）、自愿性信息披露水平的提高（张学勇和廖理，2010）以及更加注重中小投资者偏好的现金股利政策（支晓强等，2014）。

第三，股权分置改革有助于提升公司的运营效率。股权分置改革后，股权结构优化完善了市场的投票机制，强化了对管理者和大股东的监督机制；市场定价效率的提升使基于市值的股权激励措施变得可行，并逐步形成了行之有效的激励机制。在监督机制和激励机制的双重作用下，公司治理水平快速提升，公司的运营效率显著提高，并最终增强了公司的盈利能力和盈利水平（林莞娟等，2016）。其中，运营效率提升具体体现为公司的现金持有比例下降（Chen 等，2012）、上市公司的过度负债行为减少（Liu 和 Tian，2012）、抑制了控股股东的过度投资行为（黄晶等，2011；强国令，2012）、促进企业的实质性创新（杜金岷等，2017）以及资本结构动态调整速度加快（盛明泉等，2016）等。

三、市场影响

首先，在市场有效性方面，根据之前的讨论，股权分置改革有助于提升市场的定价效率。在实证检验中，刘维奇等（2010）和李志冰等（2017）分别利用 Fama - French 三因子模型和 Fama - French 五因子模型验证了这一结论。除此之外，杨善林等（2006）发现，股权分置改革显著提升了股票价格与股票价值之间的相关性，同样表明股权分置改革后，市场更加趋于理性有效。本书在第十章对我国资本市场的功能演变进行分析时，也发现了股权分置改革是我国资本市场效率跃迁的重要时点。

其次，在市场波动性方面，尽管短期来看，由于股权分置改革在当时仍存在不确定性，以及大量非流通股转为流通股，使市场蕴藏较大的市场风险；但是，长期来看，股权分置改革促进了资本市场的理性发展，统一的利益基础使投资者更加关注企业本身发展，重塑了投资者的价值投资理念。另外，股权分置改革后流通股本基数扩大，市场操作的难度增加，同样有助于抑制市场投机行为，进而降低市场波动（谢世清和邵宇平，2011）。

最后，骆振心（2008）指出，在股权分置的局面下，尽管 QFII 制度吸引了一部分外资进入中国资本市场，且我国当时的经济增长也主要来自对外贸易；但是，由于股权分置导致市场定价功能的缺失，使 A 股市场并不能与国际发达资本市场形成真正的联动。股权分置改革后，随着市场定价效率的提升，股票价格能够更加有效地反映企业的经营情况以及我国宏观经济的运行情况，我国经济与其他国家（地区）之间的经济往来关系更加真实地体现在各自国家（地区）的资本市场，从而使中国的股票市场与其他发达资本市场之间的关联性得到增强。

参考文献

[1] 陈信元，黄俊．股权分置改革、股权层级与企业绩效［J］．会计研究，2016（1）：56 -62 +96.

[2] 渡边真理子．国有控股上市公司的控制权、金字塔式结构和侵占行为——来自中国股权分置改革的证据［J］．金融研究，2011（6）：150 -167.

[3] 杜金岷，吕寒，吴非．股票流动性、股权分置改革与企业创新［J］．产经评论，2017，8（6）：34 -44.

[4] 黄晶，陈工孟，包文卿，陈峥嵘．股权分置改革能抑制控股股东过度投资行为吗？［J］．财经研究，2011，37（10）：26 -36.

[5] 廖理，沈红波，郦金梁．股权分置改革与上市公司治理的实证研究

[J]. 中国工业经济, 2008 (5): 99-108.

[6] 廖理, 张学勇. 全流通纠正终极控制者利益取向的有效性——来自中国家族上市公司的证据 [J]. 经济研究, 2008 (8): 77-89.

[7] 林莞娟, 王辉, 韩涛. 股权分置改革对国有控股比例以及企业绩效影响的研究 [J]. 金融研究, 2016 (1): 192-206.

[8] 刘津宇, 王正位, 朱武祥. 产权性质、市场化改革与融资歧视——来自上市公司投资—现金流敏感性的证据 [J]. 南开管理评论, 2014, 17 (5): 126-135.

[9] 刘维奇, 牛晋霞, 张信东. 股权分置改革与资本市场效率——基于三因子模型的实证检验 [J]. 会计研究, 2010 (3): 65-72+97.

[10] 李志冰, 杨光艺, 冯永昌, 景亮. Fama-French 五因子模型在中国股票市场的实证检验 [J]. 金融研究, 2017 (6): 191-206.

[11] 骆振心. 金融开放、股权分置改革与股票市场联动——基于上证指数与世界主要股指关系的实证研究 [J]. 当代财经, 2008 (4): 52-57.

[12] 强国令. 管理层股权激励是否降低了公司过度投资——来自股权分置改革的经验证据 [J]. 投资研究, 2012, 31 (2): 31-43.

[13] 强国令, 闫杰. 制度变迁是否改善了公司治理效应——来自股权分置改革的经验证据 [J]. 财经科学, 2012 (8): 58-66.

[14] 申慧慧, 黄张凯, 吴联生. 股权分置改革的盈余质量效应 [J]. 会计研究, 2009 (8): 40-48+95-96.

[15] 盛明泉, 张春强, 王烨. 高管股权激励与资本结构动态调整 [J]. 会计研究, 2016 (2): 44-50+95.

[16] 汪昌云, 孙艳梅, 郑志刚, 罗凯. 股权分置改革是否改善了上市公司治理机制的有效性 [J]. 金融研究, 2010 (12): 131-145.

[17] 王新霞, 刘志勇, 孙婷. 股权分置改革对股权结构与公司绩效关系变迁的影响机理及实证分析 [J]. 上海经济研究, 2011 (2): 63-72.

[18] 吴晓求. 股权流动性分裂的八大危害——中国资本市场为什么必须进行全流通变革 [J]. 财贸经济, 2004 (5): 49-54.

[19] 吴晓求. 股权分置改革的若干理论问题——兼论全流通条件下中国资本市场的若干新变化 [J]. 财贸经济, 2006 (2): 24-31+96.

[20] 吴晓求. 中国资本市场三十年 [M]. 北京: 中国人民大学出版社, 2021.

[21] 吴晓求，方明浩．中国资本市场 30 年：探索与变革 [J]．财贸经济，2021，42（4）：20－36.

[22] 谢世清，邵宇平．股权分置改革对中国股市波动性与有效性影响的实证研究 [J]．金融研究，2011（2）：185－193.

[23] 杨善林，杨模荣，姚禄仕．股权分置改革与股票市场价值相关性研究 [J]．会计研究，2006（12）：41－46＋95.

[24] 张学勇，廖理．股权分置改革、自愿性信息披露与公司治理 [J]．经济研究，2010，45（4）：28－39＋53.

[25] 支晓强，胡聪慧，童盼，等．股权分置改革与上市公司股利政策——基于迎合理论的证据 [J]．管理世界，2014（3）：139－147.

[26] Chen Q , Chen X , Katherine S , et al. The Sensitivity of Corporate Cash Holdings to Corporate Governance [J]. Review of Financial Studies, 2012, 25 (12): 3610－3644.

[27] Liu Q, Tian G. Controlling Shareholder, Expropriations and Firm's Leverage Decision: Evidence from Chinese Non－tradable Share Reform [J]. Journal of Corporate Finance, 2012, 18 (4): 782－803.

第三章　注册制改革

我无为，而民自化；我好静，而民自正；
我无事，而民自富；我无欲，而民自朴。
——老子《道德经》第五十七章

第一节　股票发行上市制度

股票发行上市制度是资本市场最基本的制度，从企业角度来看，股票发行上市制度为企业提供了融资渠道，对企业扩大经营生产、加速产业升级具有十分重要的意义。从投资者的视角来看，进入市场的企业一般均是成熟型或者创新型的企业，这些企业的股票发行为投资者提供了优质的投资标的，有助于提高投资者参与市场的热情。从市场来看，股票发行上市制度打通了优质企业进入市场的通道，使优质企业源源不断地进入资本市场，增强了市场的活力。

一、企业发行上市的动机

第一，融资需求是企业发行上市最主要的动机。当企业经营到一定程度，需要对产业进行升级，或者扩大生产，需要大量资金时，发行证券成为企业获取资金的重要途径。并且，企业上市后，融资渠道更加通畅，融资效率进一步提高。例如，在2016年底至2017年初，电商的快速发展带动了快递行业需求的急速增长，但是传统快递行业中利润低、基础建设和运营成本高的问题严重制约了快递行业的健康发展，快递公司之间的同质化竞争问题严重，导致快递公司的价格谈判能力较低，严重制约了快递公司的盈利能力。因此，为提升自身的竞争力，快递公司竞相选择上市融得资金，对传统快递进行业务升级。并且，为抢占先机，快递公司大多选择了借壳上市或者海外上市等效率更高的发行上市方式。其中，圆通快递于2016年10月20日借壳大杨创世；中通快递2016年10月27日在纽交所上市；申通快递于2016年12月29日借壳艾迪西；2017年1月17日，韵达快递借壳新海股份；2017年2月23日，顺丰快递借壳鼎泰新材。

第二，企业可以通过上市提升公司的治理水平。具体可以体现在以下几个方面：(1) 企业上市能够帮助企业明晰企业产权关系，有效解决股权纠纷；(2) 企业上市后使股权有了更加通畅的流通市场，通过股票交易有助于优化企业的股权结构；(3) 拥有更加有效的政府监管和社会监督，有利于规范企业的法人治理结构，降低企业经营风险，提高经营管理水平；(4) 企业上市还可以通过引进职业经理人解决家族企业中接班人的问题。

第三，企业上市具有提升企业品牌的效应。一方面，企业上市过程中需要满足严格的上市标准，一旦企业上市成功，则意味着股票发行审核委员会(以下简称发审委) 对企业管理水平、盈利能力和经营模式的认可；另一方面，企业上市会吸引大量的媒体和公众关注，提升上市公司的知名度，有助于企业树立品牌、开拓市场。

第四，企业上市还会对公司股东和员工产生强大的激励效应。首先，从创始股东的视角来看，企业上市意味着身价的快速上升，因此，大多数创始股东均具有十分强烈的上市需求。并且，企业上市对于风险投资和股权投资提供了更加便捷的退出机制。其次，企业上市为企业提供了更加科学有效的股权激励工具，通过股权激励可以让员工分享企业的成长价值，调动员工的积极性，有利于吸引和留住人才。另外，上市企业的品牌效应还能增强员工的荣誉感。

二、核准制与注册制的比较

股票发行上市制度作为资本市场最基本的制度，核准制和注册制是其最主要的两种形式，两者的差异值得更加深入的讨论与分析。从定义来看，核准制指企业申请股票上市时需要经过相关监管机构核准通过后才能发行上市的证券发行管理制度；注册制指满足条件的企业在发行证券时，审核机构只对申请企业的注册文件进行形式审查，不进行实质判断。基于上述定义，核准制与注册制的本质区别在于实质审查和形式审查的区别，其中实质审查强调对公司的价值作出判断，并且，审查机构有权否决企业的股票发行申请。

相比核准制，注册制更加市场化，减少了审核机构的人为干预，并且，由于不需要进行实质审核，为监管者节省了大量的人力、物力，在资源有限的情况下，提升了企业的上市融资效率，促进了资本市场融资功能的发挥。但是，由于注册制缺乏审核机构的实质审查，容易导致上市企业良莠不齐，上市公司质量参差不齐的局面增加了投资者进行价值判断的压力。而投资者的价值判断需要依靠市场的有效性、高质量的信息披露以及投资者自身的价值判断能力等多重因素共同决定，因此，注册制的实行对市场有效性、企业信息披露以及投资者自身能力均提出了更高的要求。

需要提醒的是，虽然核准制与注册制在立法理念上存在巨大差异，但是核准制与注册制并不是非此即彼的关系（沈朝晖，2011），即便是在发达的资本市场，两者也并不是完全排斥的，在有些时候甚至起到了相互补充的作用。例如，在美国资本市场的双重注册制就是相互补充的实质审核，其中联邦注册制以信息披露为主，但是各州的证券发行却普遍实行实质审核。①

三、我国股票发行上市制度的演变

从我国股票发行上市制度的演变来看，主要经历了审批制、核准制和注册制三种制度安排。其中，1993—2000 年是我国实行审批制的阶段；核准制则是从 2001 年开始，一直持续至今；2019 年科创板的成立正式开启了我国资本市场的注册制改革。目前形成了主板采用核准制，科创板、创业板以及北交所采取注册制的两种制度并存的格局。

（一）审批制

“8·10”事件发生后，为解决资本市场发展过程中由法律法规不健全、投资者风险意识淡薄导致的各种市场乱象问题，国务院在 1992 年 12 月 17 日发布了《关于进一步加强证券市场宏观管理的通知》，对企业的股票发行和上市程序进行了规范，提出“经过批准的股份制试点企业，经证监会认可的资产评估机构和会计师事务所进行资产评估和财务审核后，向企业所在地的省级或计划单列市人民政府提出公开发行上市股票的申请”，审批制正式被确立。之后，1993 年 4 月 25 日国务院颁布了《股票发行与管理暂行条例》，对审批制进一步作出了更加明确的规定。

根据审批制的工作安排，审批制主要包括三个流程，分别是额度分配、

① 地方的《证券法》也被统一称为《蓝天法案》。

预选审核和发行审核。其中，额度分配指我国的计划部门会根据国家经济发展情况和产业发展情况将总额度按照省市和部委的实际情况进行分割。预选审核指各省市和部委将其分配到的额度进一步分配到其属地或所管辖的公司，拟上市公司在征得省市或相关主管部委同意后，向证监会提出发行股票的申请，证监会发行部在征得有关部委的同意后，预审企业的上报材料，并作出是否同意其上报正式申报材料的决定。企业在通过预选审核后进入发行审核阶段，在这一阶段，拟上市企业需要聘请中介机构，准备申报材料，向证监会报送发行申报文件。证监会在收到材料后，组织股票发行审核委员会对发行人进行审议；审议通过后，证监会根据市场的运行情况，确定发行时间。

根据额度分配的内容不同，审批制可以进一步细分为1993—1997年实行的额度制和1998—2000年实行的指标制。其中，额度制指计划部门确定融资总额度，然后将其分配给各省市和部委。例如，1992年、1993年、1994年、1996年和1997年的总额度分别是50亿元、195亿元、55亿元、100亿元和300亿元。其中，1995年停发新股。但是，在额度制下，由于额度有限，各省市和部委在推荐上市企业时，为了让更多企业上市，通常会优先选择规模较小的企业，导致优质大型企业缺乏上市的通道。

为支持大型企业上市，从1998年开始，额度制改为指标制，具体指监管机构在确定总额度的前提下，同时确定各省市和部委分配的上市企业数量，即所谓的“总量控制，限报家数”。但无论是额度制还是指标制，审批制都具有非常浓厚的计划经济色彩，不利于资本市场充分发挥其资源配置的功能。

（二）核准制

1999年7月1日，《中华人民共和国证券法》正式实施，规定“公开发行股票，必须依照公司法规定的条件，报经国务院证券监督管理机构核准，发行人必须向国务院证券监督管理机构提交公司法规定的申请文件和国务院证券监督管理机构规定的有关文件”，核准制的法律地位正式被确立。此后，中国证监会分别于1999年9月16日和2000年3月16日发布《中国证券监督管理委员会股票发行审核委员会条例》和《中国证券监督管理委员会股票发行核准程序》，将核准制进行了进一步细化和规范。一年后，在2001年3月17日，新股发行核准制正式启动。在核准制下，上市公司的推荐权由各省市和部委转移到有资质的证券公司，根据推荐权的分配方式不同，核准制又可以分为2001—2004年实行的通道制和2004年后实行的保荐制。

在通道制下，证监会根据证券公司的资质以及过往的执业情况，分配2～

9 条不等的通道，通道的数量决定了证券公司可以同时推荐的发行人数量。在实践中，证券公司根据证监会的“过会一家，递增一家”的要求，对拟上市企业进行排队，只有拟上市企业通过核准之后，才可以再申报另一家。[①] 根据吴晓求（2021）研究的数据，截至 2005 年通道制废除，全国 83 家证券公司共拥有 318 条通道。

由于各家公司持有的通道有限，导致证券公司在进行推荐时，为提升公司的经营业绩，经常会优先选择规模较大的企业，而不是以公司未来发展前景作为推荐的首要指标，容易导致上市公司上市后的业绩变脸，损害投资者的利益。为进一步强化证券承销商的连带责任，2003 年 12 月 28 日，证监会发布了《证券发行上市保荐制度暂行办法》，并决定于 2004 年 2 月 1 日正式实施上市保荐人制度。保荐人制度通过明确保荐代表人责任和建立责任追究机制，强化了保荐代表人的责任意识。例如，欣泰电气欺诈发行事件败露之后，作为其上市保荐机构，兴业证券被处罚设立了 5.5 亿元的先行赔付专项基金，赔付金额约为本次保荐收入的 46 倍。

（三）注册制

2013 年 11 月 12 日，党的十八届三中全会通过了《中共中央关于全面深化改革若干重大问题的决定》，提出“要推进股票发行注册制改革”。2014 年 5 月 8 日，国务院发布了《国务院关于进一步促进资本市场健康发展的若干意见》，再次提出“积极稳妥推进股票发行注册制改革”。但是 2015 年股市大波动延误了注册制改革的进程。

直至 2018 年 11 月 5 日，习近平总书记在首届中国国际进口博览会上提出“将在上海证券交易所设立科创板并试点注册制”，注册制的改革才再次被提上日程。2019 年 1 月 30 日，证监会发布了《关于在上海证券交易所设立科创板并试点注册制的实施意见》。2019 年 6 月 3 日，科创板正式开板，标志着注册制在 A 股市场正式开始实施。2019 年 12 月 28 日，全国人大常委会通过了审议修改过的《证券法》，提出“全面实施注册制”。2020 年 3 月 1 日，在新《证券法》正式施行的同时，公司债企业债的发行开始采用注册制。2020 年 4 月 27 日，中央全面深化改革委员会通过了《创业板改革并试点注册制总体实施方案》，标志着创业板开始了注册制改革的进程。2021 年 9 月 2 日晚，习近平主席在 2021 年中国国际服务贸易交易会全球服务贸易峰会上提出要“深化

---

① 之后，改为“发行一家，递增一家”，意味着只有核准并发行之后才能申报另一家。

新三板改革，设立北京证券交易所”，并同步试点注册制。2021 年 11 月 15 日，北交所正式开市，形成了科创板、创业板以及北交所实行注册制，主板实行核准制的双重制度。未来，随着注册制试点的深入，注册制配套制度逐渐完善，全面实施注册制的条件将会越来越成熟。

第二节　注册制改革的意义

一、注册制对于经济改革的意义

在“父爱监管”式的核准制下，监管机构承担着为投资者选择企业的职责。因此，在企业上市过程中过度强调企业的盈利水平，使很多优秀的企业达不到 A 股的上市标准，导致直接融资受阻，这也是我国形成以银行借贷等间接融资为主的格局的原因之一。并且，银行在放贷时存在“嫌贫爱富”的现象，偏好具有稳定现金流的公司，一定程度上造成了企业“融资难、融资贵”的困局。另外，对于高科技企业而言，前期投入较大，短期回报率较低，且具有较高风险，使其很难在信贷市场获取资金。

另外，即便企业达到了上市要求，在目前的核准制制度下，部分企业会因为上市程序流程较长、审核效率较低、存在巨大不确定性、希望领先于竞争对手等原因，选择在国际市场上市，导致优秀的企业资源流失。例如，中国互联网的旗舰企业 BAT 均在美股或港股上市。上市条件的高标准以及审核过程的低效性在导致优质企业流失的同时，大部分企业则是因为文化背景、融资成本以及法律框架等因素的影响，并不会选择或其不具备条件在海外上市，导致错失最佳的上市窗口，限制了高新技术企业的进一步发展。

然而，对于目前的中国，老龄化、“中等收入陷阱”以及刘易斯拐点等是中国经济亟须面对的问题。蔡昉（2010）指出，继续挖掘开发人口红利和通过创新提高生产率是通过刘易斯拐点后继续保持经济增长可持续的源泉。而注册制的施行，为高新企业上市融资提供了便利，有利于高科技公司的发展以及鼓励创新，提高社会的生产效率。另外，根据鲁桂华（2019）的分析研究，注册制还可以通过提高储蓄率、鼓励技术进步以及完善资本市场制度等方式促进经济发展。因此，注册制改革对于宏观经济发展，产业结构升级具有重要意义，是我国全面深化改革的重要组成部分。

二、核准制下暴露的问题和乱象

行政干预过多的核准制除了抑制市场的资源配置功能外，也衍生出较多的市场乱象。首先就是欺诈发行和财务造假，企业进行欺诈发行的目的除了提高股票发行定价、增加发行收益外，在中国市场上，其目的主要是达到"持续盈利能力"的上市标准。并且，由于欺诈发行的惩罚不严、投资者集体诉讼制度的缺乏和投资者自我保护意识薄弱等原因，导致欺诈发行的整体成本较低；因此，部分发行人会选择铤而走险，采用欺诈发行等破坏市场公平性、损害投资者利益的违法行为来达到上市目的，如绿大地、欣泰电气等案例。除此之外，为达到"持续盈利能力"的上市标准，企业还会采取可操作性应计利润、真实活动操控以及分类转移（路军伟等，2019）等盈余管理的方法，对于财务知识缺乏的投资者而言，同样会产生误导的效果。

过高的要求以及低效的审批流程迫使急于上市的企业会选择收购上市公司，以达到上市融资的目的。例如，2016 年多家物流快递公司通过资产重组借壳上市。并且，上市公司资源的稀缺性导致了中国股票市场上壳资源具有较高的价值。其中，壳价值在小市值股票中尤为凸显。例如，Liu 等（2019）发现，在市值排名后 30% 的股票中大约有 30% 的市值是其壳价值。虽然我国原本的退市制度存在四类退市标准，分别为交易类指标、财务类指标、规范类指标以及重大违法类指标；但吴秀波（2019）指出，原本的退市制度只注重财务指标，如 2007—2017 年有 47 家公司退市，但没有一家上市企业因为交易类指标而退市。较高的壳价值以及过度关注财务类指标的退市制度，导致部分处于亏损边缘的企业会通过采取盈余操纵的方式达到盈利状态，从而避免被特殊处理（ST）。例如，姜国华和王汉生（2005）发现，我国上市公司的盈利在零点存在一个跳跃，与美国上市公司的盈利分布呈正态分布存在显著差异，侧面反映了为避免 ST 而存在盈余管理，甚至是财务造假的情形，如蓝田股份、康美药业和康得新等。

上市公司资源的稀缺性还导致了投资者的疯狂抢购，IPO 过程中的超募现象同样十分明显，如 2009 年创业板开板时期的超募现象引起了监管层的广泛关注。超募现象不仅破坏了市场的资源配置功能，减少了其他企业获得资金的机会，还会造成 IPO 公司资金使用率降低（方军雄和方芳，2010）。除此之外，夏芸和徐欣（2012）认为，由于代理问题还会导致超募资金的过度投机以及浪费侵吞等问题。但方军雄和方芳（2010）发现，随着新股发行制度的逐步市场化，超募现象的程度已有显著下降；并且，注册制的实施将进一步减缓市场的超募现象。另外，在市场机制尚未完全建立的情况下，超募现象还会诱发监管机构的行政介入。例如，通过行业市盈率限制发行价格，以及股票发行额度的规定，导致 IPO 发行期间存在严重的抑价现象（魏志华等，2019）以及“弹簧效应”（张劲帆等，2020）。

为了加快上市进程，或者隐瞒自身问题，IPO 有偿沉默成了核准制下另一个“灰色产业链”，即发行方为避免媒体的负面报道，使上市发行更加顺利，通过广告投放等形式让理应追求真相的媒体保持沉默。方军雄（2014）的研究发现，在民营企业、地处市场不发达地区以及小公司，IPO 有偿沉默的现象更加严重，且在 IPO 过程中支付过有偿沉默的公司，具有更高的业绩变险可能性。

总的来说，过窄的上市通道与大量的融资和投资需求之间的不匹配，造成了价格的扭曲，破坏了市场的资源配置功能。另外，稀缺的上市资源以及较轻的惩罚制度，使一些公司会选择欺诈发行、财务作假等违规手段，破坏市场的公平，并损害投资者的利益。或采用盈余管理的方式，一方面会影响普通投资者的判断，另一方面也分散了管理者的注意力，影响上市公司的正常运行。除此之外，较高的上市价值也使很多企业愿意支付更多的 IPO 有偿沉默成本，不仅衍生了非法的产业链，也损害了媒体在监督企业方面的独立性，并且较高的业绩变险概率有可能使投资者受损。

三、注册制对投资者保护的意义

在核准制下，实质审查意味着“父爱监管”“隐性担保”“政府背书”（王啸，2015），导致投资者对于政府监管机构的依赖性较高，自身缺乏判断力。而实质审查将监管机构的主要精力集中在事前审查，但证券监管者的精力毕竟有限（蒋大兴，2014），部分企业通过欺诈形式避开了监管机构的审查顺利上市。另外，企业为达到上市标准，会采用盈余管理的方式将未来的利润转移至当下，使公司不一定能够保持财务报表中的盈利能力，增加了上市公司业绩变险的可能。除此之外，随着时间的推移，部分企业会因为自身经营不善或者在新的产业变革中地位发生变化，导致批准上市发行的企业并不一定一直都是“好企业”；再加上普通投资者对于财务造假以及盈余管理缺乏专业知识以及判断力，导致中小投资者很容易成为财务造假的受害者。

并且，从监管和惩罚的角度来看，与严苛的事前审查相对应的是事后监管的不足；再加上2020年《证券法》之前对欺诈发行和财务造假的惩罚力度不够，以及投资者集体诉讼制度的缺失和个人投资者寻求司法救济的意愿不足，导致企业欺诈发行的成本较低，这些均增加了投资者利益受损的概率和程度。

相比之下，注册制在三方面有助于投资者利益的保护。第一，以信息披露为核心的注册制更加强调“信息完全，买者自负”的哲学观念，这有助于投资者摆脱对于证券监管机构的依赖，促进投资者对市场的认知，提高投资者的成熟度。第二，马连福等（2014）指出，注册制还有利于改善我国上市公司的投资者关系，在行政干预的环境下，上市公司会过度关注是否满足证监会的硬性指标条件，而这一问题将在更强调信息披露的市场化环境下得到缓解，公司的投资者关系也会由“大股东投资者关系管理”转为“公司投资者关系管理”。第三，在本章第四节论述注册制改革具有一系列配套制度，而这些配套制度有助于投资者保护个人利益，如提高信息披露的质量降低了投资者理解财务信息的门槛；集体诉讼制度的建立和违法行为惩罚力度的加大，有助于降低财务造假的概率并增加投资者挽回损失的可能性。

第三节　注册制改革的时机

虽然目前我国已经进入了大刀阔斧的注册制改革进程中，但是这仍需要一个从试点到推广，再到全面施行的过程。在本部分，通过从国内国际的形势以及市场环境的改善两个方面进行分析，本书认为注册制改革正当其时。

一、国内国际的形势

虽然我国的GDP总量早已于2010年超越日本成为世界第二大经济体，但人均GDP仍然远低于发达国家水平，人口结构的老龄化趋势以及经济增长放缓，使很多学者担心中国陷入“中等收入陷阱”。例如，郑秉文（2011）认为，目前中国处于效率驱动阶段；并指出“转型陷阱”是我国陷入“中等收入陷阱”的主要诱因之一，而注册制的实施将有助于金融市场通过资源配置，促进产业转型，鼓励创新，提高生产效率。

从国际环境方面来看，虽然目前中美贸易摩擦暂时出现了缓解，但过程中的技术封锁，尤其是芯片以及操作系统的技术封锁，让我们意识到在自身创新不足的情形下，技术封锁有可能会造成相关产业链摧毁性的破坏；只有通过自身的创新破除技术壁垒，甚至构建自身的技术壁垒，才能免疫国际政治经济环境的剧变。

总的来说，无论是我国自身经济发展所处的阶段，还是国际环境的变化，通过创新提升生产效率，免疫他国构建的技术壁垒，不仅是自身发展的需要，也是国际战略的必然选择，而注册制毫无疑问是从金融市场角度鼓励创新的最有力的利器。

二、市场环境的改善

首先，从市场有效性的角度来看，刘维奇等（2010）和李志冰等（2017）分别利用 Fama - French 三因子模型和 Fama - French 五因子模型发现股权分置改革后市场的有效性得到提高。李志生等（2015）基于融资融券的事件研究发现，卖空机制的推出改善了我国市场的价格发现机制，并且融券卖空量越大的股票，定价效率越高。随着金融创新的深入和金融工具的不断被推出，华仁海和刘庆富（2010）基于高频数据发现，股指期货市场具有较强的价格发现功能。另外，我国的金融开放程度也越来越大，例如，沪港通、CDR 以及沪伦通等市场互联机制的设计，加强了我国股市与其他发达市场的联系。刘荣茂和刘恒昕（2015）通过对沪港通前后的沪指收益率预测效果进行比较，发现沪港通之后，市场的有效性得到了提升。笔者认为，资本市场经过 30 年的发展，不断摸索与调整，股市不仅在规模上具有较大的增长，同时，市场的有效性也得到了显著提高。

除了市场有效性得到提升外，我国资本市场的主要参与者也发生了重大改变。第一，中山证券课题组（2020）总结了我国投资者结构的演变过程，发现个人投资者的市值占比从 2004 年的 78% 降至 2011 年的 27%，之后稳定在 30% 左右，投资者结构得到了充分改善。第二，由于我国居民受教育水平的提高、个人投资者投资经验的积累以及从业人员素质的提升，笔者认为，我国投资者的成熟程度也得到了明显改善。

简言之，一方面，资本市场自身的发展和一系列制度的调整，市场变得更加有效，使注册制的施行能够更加充分发挥市场的资源配置功能；另一方面，投资者结构的改善和投资者成熟度的提高，为以信息披露为核心、强调投资者自我判断能力的注册制提供了条件。

第四节 注册制改革的配套制度

虽然推进注册制改革得到了大量学者的倡议，但注册制的全面推行并不能一蹴而就。例如，曹凤岐（2014）指出，“要想推进注册制，要有配套的法律、制度建设，这是一个复杂的系统工程”。本书将在这一部分从信息披露、投资者保护、市场制度以及职能定位等多方位对注册制的配套制度进行讨论。

一、信息披露制度

注册制的核心是完全的、严格的信息披露（曹凤岐，2014），发行方只有将信息真实地、准确地、完整地、及时地提供给投资者，市场才能对企业的价值进行充分判断，从而使市场更加有效，达到其资源配置的功能。因此，从原则上来说，信息披露必须保证其真实性、准确性、完整性以及及时性。其中，真实性要求信息披露内容是真实的，不存在欺诈造假行为；准确性要求信息披露客观，不存在引导性词句和内容，内容精练且与股票价值相关，便于投资者识别股票的价值；完整性则要求披露所有与股票价值相关的信息；及时性要求及时披露与股票价值相关的信息，在如今的高频时代，及时性更显得尤为重要。例如，在 2013 年“光大乌龙指”当天，光大证券直至 14:23 才发布公告，虽然已于当日内发布，但仍造成很多投资者由于无法获得及时的消息而进行错误的操作，导致损失。

信息披露不仅是注册制的核心，也是市场有效性的基本要求。信息披露一旦达不到真实性、准确性、完整性以及及时性的要求，就会导致欺诈发行、财务造假、价格扭曲以及市场失效等问题。笔者认为，从问询制度和加大监管与惩罚力度进行改革有助于提高信息披露的质量。其中问询制度着力于发行上市前期，以聆询的形式向发行方进行施压，促进其发布高质量的信息；而监管与惩罚则集中于事中、事后，通过强有力的监管和严厉的惩罚措施，让意图通过欺瞒造假等方式蒙蔽投资者的公司望而却步。

问询制度：李曙光（2015）认为，目前证券监管机构主导的发审委容易导致过度干预，甚至权力“寻租”的问题，建议改组发审委为聆讯委员会，独立于证监会和交易所，并建议在证券监管机构专业人士、法律人士之外，加入行业的专业人士，使信息披露更加专业准确。除此之外，沈朝晖（2011）还指出，目前的预审会的询问并未给发行公司足够的压迫感，在 IPO 预审第一轮一般仅提出 30 多个问题，而美国 IPO 第一轮提问达到 80 个左右。高青松和杨萍（2020）以科创板上市的案例为研究对象，梳理了科创板上市过程中的问询式审核，发现问询式审核能够明确信息披露标准，提升信息披露质量。

加大监管力度：首先，核准制下的证券监管机构过于关注 IPO 过程中的实质审核和价值判断。蒋大兴（2014）认为，在证监会资源有限的情况下，高强度的工作量与人力、物力短缺之间的矛盾削弱了其监管的功效。其次，由于证监会与部分国有企业同处于部级单位，监管过程可能存在监管阻力。最后，虽然证监会在我国处于证券监管的核心地位，但缺乏对市场违法行为的司法权。因此，在市场监管部分，笔者认为，一方面要将证监会的精力从价值判断转移至事中、事后的监管；另一方面也需要赋予证监会更核心的证券监管地位。

加大惩罚力度：一方面关于财务造假以及欺诈发行的惩罚力度较小，另一方面投资者在遇到欺诈发行时的集体诉讼机制不完善和自我保护意识较弱，导致我国市场欺诈发行的现象较严重。为保证信息披露的质量，有必要加大对欺诈发行以及财务造假的惩罚力度，落实发行人和中介机构的主体责任（曹凤岐，2014），完善包括行政执法、民事诉讼以及刑事诉讼的综合性执法系统（李曙光，2015）。值得一提的是，关于加大惩罚力度，在 2020 年《证券法》已有相应改善。例如，针对尚未发行的欺诈发行情形，对发行人的惩罚标准已由原来的“30 万元以上 60 万元以下”提升至“200 万元以上 2000 万元以下”。

二、投资者保护制度

蒋大兴（2014）认为，中国资本市场的参与主体存在市场判断不足问题以及难以自我消化持续盈利能力判断失误的后果。因此，笔者认为我国的注册制改革仍应该以投资者保护为基本要求。本书从事前预防和事后处理两个角度进行梳理，其中事前预防主要是投资者管理方面，事后处理则聚焦损失赔偿制度。

投资者管理：这一部分涉及两个方面，一方面是约束管理，设置投资者适当性管理条件。例如，科创板要求投资者有两年以上的投资经验以及投资额不少于 50 万元的要求。另一方面是加强投资者教育，投资者的成长与资本市场的成长是相辅相成的，投资者的成长不仅对于自身保护具有重要意义，也有助于资本市场的高质量发展。

损失赔偿制度：作为发行证券的购买者，投资者成为欺诈发行的最终受害者。海州（2016）以欣泰电气为例，认为目前的先行赔付政策在实际操作中有诸多不利于投资者的地方，并建议完善投资者损失赔偿制度。由于中小投资者的弱势性，孙国茂（2014）建议建立集体诉讼制度和举证倒置制度，方便中小投资者通过司法救济的方式维护自身利益。另外，李培华（2013）还建议降低欺诈发行的认定标准，并尽可能予以量化。

三、市场制度

注册制的主要目标是提高市场的有效性，强化资本市场的资源配置功能。然而，如果没有相应的市场制度，高质量的信息披露仍不足以保证市场的有效性，例如，边江泽和宿铁（2010）证明，“T+1”交易制度会降低股票市场的流动性；王朝阳和王振霞（2017）指出，涨跌停是A股市场高波动率的重要原因；杨光艺（2018）发现，做空机制的缺失抑制了期货市场的价格发现功能。关于注册制配套的市场制度改革，笔者认为发行定价制度、退市制度以及卖空制度值得关注。

发行定价制度：李曙光（2015）认为，现行的IPO定价制度存在行政管制色彩，发行商、承销商与询价对象之间存在利益链，以及机构投资者和个人投资者信息不对称等问题。基于此，李曙光指出。在注册制下定价制度应该从三个维度分别进行突破：市场化定价，不再设置行业市盈率限制，或由专家设置非强制的参考价格；加强事中、事后监管；完善信息披露制度，尤其是预披露制度。笔者认为，这三个维度高度符合注册制的哲学本质。关于在IPO市场化定价方面，孙国茂（2014）提出了“先上市、后发行”的建议。

退市制度：我国股票市场长期存在“上市难，退市更难”的问题，形成了IPO“堰塞湖”，严重影响了市场的资源配置功能。然而，证券监管机构在注册制下将不再对企业进行实质审查，可能导致上市公司质量参差不齐，对于科创板和创业板主要以高新企业为主的板块更是如此；并且，企业未来发展具有高度不确定性，如果没有配套的退市制度，市场将充斥大量低质量的公司。马连福等（2014）和吴秀波（2019）均指出，这会对我国证券市场的正常运行产生负面影响。另外，注册制的推行势必会造成壳价值的减少，而维持上市的成本以及面临的监管压力等问题开始凸显。基于成本—效益原则，陈羽桃和冯建（2015）认为，部分上市企业可能存在自主退市的需求。但是，退市制度的改革也面临一些压力：其一，政府对亏损的国有上市企业进行补助是“保壳”的主要方式，因此，退市制度的完善在中国的制度背景下可能会深入国有企业改革的“深水区”；其二，王啸（2013）通过中国香港2002年“仙股”股灾的例子，也在警醒着中国注册制的改革必须基于国情意识和问题意识。

卖空制度：注册制的核心是基于市场的有效性进行资源配资，但Diamond和Verrecchia（1987）发现，卖空约束会导致部分信息交易者离场，资产定价效率会降低。在中国，2010年的融资融券政策的自然实验数据同样验证了卖空机制有助于提高市场的有效性（李志生等，2015）。并且，许红伟和陈欣（2012）还发现，融资融券能够显著降低股市暴跌概率。吴秀波（2019）也指出，卖空机制是防止科创板过度炒作的“清凉药”。值得一提的是，无论是科创板的制度设计，还是在创业板注册制实施方案中，卖空机制的深度和范围得到了进一步的放宽。例如，科创板上市之日起即可成为融资融券的标的。

四、职能定位

在核准制的上市审核中，主要由证监会负责实质审查，而在注册制背景下，上市审核权转移至交易所，证监会主要负责市场监管的制度安排得到了广泛认可。然而，正如前述提到的证监会的监管窘境，各部门的职能定位不清可能导致上述制度不能达到期望的效果。因此，笔者认为各主体的职能定位是注册制改革成功的关键，也是注册制改革的顶层设计。

证监会的职能定位：在核准制下，证监会在公司上市发行审批中起着核心作用，对于上市决定具有较强的行政干预，王啸（2013）指出，这与证监会在我国的属性相关，除了监管市场职责外，还需要贯彻落实国家宏观经济政策。而注册制下强调效率，证券监管机构并不进行实质审查；因此，大多数学者认为证监会职能应集中于市场监管，维持市场秩序，打击违法行为，保障市场的健康运行，而不是把主要精力放在新股发行审批上（曹凤岐，2014）。但职能的转移并不意味着证监会市场地位的减弱。蒋大兴（2014）指出，事中、事后监管是保证注册制正常运行的核心，应加大证监会的中心地位，提升其权力范围和地位，强化其特定的市场行为处置权，以及改善证监会的资源投入。除此之外，沈朝晖（2014）指出，美国SEC具有的“中止令”有助于提高新股发行过程中信息披露的质量；因此，笔者建议在实施注册制的过程中，证监会针对某些特定情形拥有否决权。

交易所的职能定位：大多数学者认为在新股发行过程中由交易所对发行方进行形式审核，并作出合规性检查。但是，曹凤岐（2014）指出，在中国目前的制度环境中，交易所实质上是证监会的延伸机构，发行审核权转移至交易所容易造成证监会“自我监管”的无效性；因此，其建议对交易所进行改制，加强交易所的自主性。

中介机构的职能定位：虽然大多数人对于注册制与核准制的区分是形式审查和实质审查，但沈朝晖（2011）和王啸（2015）均指出，发达资本市场的注册制同样存在一定程度的实质审查。例如，美国市场的《蓝天法案》通过州层面的实质审查补充了联邦层面的形式审查。关于如何将实质审查融入注册制，除将部分实质审查的内容以条款的形式加入交易所以及证监会的规定条款中，蒋大兴（2014）认为，还可以将实质审查的责任转移至中介机构，强化发行阶段相关主体的连带责任。

五、小结

总的来说，明确各方职责，强调彼此自主性，是推行注册制过程中的重要顶层制度设计。通过问询制度、中介机构的实质审查以及证监会事中、事后强有力的监管，使发行方的信息披露真实、准确、完整、及时。基于高质量的信息披露，交易所对发行方作出合规性检查，保护投资者的利益，保障资本市场的健康运行。在此基础上，通过配套的市场机制设计，强化市场的资源配置功能。

第五节　结　论

我国资本市场初期就如一个初生婴儿，辨别能力较弱，因而主要由证券监管机构选择“安全”的投资标的，但随着一系列的制度改革，如股权分置改革、融资融券机制的设计、股指期货的推出以及沪港通的施行，市场也越来越有效。并且，投资者结构的改善和投资者成熟度的提高，使我国资本市场拥有了推行注册制改革的基本条件。

另外，注册制的推行意义非凡。首先，注册制对促进我国经济转型、鼓励创新、迈过“中等收入陷阱”以及免疫国际政治经济环境剧变具有重要意义。其次，注册制的推行有助于修正过度行政化干预导致的市场扭曲和乱象。最后，注册制改革对于投资者成长以及上市公司的投资者管理均有正向影响，对于股市的长期健康发展具有深远影响。结合资本市场30年的耕耘结果，以及我国经济发展面临的问题，笔者认为注册制改革意义深远，且正当其时。

虽然注册制的推进是众望所归，但注册制不只是一个政策，而是一个系统工程，需要一系列的配套制度。从顶层来看，包括证监会、交易所和中介机构的职能定位。从内核来看，通过问询度、事中事后监管以及制度设计等，保障信息披露的真实、准确、完整和及时。并且，注册制的推行还需要通过投资者管理以及赔偿制度的完善使投资者的利益得到充分保障。同时，为更好地发挥市场的资源配置功能，定价机制、退市制度和卖空机制等市场机制的改进有助于市场更加有效，使注册制改革能够达到事半功倍的效果。

参考文献

[1] 边江泽，宿铁．“T+1”交易制度和中国权证市场溢价［J］．金融研究，2010（6）：147－165.

[2] 蔡昉．人口转变、人口红利与刘易斯转折点［J］．经济研究，2010，45（4）：4－13.

[3] 曹凤岐．推进我国股票发行注册制改革［J］．南开学报（哲学社会科学版），2014（2）：118－126.

[4] 陈羽桃，冯建．股票发行注册制改革对壳资源价值的影响［J］．会计之友，2015（6）：13－17.

[5] 方军雄．信息公开、治理环境与媒体异化——基于IPO有偿沉默的初步发现［J］．管理世界，2014（11）：95－104.

[6] 方军雄，方芳．新股发行制度市场化改革与融资超募现象［J］．证券市场导报，2010（12）：39－45.

[7] 高青松，杨萍科．创板问询式审核存在的问题与对策研究［J］．南方金融，2020，524（4）：78－87.

[8] 海州．退市制度建设与投资者保护［J］．证券市场导报，2016，289（8）：1－1.

[9] 华仁海，刘庆富．股指期货与股指现货市场间的价格发现能力探究［J］．数量经济技术经济研究，2010（10）：90－100.

[10] 蒋大兴．隐退中的“权力型”证监会——注册制改革与证券监管权之重整［J］．法学评论，2014（2）：44－58.

［11］姜国华，王汉生．上市公司连续两年亏损就应该被“ST”吗？［J］．经济研究，2005（3）：100－107.

［12］李培华．股票欺诈发行之辨析以《证券法》第189条为中心［J］．法律适用，2013（12）：20－24.

［13］李曙光．新股发行注册制改革的若干重大问题探讨［J］．政法论坛（中国政法大学学报），2015，33（3）：3－13.

［14］李志冰，杨光艺，冯永昌，等．五因子模型在中国股票市场的实证检验［J］．金融研究，2017（6）：191－206.

［15］李志生，陈晨，林秉旋．卖空机制提高了中国股票市场的定价效率吗？——基于自然实验的证据［J］．经济研究，2015（4）：167－179.

［16］刘荣茂，刘恒昕．沪港通对沪市股票市场有效性的影响［J］．经济与管理研究，2015（8）：54－62.

［17］刘维奇，牛晋霞，张信东．股权分置改革与资本市场效率——基于三因子模型的实证检验［J］．会计研究，2010（3）：65－72.

［18］鲁桂华．从科创板看中国资本市场改革的路径选择［J］．财会月刊（会计版），2019（4）：3－8.

［19］路军伟，张珂，于小偶．上市公司IPO与分类转移盈余管理——来自我国A股市场的经验证据［J］．会计研究，2019（8）：25－31.

［20］马连福，张琦，王丽丽．注册制度下投资者关系管理的新变化［J］．证券市场导报，2014，266（9）：67－71.

［21］沈朝晖．流行的误解：“注册制”与“核准制”辨析［J］．证券市场导报，2011，230（9）：14－23.

［22］孙国茂．从根本上改革股票发行制度［J］．理论学刊，2014（3）：50－60.

［23］王朝阳，王振霞．涨跌停、融资融券与股价波动率——基于AH股的比较研究［J］．经济研究，2017，52（4）：151－165.

［24］王啸．试析注册制改革：基于问题导向的思辨与探索［J］．证券市场导报，2013，257（12）：4－13.

［25］王啸．美国“注册制”的四大难题与中国资本市场改革的思考［J］．证券市场导报，2015，270（1）：4－12.

［26］魏志华，曾爱民，吴育辉，李常青．IPO首日限价政策能否抑制投资者“炒新”？［J］．管理世界，2019，35（1）：192－210.

[27] 吴晓求．中国资本市场三十年：探索与变革 [M]．北京：中国人民大学出版社，2021.

[28] 吴秀波．科创板能保持“一池春水”吗？[J]．价格理论与实践，2019 (2)：23-27.

[29] 夏芸，徐欣．公司内部治理与IPO超募资金的使压——来自中国证券市场的研究 [J]．证券市场导报，2012，243 (10)：28-34.

[30] 许红伟，陈欣．我国推出融资融券交易促进了标的股票的定价效率吗？——基于双重差分模型的实证研究 [J]．管理世界，2012 (5)：52-61.

[31] 杨光艺．股指期货限仓对衍生品市场价格偏差的影响及原因 [J]．证券市场导报，2018，314 (9)：31-37，45.

[32] 张劲帆，李丹丹，杜涣程．IPO限价发行与新股二级市场价格泡沫——论股票市场“弹簧效应” [J]．金融研究，2020 (1)：190-206.

[33] 郑秉文．“中等收入陷阱”与中国发展道路——基于国际经验教训的视角 [J]．中国人口科学，2011 (1)：2-15.

[34] 中山证券课题组．股票市场投资者结构国际比较研究 [J]．证券市场导报，2020，333 (4)：13-24.

[35] Diamond D W, Verrecchia R E. Constraints on Short-selling and Asset Price Adjustment to Private Information [J]. Journal of Financial Economics, 1987, 18: 277-311.

[36] Liu J, Stambaugh R F, Yuan Y. Size and Value in China [J]. Journal of Financial Economics, 2019.

第四章　资本市场开放

鲁梁之民俗为绨。公服绨，令左右服之，民从而服之。

公因令齐勿敢为，必仰于鲁梁，则是鲁梁释其农事而作绨矣。

——管仲

第一节　B股市场和企业境外上市

一、B股市场

在资本市场成立初期，市场的融资规模还不足以满足企业的融资需求；另外，外汇资金的稀缺导致企业对于外资的需求同样较为迫切。在此背景下，B股成为企业进行外汇资金融资的重要尝试；同时，B股市场的开启也正式拉开了资本市场对外开放的序幕。

B股指人民币特种股票，以人民币标明面值，以美元或者港元进行认购和交易。其中，深圳B股采用的是港元，上海B股采用的是美元。上海真空电子器件股份有限公司和深圳的南方玻璃股份有限公司分别于1991年10月12日和28日发布公告，向社会发行B股。其中，上海真空电子发行100万股，发行价格为420元/股，以美元支付；南方玻璃则发行外资股1600万股，发行价格3.38元/股。1992年2月21日，上海真空正式在上海B股上市，成为我国首只B股。随后，南玻B股也于1992年2月28日在深圳交易所正式挂牌交易。表4-1给出了B股历年的IPO融资情况。

B股市场成立初期，在境外投资者高涨热情的助推下，B股一级市场在1992—1994年呈现繁荣发展的态势；但是，与之相对应的是二级流通市场价格的大幅波动和下跌，B股指数由1992年5月底140点下跌至1993年7月的51点，B股交易市场的冷清也浇灭了发行市场的热情，B股发行市场也于

1995年进入"沉寂期"，当年仅8家企业在B股上市。此后，国务院在1995年12月25日发布了《国务院关于股份有限公司境内上市外资股的规定》，成为我国第一部全国性的B股法规。B股市场也逐步开始规范，B股市场也在1996—1997年稍微恢复。但是，在1998年后，由于一系列原因，B股市场逐渐走向衰退，B股的融资功能逐渐丧失，并在2000年后再无公司在B股上市。

关于B股市场衰退的原因，从发行和交易的角度来看，B股衰落的主要原因是融资功能的逐渐弱化和市场交易的低迷。其中，外汇资金逐渐充裕，以及越来越多的企业选择在境外上市，使B股的筹资功能逐渐弱化。在市场交易方面，首先，市场法律法规的不完善使境外投资者面临巨大的政策风险（周鸿武，2002），例如，B股市场成立初期的规范制度主要是两个地方性法规——《上海市人民币特种股票管理暂行办法》和《深圳市人民币特种股票管理暂行办法》，直至1995年12月25日才正式发布了第一部全国性的B股法规。其次，上市公司的质量较低，而投资B股的境外投资者更加注重企业的长远价值，低质量的公司降低了投资者的兴趣。另外，低流动性以及市场规模较小限制了机构投资者参与B股的规模。最后，在市场早期，由于国内投资者的交易限制以及B股市场在国际上的影响力不足，导致B股市场在早期的发展过程中并未形成"虹吸效应"。

表4-1　　B股历年IPO数据

年份	上市家数（家）	首发募集资金（亿元）
1992	14	45.93
1993	19	29.73
1994	13	9.30
1995	8	17.48
1996	14	26.52
1997	13	34.68
1998	4	6.21
1999	1	0.31
2000	3	4.91

资料来源：Wind数据库。

之后，虽然国务院和证监会也颁布了相关的政策支持，但并未产生十分显著的效果。例如，1999年5月证监会发布了《关于企业发行B股有关问题的通知》，取消了发行 B 股的企业所有制限制和预选制；2000 年 4 月，证监会发布《上市公司向社会公开募集股份暂行办法》，允许 B 股公司公开增发股份；2001 年 2 月，证监会发布《关于境内居民个人投资境内上市外资股若干问题的通知》，允许境内居民投资 B 股；2014 年 5 月 9 日，国务院发布《关于进一步促进资本市场健康发展的若干意见》，提出“稳步探索 B 股市场改革”。

尽管 B 股市场的各项功能几近殆尽，不少学者也呼吁 B 股早日退出市场（皮海洲，2021），但是，B 股在中国资本市场，尤其是中国资本市场早期对外开放的进程中起到了不可磨灭的作用，中国证券监督管理委员会（2021）的数据显示，截至 1994 年底，沪深两地 B 股公司筹集资金 24. 56 亿美元。

二、境内企业境外上市

除了在境内的 B 股进行外资融资外，中国香港市场和美国市场是境内企业赴境外融资的两个最主要市场。在具体实践中，1993 年 6 月 19 日，香港联交所、中国证监会、香港证监会、上海证券交易所和深圳证券交易所的代表在北京签署《中港证券市场监督合作备忘录》，正式打通了中国企业赴港上市之路。1993 年 7 月 15 日，青岛啤酒成为首家在香港联交所上市的境内企业。1993 年 7 月 26 日，上海石化美国存托凭证（ADR）和 H 股分别在纽约交易所和香港证券交易所上市，成为我国首家发行 ADR 的境内企业。

H 市场的发展大致可以分为三个阶段，其中第一阶段是 H 股的开启阶段，时间区间为 1993—2001 年，这一阶段法律制度等还处于不断完善的过程，上市程序较为复杂，上市规模和筹资规模相对有限。比较特殊的是在亚洲金融危机爆发的 1997 年，一方面，为稳定香港市场；另一方面，国有企业改革和改制上市进度加快，使当年在 H 股进行 IPO 的企业达 17 家，其中包括中国移动、东方航空、南方航空以及鞍钢等企业。

专栏 4－1　港股、H 股以及红筹股的差异

港股指所有在香港上市的股票，而 H 股指注册地在内地，而上市地在香港的中资企业股票。另一只与 H 股概念相关的是红筹股，红筹股指在中国境外注册、在香港上市的带有中国内地概念的股票，关于中国内地概念，不同学者有不同看法，一种观点是盈利的大部分业务来自中国内地，另一种观点是股东权益来自中国内地。例如，按照第二种观点，腾讯控股既不属于 H 股也不属于红筹股。

第二阶段为2002—2017年，伴随一系列支持政策的出台，H股的融资规模快速扩张①，无论是上市企业数还是融资规模均大幅上涨，其中上市企业数由1998—2001年的最高8家上涨至2002—2006年的平均17.4家；融资规模更是由之前的常年不足10亿美元上涨至2006年的393.48亿美元，后虽然因为国际金融危机导致融资的步伐减缓，但是，在2012年经济逐步恢复后，H股的融资表现开始反弹。表4-2给出了H股历年的筹资情况。

表4-2　　H股历年的筹资情况

年份	家数			退市家数	净增家数	筹资额（亿美元）
	首次发行	增资发行	可转换债券			
1993	6	0	0	1	5	10.49
1994	11	0	0	3	8	22.34
1995	2	1	0	1	1	3.79
1996	6	1	1	1	5	12.12
1997	17	2	2	2	15	46.85
1998	2	2	0	0	2	4.57
1999	3	0	0	1	2	5.69
2000	6	0	0	0	6	67.9
2001	8	1	0	3	5	8.82
2002	16	1	0	3	13	23.23
2003	18	3	2	2	16	64.92
2004	18	8	1	4	14	78.26
2005	12	12	0	1	11	206.47
2006	23	11	0	4	19	393.48
2007	7	15	1	2	5	126.97
2008	5	6	0	0	5	45.56
2009	6	8	0	0	6	156.36
2010	7	15	0	0	7	353.8
2011	7	6	0	2	5	116.24
2012	10	6	0	2	8	158.75

① 这一阶段的政策包括2002年8月国家外汇管理局和证监会联合发布的《关于进一步完善境外上市外汇管理有关问题的通知》，2003年6月发布的《内地与香港关于建立更紧密经贸关系的安排》以及2004年7月证监会发布的《关于规范境内上市公司所属企业到境外上市有关问题的通知》。

续表

年份	家数			退市家数	净增家数	筹资额（亿美元）
	首次发行	增资发行	可转换债券			
2013	10	10	0	3	7	174.18
2014	21	17	0	2	19	369.59
2015	36	19	0	5	31	454.47
2016	18	11	2	3	15	245.83
2017	15	18	1	2	13	277.61
2018	17	19	1	0	17	209.75
2019	22	11	0	0	22	135.8
2020	14	13	0	0	14	215.34

资料来源：Wind 数据库及中国证券监督管理委员会（2021）编著《中国资本市场三十年》。

第三阶段为 2017 年后，2017 年 12 月，H 股按照“成熟一家，推出一家”的方式开始展开全流通试点。2018 年 4 月 20 日，联想控股股份有限公司成为首家试点全流通的 H 股，H 股开始逐步进入全流通改革时代。2019 年 11 月 14 日，中国证监会正式发布《H 股公司境内未上市股份申请“全流通”业务指引》，标志着 H 股全流通改革正式开启，H 股的全流通与 A 股的股权分置改革一样，对于公司和 H 股的长远发展意义非凡。

第二节　合格境外机构投资者

除了在 B 股和境外募集资金外，我国从 2002 年开始逐步建立合格境外机构投资者制度（QFII），QFII 是一国在货币没有实现完全可自由兑换、资本项目尚未开放的情况下，有限度地引进外资、开放资本市场的一项过渡性的制度，允许合格的境外投资者有资格投资中国境内的资本市场。与 B 股与 H 股专门设立板块用以吸收外汇资金不同，QFII 制度标志着将我国的资本市场主体向境外投资者开放。

QFII 制度始于 2002 年，一方面，QFII 制度的建立来自中国加入世界贸易组织（WTO）的要求和自身对资本市场开放的内在需求；另一方面，由于国有股减持不达预期，A 股当时经历了一轮暴跌，上证综指由 2001 年的 2200 点下跌至 2002 年初的 1500 点，需要拓展渠道引入资金稳定市场。[①] 2002 年 11

① 2003 年 6 月 11 日，全国社保基金正式进入市场。

月5日，中国证监会与中国人民银行联合发布《合格境外机构投资者境内证券投资管理暂行办法》，正式进行QFII制度试点，开始有限度地引进外资。2003年5月23日，瑞士银行和野村证券成为首批获得QFII审批的境外机构投资者。2003年7月9日上午10时15分，瑞士银行通过申银万国QFII业务专用席位投下第一笔买单，购买宝钢股份、上港集箱、外运发展和中兴通讯四只股票，并于上午10时18分完成第一笔成交，成为QFII的第一单。在总结试点经验的基础上，2006年8月24日中国证监会、中国人民银行以及国家外汇管理局三部门联合发布了《合格境外机构投资者境内证券投资管理办法》。在QFII制度顺利运行的基础上，为进一步推动资本市场开放程度，同时为庞大的离岸人民币提供回流的渠道。2011年12月，中国证监会、中国人民银行和国家外汇管理局联合发布了《基金管理公司、证券公司人民币合格境外机构投资者境内证券投资试点办法》，RQFII制度正式启动。

QFII制度早期限制较多，导致境外机构投资者并不能充分参与中国的资本市场。根据《合格境外机构投资者境内证券投资管理暂行办法》，具体限制体现在以下几个方面：（1）投资者的限制，合格的投资者必须是达到一定规模的基金管理机构、保险公司、证券公司、商业银行，且优先考虑中长期投资者。（2）投资比例的限制，单个合格投资者对单个上市公司的持股比例，不超过该上市公司股份总数的10%；所有合格投资者对单个上市公司的持股比例总和，不超过该上市公司股份总数的20%。（3）投资工具的限制，QFII试点初期的投资标的仅限于在证券交易所挂牌交易的除境内上市外资股以外的股票、国债、可转换债券和企业债券。（4）资金流动的限制，汇入本金满3年后，才可分批汇出本金，并且每次汇出比例不超过20%，相邻两次时间间隔不得少于1个月。

近些年，为维持国际收支均衡以及便利股债纳入国际指数，QFII制度和RQFII制度的改革提速，限制逐步放松，资本市场的开放程度越来越大。2011年5月4日，证监会发布《合格境外机构投资者参与股指期货交易指引》公告，允许合格投资者参与股指期货交易，但只能从事套期保值交易。2016年2月4日，外汇管理局发布《合格境外机构投资者境内证券投资外汇管理规定》，简化了额度审批管理，并取消了对单家机构统一的投资者额度上限，而以其管理规模的一定比例作为上限；另外，在汇入、汇出方面也进行了放宽，如锁定期从1年缩短为3个月，且对QFII投资本金不再设置汇入期限要求。除此之外，还取消了投资股票的比例不低于50%的要求。2018年6月10日，外汇管理局再次发布《合格境外机构投资者境内证券投资外汇管理规定》，宣布取消 QFII 和 RQFII 本金锁定期限制、资金汇出 20% 的比例限制等，并允许开展外汇套期保值。2019 年 9 月 10 日，外汇管理局宣布取消 QFII 总额度限制，取消 QFII 和 RQFII 单家投资额度备案和审批，取消 RQFII 试点国家和地区的限制。

2020 年 9 月 25 日，经国务院批准，中国证监会、中国人民银行和国家外汇管理局联合发布《合格境外机构投资者和人民币合格境外机构投资者境内证券期货投资管理办法》，主要内容包括：（1）降低准入门槛，便利投资运作。将 QFII、RQFII 资格和制度规则合二为一，放宽准入条件，简化申请文件，缩短审批时限，实施行政许可简易程序；取消委托中介机构数量限制，优化备案事项管理，减少数据报送要求。（2）稳步有序扩大投资范围。新增允许 QFII、RQFII 投资全国中小企业股份转让系统挂牌证券、私募投资基金、金融期货、商品期货、期权等，允许参与债券回购、证券交易所融资融券、转融通证券出借交易。（3）加强持续监管。加强跨市场监管、跨境监管和“穿透式”监管，强化违规惩处，细化具体违规情形适用的监管措施等。图 4－1为我国 QFII 以及 RQFII 历年来的额度。

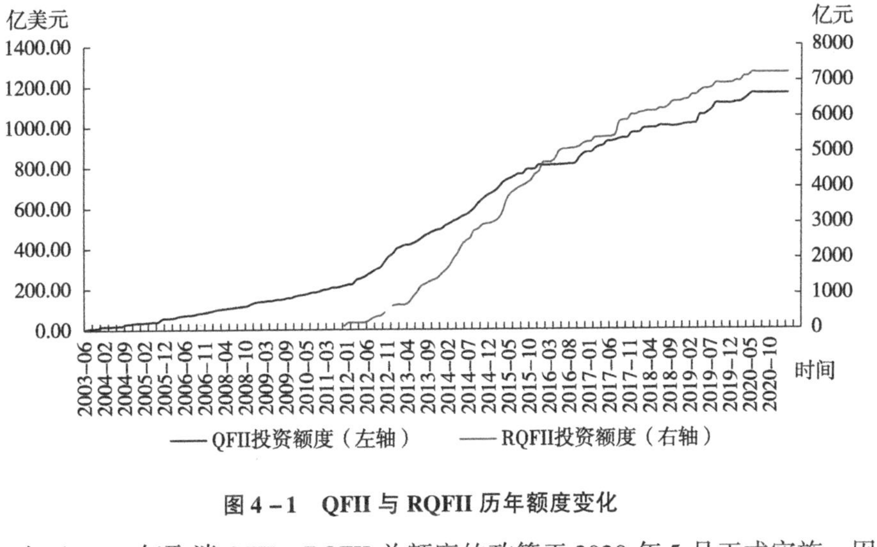

图 4－1　QFII 与 RQFII 历年额度变化

由于 2019 年取消 QFII、RQFII 总额度的政策于 2020 年 5 月正式实施，因此 2020 年 5 月后，QFII 额度不再变化，但在此前，无论是 QFII 还是 RQFII，额度均处于快速增长的过程中。与此同时，境外投资者参与中国资本市场的热情也在持续增加。截至 2020 年末，共有 558 家境外机构取得合格境外投资者资格，合格境外投资者合计持有境内资产达12314.35亿元，其中持有A股市值2712.36亿元，占流通A股市值的0.42%。①

第三节　互联互通机制

中国资本市场对外开放的另一项过渡性制度安排是沪深交易所与其他国际交易所之间的互联互通，主要包括沪港通、深港通、沪伦通以及债券通等。其中，沪港通、深港通开始最早，影响范围最大，受关注程度最高。

一、沪港通与深港通

沪港通和深港通分别指上交所和深交所与香港联交所建立的股票市场交易互联互通机制，通过该机制，港股的投资者可以购买沪深两市的部分上市公司股票，沪深的投资者可以购买香港联交所上市的部分上市公司股票。

2014年4月10日，时任国务院总理李克强在博鳌论坛开幕式上发言，提出“我们将积极创造条件，建立上海与香港股票市场交易互联互通机制”，沪港通的建设正式开启，当天，中国证监会和香港证监会联合发布《中国证券监督管理委员会香港证券及期货事务监察委员会联合公告》，决定原则上批准上交所、港交所、中国结算、香港结算开展沪港股票市场互联互通机制试点。2014年11月17日，沪港通正式开启。根据沪港通的制度安排，沪港通包括沪股通和港股通两个部分。其中，沪股通指投资者委托香港经纪商，通过联交所设立的证券交易服务公司，向上交所进行申报，买卖规定范围内的上交所上市股票；港股通指投资者委托上交所会员，通过上交所证券交易服务公司，向联交所进行申报，买卖规定范围内的联交所上市股票。

2014年10月，中国证监会印发的《关于支持深圳资本市场改革创新的若干意见》，提出“支持深港两地资本市场加强交流与合作，未来在沪港通积累一定试点经验的基础上，支持深、港交易所本着互利共赢原则，研究探索新的合作形式”。2016年8月16日，时任国务院总理李克强在国务院常务会议上表示已批准《沪港通实施方案》。当天，中国证券监督管理委员会主席刘士余与香港证券及期货事务监察委员会主席唐家成在北京共同签署《中国证券监督管理委员会　香港证券及期货事务监察委员会联合公告》。2016年11月

① 资料来源：中国证券监督管理委员会（2021）编著《中国资本市场三十年》及Wind数据库。

25 日，中国证监会与香港证监会发布联合公告，决定批准深圳证券交易所、香港联合交易所有限公司、中国证券登记结算有限责任公司、香港中央结算有限公司正式启动深港股票交易互联互通机制。2016 年 12 月 5 日，深港通正式启动。

初期试点阶段，在机制设计上，股票范围与交易额度均有所限制。其中，在交易额度方面，沪股通的总额度为 3000 亿元人民币，每日额度为 130 亿元人民币；港股通的总额度为 2500 亿元人民币，每日额度为 105 亿元人民币，额度采用轧差的方式进行计算。在投资标的方面，沪股通的股票范围是上海证券交易所上证 180 指数、上证 380 指数的成分股，以及上海证券交易所上市的"A + H"股公司股票；港股通的股票范围是香港联合交易所恒生综合大型股指数、恒生综合中型股指数的成分股和同时在香港联合交易所、上海证券交易所上市的"A + H"股公司股票。

随着互联机制的顺利开通，交易结算机制和监管制度也在不断完善，交易额度和投资标的范围均在不断扩大。其中，深港通开通时即取消了总额度限制，仅设置了与沪港通一样的日交易额度，即深港通下的港股通为 105 亿元人民币，深股通为 130 亿元人民币，并且深港通的投资标的为"深股通的股票范围是市值 60 亿元人民币及以上的深证成分指数和深证中小创新指数的成分股，以及深圳证券交易所上市的'A + H'股公司股票"，投资范围大幅增加。深港通方案公布后，沪港通也于 2016 年 8 月 17 日发布《关于停止执行沪港通总额度限制规定的通知》，取消了总额度限制。2018 年 4 月 11 日，两地监管机构共同宣布 2018 年 5 月 1 日进一步将每日额度扩大至原来的 4 倍，分别为 520 亿元和 420 亿元。2021 年 1 月，上交所重新修订《上海证券交易所沪港通业务实施办法》，规定"属于上证 180、上证 380 指数成分股及"A + H"股公司的 A 股科创板股票正式纳入沪股通股票范围"，进一步扩大了沪港通的投资标的范围。

截至 2021 年底，沪港通成交金额累计达 45.17 万亿元人民币。其中，北向沪股通 33.07 万亿元人民币，南向港股通 12.10 万亿元人民币；深港通累积成交金额达 43.17 万亿元人民币，其中北向深股通 34.75 万亿元人民币，南向港股通 8.41 万亿元人民币。境外投资者通过沪港通以及深港通（合称陆港通）的互联机制共持有市值 27269.06 亿元人民币，占流通 A 股市值的 3.64%。

二、陆港通的意义与影响

陆港通的开通是我国资本市场开放进程中的重要尝试和探索。在企业宏观层面，陆港通的开通对我国的宏观经济运行、资本市场发展以及人民币国际化均意义非凡。首先，陆港通有助于深化两地的交流合作，扩大两地投资者的投资渠道，增强我国资本市场的综合实力。其次，陆港通的开通有助于改善上海交易所的投资者结构，进一步推进上海国际金融中心的建设；另外，陆港通的开通有利于香港联交所成为内地投资者最重要的境外投资场所，对于香港联交所巩固并提升其国际金融中心的地位大有裨益。最后，陆港通的开通有利于推动人民币的国际化，例如，随着陆港通的开通以及 QFII 制度的改革，A 股自 2017 年被纳入 MSCI 指数后，又在 2019 年陆续被纳入富时罗素全球股票基准指数和标普新兴市场全球基准指数。至此，三大国际指数全部纳入 A 股。除此之外，沪港通既方便内地投资者直接使用人民币投资香港市场，也为离岸人民币提供了投资渠道，在促进离岸人民币发展的同时，提高了人民币的交易清偿职能（郑国姣和杨来科，2015）。

在中观市场层面，陆港通对于 A 股市场的有效性和稳定性都具有显著的正面效应。在市场有效性方面，钟覃琳和陆正飞（2018）发现，陆港通可以直接促进私有信息纳入股票价格中或间接地通过优化公司治理机制作用于股价信息含量，进而提升市场的有效性，刘荣茂和刘恒昕（2015）、胡振华和刘佩瑶（2018）均实证发现，在沪港通实施之后 A 股的定价效率和市场的信息反应程度有所提升。在市场稳定性方面，沪港通的实施通过优化投资者结构（纪彰波和臧日宏，2019），改善上市公司的信息环境，降低噪声交易（李沁洋和许年行，2019），提高市场流动性（郭阳生等，2018），同时增加了呈聚集特征的上交所与呈分散特征的港交所的网络融合性，达到了稳定市场、降低市场波动的效果。

在企业微观层面，由于陆港通便利了境外成熟机构投资者参与 A 股市场的投资。因此，陆港通的开通对于公司治理同样具有重要的积极影响，具体可以体现在以下几个方面：（1）提升了企业的投资效率。更多成熟机构投资者的进入，增强了市场对于市场信息（连立帅等，2019a）尤其是非财务信息的分析解读能力（连立帅等，2019b）；同时，沪港通的开通还提高了企业投资与非财务信息之间的敏感性，从而影响企业投资的融资支持，进而提升了企业的投资效率。由于这一机制主要作用于信息渠道，因此，这一影响在信息不透明和治理水平低的公司更有效（陈运森和黄健峤，2019）。（2）有助于缓解企业的融资约束。师倩和姚秋歌（2018）认为，沪港通的开通可以通过降低信息不对称和公司代理的程度，缓解企业的融资约束。（3）抑制企业的违规行为。随着信息环境的改善、治理结构的优化、企业的违规成本增加，对企业违规起到了遏制作用（邹洋等，2019）。（4）提高了审计的独立性与质量。一方面，沪港通的开通增加了审计师的声誉成本和潜在诉讼风险，进而提高了审计师的独立性（张立民等，2018）；另一方面，境外投资者提高了公司的审计要求，上市公司会通过支付更高的审计费用以及聘请质量更高的会计师事务所，提高审计质量（周冬华等，2018）。（5）有利于改善公司的股利政策。一方面，基于代理理论，积极的现金股利政策可以约束企业管理者对自由现金流的任意支配（Jensen，1986）；另外，由于缺乏与内地的联系，成熟的境外股东有更强的意愿，也有更强的动力通过投票机制以及干预治理的方式影响公司的现金股利政策。另一方面，基于信号理论，由于文化差异和地理限制，境外投资者对当地信息掌握并不全面，导致现金股息是境外投资者分析公司基本面价值的重要信号；因此，为了吸引境外资金的流入，上市公司会采取更加积极的现金股利政策（陈运森等，2019）。（6）有益于公司的创新。丰若旸和温军（2019）发现，沪港通可以通过缓解国有企业的融资约束，以及提高市场流通性，以吸引长期机构投资者，从而提升国有企业的创新能力；另外，黄健峤等（2020）认为，两类代理问题（管理层代理问题与大股东代理问题）限制了企业的创新；但是，陆港通的开通能够缓解两类代理问题，进而提升企业的创新水平。

三、沪伦通

沪伦通指上海证券交易所与伦敦证券交易所之间的互联互通机制，具体指符合上市条件的公司可以通过发行存托凭证在对方市场上市交易。2015年9月21日，在北京举行的第七次中英经济财金对话中，中英双方同意加强资本市场长期合作，并共同表示“支持上交所和伦交所就互联互通问题展开可行性研究”，沪伦通的建设正式开启。2019年6月17日，中国证监会和英国金融行为监管局共同发布了沪伦通《联合公告》，批准上交所和伦交所开展沪伦通建设。

根据《联合公告》，沪伦通包括东向业务和西向业务。其中，东向业务指符合条件的伦交所上市公司在上交所主板上市中国存托凭证（CDR）；西向业务指符合条件的A股上市公司在伦交所主板发行上市全球存托凭证（GDR）。在试点初期，GDR发行人可以在伦敦交易所融资，但CDR发行人不可以在上交所进行融资，仅可以在上交所上市。与沪港通和深港通不同的是，存托凭证和基础股票之间可以相互转换，实现了两地市场的互联互通，根据监管规定，GDR 上市 120 日后可以转化为境内基础股票。

2019 年 6 月 11 日，华泰证券发布公告，拟发行 7501.37 万份 GDR，其中每份 GDR 代表 10 股公司 A 股股票，发行价格最终确定为每份 20.5 美元，随着沪伦通的正式开通，华泰证券 GDR 于 2019 年 6 月 17 日正式挂牌交易，成为沪伦通机制下首只 GDR。随后，中国太保、长江电力以及国投电力相继发行 GDR，沪伦通开始在拓宽双向跨境投融资渠道、助力上海建成国际金融中心产生积极作用。

四、债券通

债券通是连接内地银行间交易市场与香港债券市场的互联互通机制，与沪港通和深港通一样，包括北向通和南向通。其中，北向通指香港投资者进入内地银行间交易市场的通道，已于 2017 年 7 月 3 日开通；南向通指内地投资者投资香港债券市场的通道，已于 2021 年 9 月 24 日正式开通。

图 4－2 给出了自债券通开通以来到 2021 年 7 月北向通的发展趋势，可以发现，无论是北向通持仓总量，还是日均成交量，香港投资者参与中国债券市场的热情与日俱增；在 2021 年 6 月，日均成交量首次突破 300 亿元人民币。

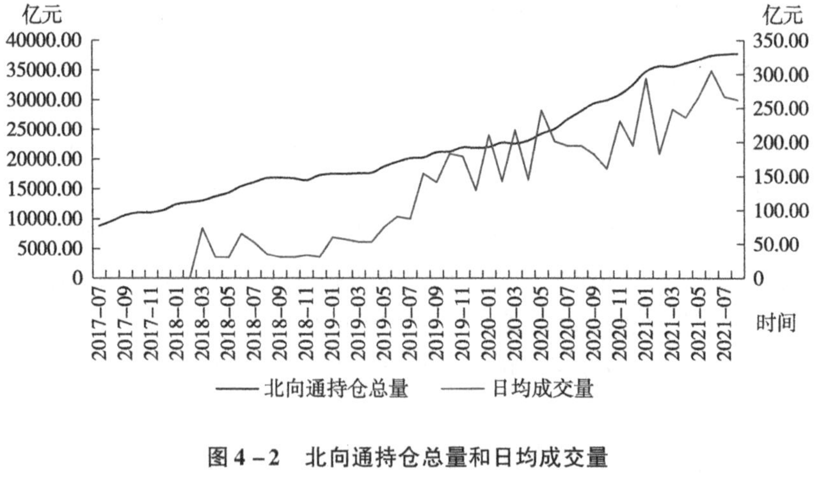

图 4－2　北向通持仓总量和日均成交量

（资料来源：Wind 数据库）

五、互联互通机制与 QFII 和 RQFII 的区别

无论是互联互通机制，还是 QFII 制度和 RQFII 制度，均是我国资本市场

开放重要的过渡性制度安排。虽然沪港通等互联互通制度在 2014 年开启后快速发展，境外投资者参与中国 A 股市场的规模快速超过 QFII 和 RQFII 的投资规模，但是，互联互通机制并没有取代 QFII 制度和 RQFII 制度，反而因为细则上的不同，形成了良好的互补。两种制度的差异主要体现在以下几个方面。

投资工具不同。互联互通机制中沪港通、深港通以及沪伦通专注于股票投资，债券通专注于债券交易。虽然 QFII 和 RQFII 较大比例投资于股票市场，但除此之外，QFII 和 RQFII 还可以从事股权投资、商品期货、股指期货、期权和外汇期货等多种金融产品的交易。

投资载体不同。互联互通机制的载体是两地交易所建立起来的联通机制，在联通机制的两端，投资者可以购买另外一端上市的公司股票；而 QFII 和 RQFII 的载体主要是资产管理公司，投资者只能通过认购资产管理公司的产品参与投资内地的资本市场。

交易货币不同。QFII 的投资者通过汇入美元进行投资，RQFII 主要以（离岸）人民币为主；而沪港通和深港通仅以人民币作为交易货币。

跨境资金管理方式不同。沪港通和深港通实行原路返回，对资金实施闭合路径管理，卖出证券获得的资金必须沿原路径返回，不能留存在当地市场；而 QFII 和 RQFII 实行资金跨境留存。

参与门槛不同。QFII 制度与 RQFII 制度主要针对的是境外的机构投资者，且要求较高。例如，基金管理机构、保险公司等长期资金最近一个会计年度管理的证券资产规模的最低要求为 50 亿美元。相比之下，沪港通和深港通的参与门槛大幅降低。其中，沪港通和深港通允许证券账户及资金账户余额合计不低于 50 万元的个人投资者参与。

投资方向不同。互联互通机制可以实现双向的投资，境外的投资者可以投资境内的股票，A 股的投资者也可以投资于境外的市场；而 QFII 和 RQFII 的方向是单向的，即仅境外的投资者可以投资境内的金融产品，2006 年合格境内机构投资者制度（QDII）的推出，弥补了 QFII 制度单方向的限制。

从这些差异中可以看出，境外的投资者可以根据自身条件（所持货币类型）、投资风格、风险偏好（是否有风险对冲需求）、投资期限等因素，选择不同的进入中国资本市场的方式。截至 2021 年底，外资持股市值达 30197.26 亿元，占 A 股流通市值的 4.03%。其中，境外投资者通过 QFII 制度和 RQFII 制度持有 A 股市值 2928.21 亿元，占流通 A 股市值的 0.39%，通过陆股通持有 A 股市值 27269.06 亿元，占流通 A 股市值的 3.64%。

第四节　金融行业与金融产品的开放

一、金融机构的开放

根据2001年加入WTO的承诺，我国从2002年开始允许外资金融企业进入中国市场。2002年6月，证监会陆续发布了《外资参股证券公司设立规则》《外资参股基金管理公司设立规则》，明确规定了证券公司外资持股比例的经营范围等。2002年12月19日，由湘财证券和里昂证券合资组建的证券公司——华欧国际——得到了证监会的批准，成为中国加入WTO之后首家获批合资证券公司。

之后，外资证券公司进入中国市场的限制逐步放松。在持股比例方面，2012年5月，在第四次中美战略与经济对话成果中，我国承诺允许外国投资者在合资证券公司中持有不超过49%的股份。2017年8月16日，国务院发布《国务院关于促进外资增长若干措施的通知》，明确提出要持续推进银行业、证券业、保险业对外开放，资本市场对外资的开放进程进入“快车道”。

2017年11月，在中美元首北京会晤中，两国在金融业市场准入方面达成共识。我国将大幅度放宽外资进入金融业的比例限制，包括将证券、基金管理、期货领域的外资比例放宽至51%，上述措施实施3年后，投资比例不受限制。2018年，证监会陆续发布《外商投资证券公司管理办法》《外商投资期货公司管理办法》，分别允许证券公司、基金管理公司以及期货公司的外资持股比例达51%。2019年7月20日，国务院金融委发布《关于进一步扩大金融业对外开放的有关举措》，将原定于2021年取消证券公司外资股比例限制的时点提前至2020年。2020年1月1日，证监会取消了期货公司外资持股比例的限制；2020年6月9日，证监会核准摩根大通期货变更股权申请，摩根大通期货成为我国境内第一家外资全资控股的期货公司。2020年3月13日，证监会明确自2020年4月1日取消证券公司外资股比例限制。2021年8月6日，摩根大通宣布经中国证监会批准，摩根大通国际金融有限公司将持有子公司摩根大通证券（中国）100%的股权，摩根大通证券（中国）因此成为第一家由外资全资控股的证券公司。

2016年前，在私募基金行业，根据《外商投资产业指导目录》（2015年修订）的要求，境外机构没有在境内设立控股公司开展私募证券投资基金业务的合法途径。2016 年 6 月，《私募基金登记备案相关问题解答（十）》发布，确定了外资私募证券投资基金管理人在中国开展私募证券基金业务的合法地位。截至 2021 年底，外资私募基金管理人共 355 家。其中，外商独资 233 家，中外合资 118 家，中外合作 4 家。

二、金融产品的开放

除了 QFII/RQFII 和互联互通机制规定的投资范围外，部分产品也开始向境外投资者开放。2015 年 6 月 26 日，证监会发布《境外交易者和境外经纪机构从事境内特定品种期货交易管理暂行办法》，成为推动建立期货产品对外开放的重要指导。2018 年 3 月 26 日，原油期货在上海期货交易所上市，成为首个对外开放的期货品种。在此之后，铁矿石、PTA、20 号胶、低硫燃料油和国际铜期货先后作为特定品种对外开放。

在债券方面，2015 年 12 月，中国证监会启动了“熊猫债券”的试点工作，支持符合条件的企业在交易所市场发行“熊猫债券”进行融资。2016 年 1 月，中国燃气控股有限公司发行了 10 亿元公司债，成为首只非公开发行的熊猫公司债券。2016 年 3 月，越秀交通基建有限公司发行 10 亿元公司债，成为首只公开发行的熊猫债券。与此同时，证监会积极稳妥地推进境内和“一带一路”沿线国家和地区的政府和优质企业发行“一带一路”债券。2017 年 3 月，俄罗斯铝业联合公司在交易所发行了首只“一带一路”债券。

截至 2022 年 6 月底，熊猫债累积发行 364 只，累积金额 5372. 86 亿元。其中，国际开发机构和外资金融机构发行 45 只，发行合计金额为 904. 60 亿元；外资独资企业发行 19 只，发行合计金额为 258. 66 亿元；外资企业发行 8 只，发行合计金额为 75 亿元；中外合资企业发行 2 只，发行合计金额为 50 亿元。国际开发机构、境外政府以及企业通过发行熊猫债券融资获得的人民币成为其重要的交易货币，对于人民币国际化进程具有重要意义。

第五节　资本市场开放的意义与影响

一、资本市场开放的成果

自 1991 年真空电子发行 B 股以来，我国的资本市场形成了包括 B 股及企业境外上市、QFII 制度及 RQFII 制度、陆港通等互联互通机制在内的三大资本市场开放机制，资本市场对外开放取得了一系列重要成果。截至 2021 年底，境外投资者合计持有 A 股市值 30197.26 亿元，占 A 股流通市值的 4.03%。其中，通过陆港通渠道持股 7269.06 亿元，通过 QFII 及 RQFII 渠道持股 2928.21 亿元。图 4－3 给出了境外投资者历年来持股规模和比例的变化趋势。除了境外投资者大幅增加 A 股市场的投资额度外，资本市场的开放也为 A 股及我国债券市场加入国际指数提供了便利，从 2017 年开始，除 A 股被陆续纳入国际三大指数外，中国债券市场也逐步纳入彭博巴克莱全球综合债券指数（2019 年）、摩根大通全球新兴市场多元化债券指数（2020 年）、富时世界国债指数（2020 年）三大全球主流债券指数。

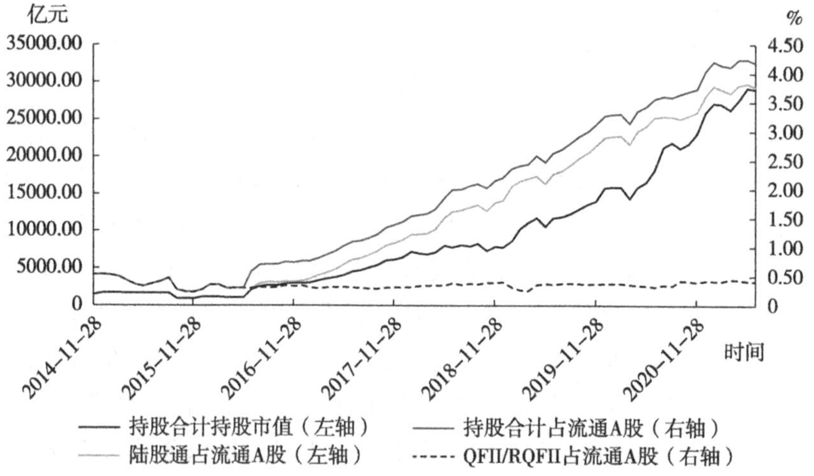

图 4－3　外资持股变化

（资料来源：Wind 数据库）

二、资本市场开放的影响与意义

资本市场开放是一国经济金融的根本制度，对于经济运行和资本市场影响深远。首先，资本市场开放有助于促进经济增长。资本市场开放除了为境内企业带来大量的资金外。资本市场开放还可以使境内的投资者投资境外的金融产品、境外的投资者购买 A 股等境内的金融资产，拓宽了境内和境外投资者的风险分散渠道，风险得到更加充分地分散，有助于降低投资者的要求回报率，进而降低企业的融资成本。Bekaert 等（2007）发现，资本市场开放可以通过降低融资成本和提升效率带来每年 1% 的永久性经济增长。

聚焦于中国自身的发展，我国的经济发展已由快速增长阶段转换到高质量发展阶段，以投资和进出口为主要拉动力的经济增模式长期来看面临挑战。通过资本市场开放，强化市场的资源配置功能，使资金流向生产效率更高的行业、产业，进而促进企业创新，引导产业升级，淘汰过剩产业助力供给侧结构性改革。另外，与以往中国经济主要以吸引外资和进出口等方式与外部经济体产生联系不同，随着我国国力的逐步增强和经济规模的迅速发展，中国经济对外联系的模式正在逐渐多元化。腾讯、阿里、华为、字节跳动等企业越来越多地从事全球化发展；“一带一路”倡议推动了我国与沿线国家的全方位经济合作，资本作为企业运行最重要的生产要素之一，开放的资本市场对推动我国经济与世界经济相融合具有至关重要的作用，助力构建“以国内大循环为主体，国内国际双循环相互促进”的新发展格局。

其次，资本市场开放有利于资本市场的健康发展，其影响机制包括：(1) 降低市场摩擦。一方面，市场分割致使套利机制无法发挥作用，导致境内股票价格与境外股票价格相差极大，尤其“A + H”股溢价之谜成为众多学者的研究话题；另一方面，市场分割还会导致国际信息不能快速反映到股价变化中。资本市场的开放有助于缓解市场分割造成的市场摩擦。

(2) 改善投资者结构。目前，我国的投资者结构中散户比例较高，尤其是交易环节。例如，中山证券课题组等（2020）通过整理发现，目前我国的散户持股比例自 2004 年以来一路降至 30% 左右，与发达国家的数值相近，但根据《上海证券交易所统计年鉴（2018）》统计，自然投资人在 2017 年的交易占比达到 82.01%。相比投机色彩更加浓厚的散户投资者，境外成熟的机构投资者更注重企业的基本面，在治理干预中具有更强的动力和优势。随着 A 股被不断纳入国际股票指数，境外的机构投资者将会被动或主动地进入中国市场，这有利于改善以散户交易为主的现状。

(3) 信息环境优化。由于文化差异和地理距离等原因，为获取更多与公司相关的信息，境外机构投资者会通过投票机制、要求聘请高质量的审计师等迫使企业发布更加高质量的信息。从公司的角度来看，为吸引境外投资者的参与，其也有足够的动力去加强与投资者沟通；从第三方的角度来看，由于面临更高的声誉成本和诉讼风险，审计师在资本市场开放后会更加注重审计的独立性；对于分析师而言，境外分析师的加入增加了公司的关注，也对境内的分析师形成了竞争压力，有助于推动分析师充分挖掘企业的信息。

(4) 制度改进。在资本市场开放的过程中，必定面临市场融合的问题；

而在市场融合过程中，制度也在不断融合。例如，第一家 H 股上市公司青岛啤酒是我国第一家拥有独立董事的企业。通过资本市场的不断开放与融合，有助于推动我国资本市场的制度建设，进而推动资本市场的健康发展。

（5）强化资本市场的风险管理功能。资本市场的双向开放丰富了境内、境外投资者的投资渠道，既拓展了投资者的有效边界，也便利了投资者基于分散投资的风险管理。另外，与资本市场开放同时进行的还有金融产品的多元化，创新性金融产品的上市既能够面向更广泛的投资者，也能满足境内外投资者套期保值的风险管理诉求；同时，资本市场的双向开放也让境内的投资者接触到更加丰富多元的、可用于风险对冲的产品。

最后，资本市场开放也存在一些负面影响。例如，张晓燕（2019）指出，资本市场的开放会导致我国的 A 股市场更容易受到其他发达国家的货币政策影响，例如，当美国利率上升时，资本会从世界各地流回美国，资本的快速大量流动容易导致市场的剧烈波动，不利于市场稳定。

三、资本市场开放与建设国际金融中心

虽然我国的资本市场开放取得了一些成就，但是距离建成国际金融中心的目标还具有一定的距离。根据吴晓求（2021）的研究观点，建成国际金融中心需要具有三个因素，分别要有国际化的投资者、国际化的发行人结构和人民币计价资产的定价权。但是，无论是从哪方面来看，我国建成国际金融中心仍然路途漫漫。

首先，从投资者结构来看，虽然境外机构投资者的 A 股流通股持股比例已由 2014 年底的 0.54% 提升至 2021 年 6 月底的 4.03%，与国际金融中心境外投资者 15% 的市值占比仍具有较大的差距。

其次，从发行人结构来看，A 股目前还未吸引到国外的知名企业挂牌上市，这与其他发达的金融中心形成了鲜明的对比。国际化的发行人结构至少可以从三个方面促进资本市场的发展，第一，国际知名企业境内上市能够吸引大量境外的投资者进入。第二，国际公司 A 股上市为境内投资者在国际范围内进行风险分散提供了便利。第三，大型国际公司登陆 A 股有助于提升资金的活跃度。

最后，从人民币计价资产的定价权来看，拥有人民币计价资产的定价权，实现以人民币定价的资产价格能在全球金融市场以及宏观经济中发挥重要影响力，使以人民币定价的金融资产成为企业签订合约和风险管理时的重要选

择。但是，截至2020年底，在期货市场，仅原油期货、铁矿石、PTA、20号胶、低硫燃料油、国际铜期货以及棕榈油期货7个特定期货品种对外开放。其中，基于独立性和传导性的视角，田洪志等（2020）发现，以人民币计价的中国原油期货拥有一定的国际定价权，彰显了人民币计价的优势，也为未来推出更多以人民币进行定价的金融产品增强了信心。

总的来说，虽然距离建成国际金融中心还具有较大的差距，但是在部分领域，我国的资本市场建设还是取得了众多阶段性成果和突破。并且，吴晓求（2021）也指出，目前全球的国际中心具有动态漂移的趋势，对于中国建成国际金融中心而言，迎来了良好的外部机遇。但是，“打铁还需自身硬”，在推进建设国际金融中心的过程中，还要继续保持经济的可持续增长、坚持走开放道路、保障人民币的良好信用，推动法制制度的完善，并提升政策和市场的透明度。

参考文献

[1] 陈运森，黄健峤．股票市场开放与企业投资效率——基于“沪港通”的准自然实验［J］．金融研究，2019（8）：151－170.

[2] 陈运森，黄健峤，韩慧云．股票市场开放提高现金股利水平了吗？——基于“沪港通”的准自然实验［J］．会计研究，2019（3）：55－62.

[3] 丰若旸，温军．沪港通会促进我国国有企业技术创新吗？［J］．产业经济研究，2019（4）：88－100.

[4] 郭阳生，沈烈，汪平平．沪港通降低了股价崩盘风险吗——基于双重差分模型的实证研究［J］．山西财经大学学报，2018，40（6）：30－44.

[5] 黄健峤，王雅琪，邓祎璐，等．股票市场开放提高企业创新产出水平了吗？——基于陆港通的准自然实验［J］．会计与经济研究，2020，34（1）：21－37.

[6] 胡振华，刘佩瑶．沪港通、深港通政策对标的股票定价效率影响及其对比研究——基于双重差分模型［J］．金融发展研究，2018，435（3）：31－37.

[7] 纪彰波，臧日宏．资本市场开放能够提高股票价格稳定性吗?：基于沪港通的经验证据［J］．世界经济研究，2019（5）：14－26＋52＋134.

[8] 李沁洋，许年行．资本市场对外开放与股价崩盘风险——来自沪港通的证据［J］．管理科学学报，2019，22（8）：108－126.

[9] 连立帅，朱松，陈超．资本市场开放与股价对企业投资的引导作用——基于沪港通交易制度的经验证据［J］．中国工业经济，2019a（3）：100－118.

[10] 连立帅，朱松，陈关亭．资本市场开放、非财务信息定价与企业投资——基于沪深港通交易制度的经验证据［J］．管理世界，2019b（8）：136－154.

[11] 刘海飞，柏巍，李冬昕，等．沪港通交易制度能提升中国股票市场稳定性吗？——基于复杂网络的视角［J］．管理科学学报，2018，21（1）：97－110.

[12] 刘荣茂，刘恒昕．沪港通对沪市股票市场有效性的影响［J］．经济与管理研究，2015（8）：54－62.

[13] 皮海洲．中小板走向历史 B 股也应早日退出［N］．金融投资报，2021－04－09.

[14] 师倩，姚秋歌．沪港通与公司融资约束——基于双重差分模型的实证研究［J］．财务研究，2018（2）：62－72.

[15] 田洪志，姚峰，李慧．中国是否拥有原油的国际定价权？——基于油价间独立性与传导性视角［J］．中国管理科学，2020，28（11）：90－99.

[16] 吴晓求．中国资本市场三十年［M］．北京：中国人民大学出版社，2021.

[17] 张立民，彭雯，钟凯．“沪港通”开通提升了审计独立性吗？——基于持续经营审计意见的分析［J］．审计与经济研究，2018，33（5）：35－45.

[18] 张晓燕．中国资本市场开放历程与影响分析［J］．人民论坛，2019（26）：74－76.

[19] 郑国姣，杨来科．沪港通推进人民币国际化的路径分析与风险防范［J］．经济体制改革，2015（4）：143－148.

[20] 钟覃琳，陆正飞．资本市场开放能提高股价信息含量吗？——基于“沪港通”效应的实证检验［J］．管理世界，2018，34（1）：169－179.

[21] 中山证券课题组，李湛，唐晋荣．股票市场投资者结构国际比较研究［J］．证券市场导报，2020（4）：13－24.

[22] 周冬华，方瑄，黄文德．境外投资者与高质量审计需求——来自沪港通政策实施的证据［J］．审计研究，2018（6）：56－64.

[23] 周鸿武．我国 B 股市场在开放历史阶段的发展问题研究［J］．商业研究，2002（10）：51－54.

[24] 邹洋，张瑞君，孟庆斌，等．资本市场开放能抑制上市公司违规吗？——来自“沪港通”的经验证据［J］．中国软科学，2019（8）：120－134.

[25] Bekaert G，Harvey C R，Lundblad C T，et al. Global Growth Opportunities and Market Integration［J］. The Journal of Finance，2007，62（3）：1081－1137.

第五章　多层次资本市场建设

吾十有五而志于学，三十而立，四十而不惑，五十而知天命，六十而耳顺，七十而从心所欲，不逾矩。

——《论语》

第一节　多层次资本市场

一、多层次资本市场的内涵

资本市场是资金融通的重要枢纽，连接了资金需求方的融资者和资金供给方的投资者，但是，由于企业所处行业、发展阶段以及企业规模各有不同，融资需求也各有差异；另外，投资者也因为有不同的风险偏好和资产规模而产生不同的投资需求。差异化的融资需求和投资需求要求成熟的资本市场必须是多层次的，能够满足不同融资者和投资者的需求。

二、美国的多层次资本市场

作为国际上最成熟的资本市场，美国建立了以纽交所、纳斯达克、其他遍布全国各地的全国性或地区性证券市场、场外柜台交易系统（OTCBB）以及粉单市场在内的多层次资本市场结构。其中，诸如纽交所和纳斯达克内部还有进一步分层。例如，除传统的纽交所外，纽交所还包括 NYSE American[①]、纽交所高增长板市场（NYSE ARCA Equities）；纳斯达克则包括纳斯达克全球精选市场、纳斯达克全球市场和纳斯达克资本市场三个板块。多层次的

① 前身为美国证券交易所，2008 年被纽交所收购，主要针对成长性公司。

资本市场结构为不同需求的融资者和投资者提供了不同的渠道，使其成为最具活力的资本市场。图 5－1 给出了美国的多层次资本市场结构。

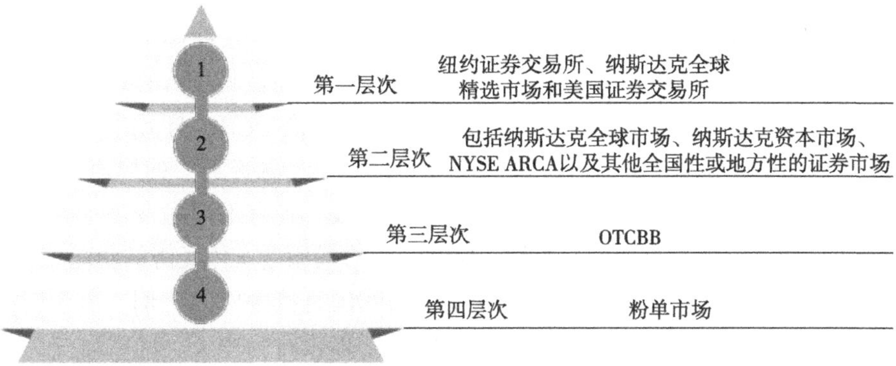

图 5－1　美国的多层次资本市场

从层次划分来看，美国的资本市场大致可以分为四个层次。其中，第一层次主要包括纽交所、纳斯达克全球精选市场和美国证券交易所三个大型的全国性证券交易所，该层次主要面向成熟的、优质的，具有稳定现金流的大中型企业。第二层次主要包括纳斯达克全球市场、纳斯达克资本市场、NYSE ARCA 以及其他全国性或地方性的证券市场①，相比第一层次，这一层次的市场主要是成长性创新型公司的融资场所。第三层次则是 OTCBB，是全国性的一个场外交易场所，由于该市场没有上市标准，且只需在全美证券商协会（NASD）登记即可挂牌交易，使 OTCBB 成为那些达不到纽交所和 NASDAQ 上市标准的企业的重要选择。第四层次是粉单市场，相比于 OTCBB 市场而言，粉单市场的要求更低。例如，OTCBB 挂牌企业需要按季度向 SEC 提交报表，因此，粉单市场对于那些无法按时发布财务报告的公司具有较强的吸引力，同时，粉单市场也是被强制退市的下柜公司的主要去处。

三、建设多层次资本市场的意义

首先，建设多层次资本市场能够增强资本市场服务实体经济的功能。中小微企业是社会经济运行的主体；其中，小微企业贡献了全国 80% 的就业，70% 左右的专利发明权，60% 以上的 GDP，以及 50% 以上的税收。② 但长期

① 包括纽交所以及 NASDAQ 在内，美国共有 13 家全国性的证券交易所。

② 资料来源：人民银行行长易纲在 2018 年陆家嘴论坛上的发言。

以来，我国资本市场较为单一，且上市标准门槛较高，使资本市场很难服务到中小微企业，导致更具发展前景的、需要大量资金投入的初创型企业无法获得资金，资本市场服务实体经济的功能严重受损。并且，单一的资本市场使投资者尤其是居民投资者的资金大量流入银行系统，使我国形成了以间接融资为主的金融体系；但是，对于银行而言，安全性是其经营管理中的重要原则，而中小微企业大多存在存续期较短，破产风险较高，导致中小微企业很难从银行获得融资，造成了中小微企业“融资难、融资贵”的局面。但是，多层次资本市场的建设可以使处于不同发展阶段、具有不同融资需求的企业到相应层次的市场进行融资，有助于增强资本市场服务实体经济的功能。

其次，建设多层次资本市场有助于提高我国直接融资的比例。由于历史文化的原因，我国金融市场成立之初就形成了以银行为中心、间接融资为主的融资结构。例如，根据央行的数据，2022 年 6 月，非金融企业境内股票的存量规模为 9. 96 万亿元，仅占社会融资规模存量的 2. 98% 。[①] 交易所的成立虽然在一定程度上便利了大型企业的股权融资，但是，单一的资本市场限制了大多数企业的上市融资渠道，尤其是在主板上市要求较高的情形下，大量的中小微企业达不到主板上市的要求。而多层次资本市场的建设能够通过设立不同的市场板块，为处于不同发展阶段的企业提供相对应的股权融资和并购重组等金融服务，降低企业的资产负债率和经营风险。并且，从宏观视角来看，股票融资比例的提升有助于降低社会的总杠杆率，对防范和化解系统性金融风险具有重要意义。

另外，建设多层次资本市场有助于推动社会创新发展。对于大多数创新型企业而言，尤其是新兴产业的创新性企业，大多仍处于摸索阶段，资产基础较为薄弱，需要大量的资金进行研发投入，这一类企业如果按照主板的上市规则，很难达到上市的要求，同时又很难获取银行的资金。因此，目前大多数国家的多层次资本市场建设，均会设立促进创新的市场板块。例如，美国的纳斯达克、日本的 Mothers 市场以及中国的科创板和北京证券交易所，使大多数还未盈利的，但是创新含量十足的企业有了上市融资的渠道。另外，多层次资本市场的建设还让风险投资和私募股权基金有了更加便捷的退出机制，能够提升其资金的使用周转效率，并增加市场对初创创新企业的投资热情。[②] 除此之外，创新企业上市之后有了更加便捷的股权激励机制，有助于激

① 2021 年 6 月，社会融资规模存量为 334. 28 万亿元。

② 孙国茂. 中国证券市场宏观审慎监管研究［M］. 北京：中国金融出版社，2020.

发企业研发人员的创新活力，进而提升企业的创新效率。

最后，建设多层次资本市场有助于进一步提升资本市场的资源配置效率。不同层次的市场不仅为企业提供了融资的平台，使不满足高层次上市要求的企业可以在低层次市场进行上市挂牌。当更多的企业通过挂牌上市成为公众公司时，市场化的定价机制提升了市场对企业的估值效率，而更加有效的定价机制有助于促进资金向回报率更高的企业流动，提升资金的使用效率和市场的资源配置功能。相比而言，在单一的资本市场，企业无法在资本市场上市挂牌交易，容易导致信息闭塞、流动性不足等问题，致使市场很难对企业进行公允的估值。

从市场参与者的角度来看。首先，多层次的资本市场满足了不同规模大小、不同行业、不同发展阶段企业的差异化融资需求。其次，多层次的资本市场满足了不同风险偏好的投资者的投资需求，形成了“货币市场—债券市场—主板市场—创业板、科创板、北交所—新三板—私募股权基金—风险投资基金”等风险程度不一样的市场，使不同风险偏好的投资者与不同融资需求的融资者达成充分融合，促进了资金的使用效率。最后，越来越多的交易所由会员制转化为公司制，通过多层次资本市场的建设，为企业和投资者提供更好的服务和平台，能够进一步帮助交易所建立优势，对于以建成国际金融中心为目标的我国资本市场而言，更是如此。

第二节　我国建设多层次资本市场的实践

根据我国资本市场的发展轨迹，我国多层次资本市场的建设大致可以分为三个阶段。其中，第一个阶段的时间范围大致为1984—1998年，该阶段的市场层次主要为“场内—场外”的结构，其中，场内市场主要以股票类型的不同形成了不同的市场，与服务于差异化融资需求和投资需求的多层次资本市场存在较大出入。第二阶段为多层次资本市场的探索与发展期，时间范围大致为1998—2018年，整体上形成了“主板—二板（中小板、创业板）—新三板—区域股权市场”的多层次资本市场结构，但板块之间的差异化不够突出，且缺乏联动性。第三阶段为2018年至今，该阶段是多层次资本市场的完善期，在这一阶段，我国逐步建立了规范的多层次资本市场体系，形成了“主板—二板（创业板、科创板、北交所）—新三板（创新层、基础层）—区域股权市场”的多层次资本市场，在此市场结构下，板块之间定位清晰，且各层次内部形成了差异化；另外，不同板块之间建立了更加完善的降级退市制度和升级上市制度，使板块之间的联系更加整体，多层次资本市场也更加统一和一体化。

一、第一阶段（1984—1998 年）

1984 年，在政策层面，以党的十二届三中全会为标志，经济体制的改革从农村转向城市，股份制改革试点逐步展开；在实践层面，飞乐音响公开发行股票，标志着我国资本市场正式开启。但是，在资本市场形成初期，资本市场的功能主要以融资和国有企业纾困为主，导致并未形成规范的流通市场，股票流通的需求使黑市交易开始活跃起来。虽然在 1986 年静安营业部的成立标志着规范的流通市场开始逐步形成，但是由于制度设计不合理、信息不对称问题等原因，私下交易依旧活跃。

1990 年 12 月，沪深交易所陆续成立后，全国统一的证券交易市场——A 股市场正式形成。但是，关于国有资产流失以及姓“资”和姓“社”等问题的讨论，使市场形成了流通股和非流通股的区别。为促进股份制改革，解决法人股（非流通法人股也成为 C 股）流通的问题，STAQ 在 1992 年 7 月开始接纳企业法人股挂牌交易。1993 年 4 月，另一家由中国证券交易系统有限公司开发的全国电子交易系统（NET）开始运行，形成了两个法人股市场并行的局面。与此同时，为缓解企业外汇资金短缺的问题，并进一步拓宽融资渠道，1992 年成立了沪深 B 股市场。由此，我国早期的资本市场形成了“A 股—B 股—C 股”并行的市场结构，但是，这种结构的形成并不是由不同的融资需求和投资需求所导致，而是由制度导致的股票属性差异化带来的，带有较强的强制性制度变迁特征（胡海峰和罗惠良，2011）。并且，这种较为混乱的市场结构在后面也导致了一系列的问题，如股权分置问题以及市场分割导致的 B 股活跃度不足等问题。

除此之外，自 20 世纪 90 年代以来，随着股份制改革的蓬勃发展，大量的股份制公司涌现出来，但是，由于沪深交易所成立初期市场规模有限，导致大量公司股票无法上市交易，并且，沪深两地的公司在上市融资中具有明显的地缘优势。例如，根据 Wind 数据，在沪深交易所前 38 家上市公司中仅金杯一家不是上海广东两地的企业。另外，证券交易所的成立吸引了大量金融资源向沪深两地积聚，银行以及非银金融机构纷纷在沪深两地设点，金融资源的积聚除了本身会支持当地的实体经济外，还带来了大量的税收和佣金收入。基于上述这些原因，各地政府也纷纷积极参与场外证券市场的建设。1993—1996年，各地自发的或者政府支持的证券交易中心、产权交易所以及地方股票交易柜台等场外交易所相继成立，这一阶段比较知名的区域证券交易中心有成都红庙子市场、乐山产权交易中心、淄博自动报价系统以及武汉证券交易中心等。

在这一特定的历史背景下，我国的资本市场形成了“场内—场外”的资本市场结构。其中，场内市场是“A股—B股”并行的层次，场外主要以STAQ、NET两网组成的C股市场和其他区域证券交易中心为主。表5-1给出了这一阶段我国资本市场的层次结构。

表5-1　　第一阶段资本市场的层次结构（截至1998年）

市场		A股		B股	
场内市场	交易所	上海交易所	深圳交易所	上海交易所	深圳交易所
	面向对象	境内投资者		境外投资者	
	使用货币	人民币		美元	港元
		全国性法人股（C股）场外市场		区域性场外交易市场	
场外市场	主要市场	STAQ	NET	1993—1997年，全国各地陆续成立了28家证券交易中心，100多个大大小小的地方性交易市场	
	交易标的	法人股、国债等	法人股	非上市公司的股票、内部股权证等	

但是，这一时期的市场层次并不是严格意义上的多层次资本市场。首先，该阶段的资本市场并不能为更加广泛的、不同阶段的、不同需求的企业提供相对应的金融服务，虽然形成了A股、B股以及C股等多类型的市场，但是这些市场均主要服务于国有企业，体现不出公司的层次性。其次，市场的划分是基于金融产品的属性，而非投资者的需求，在由供给和需求决定的市场，不是按照需求进行的分层，而是按照属性进行的分层，不仅导致多层次资本市场无法发挥其筹资功能，还由于市场分割导致无法形成统一的市场，造成了股权分置、“A+B”股溢价等问题。

并且，这一阶段场外市场的发展呈现无序性、混乱性，主要表现为各地政府对当地证券交易中心的建设没有明确的方向，没有统一的市场组织与监督体系，市场准入标准不明确。例如，有些地方为扩大市场的辐射范围，自批自建营业部；有些地方不审查和核实企业股本，造成虚假发行上柜事实（杨彩丽和曹铁群，2009），导致市场混乱。并且在这一阶段，地方证券交易中心大多是未经国务院批准擅自成立的，严重违反了《中华人民共和国公司法》《股票发行与交易管理暂行条例》和国务院的有关规定，扰乱了证券市场的正常秩序。

为整顿金融秩序，防范金融风险，保持社会安定，促进证券市场健康发展，1998 年，国务院先后转发证监会《关于清理整顿场外非法股票交易方案》（3 月 25 日）和《清理整顿证券交易中心方案的通知》（9 月 28 日），全面禁止了上述各地各类产权交易所、证券交易中心和证券交易自动报价系统等从事场外期权类证券交易的活动，其中也包括 STAQ 和 NET 两个法人股市场。

二、第二阶段（1998—2018 年）

（一）中小板的成立

在整顿区域性股权交易中心的同时，关于建立多层次资本市场的话题开始被学术界和实务界广泛讨论。在学术界，孙小凡（1996）和王国刚（1998）明确提出了构建多层次资本市场的蓝图。在实务界，1998 年 3 月，成思危在全国政协九届一次会议上提交了《关于尽快发展我国风险投资事业的提案》，该提案被认为开启了中国建设多层次资本市场的标志性事件，其提出“把发展风险投资作为推动科技和经济发展特别是高科技产业发展的基本政策”。为更加有序推进风险投资的发展，成思危（1999）提出了发展我国风险投资的“三步走”战略（也被称为“大三步”）。其中，第一步是建立风险投资咨询与管理公司；第二步是建立风险投资基金，从国内外吸收资金；第三步是建立第二板块证券市场，为风险资金提供退出机制。

自 1998 年以来，风险投资受到社会各界的广泛关注，国务院和地方政府均采取了行动，风险投资迎来了蓬勃发展。据不完全统计，截至 2001 年，我国各类内资风险投资公司约有 160 家，资本市场的重点工作落到了二板市场的建设上。

自 1999 年起，深圳证券交易所（以下简称深交所）开始着手建设第二板块。1999 年 1 月 15 日，深交所向证监会正式呈送《深圳证券交易所关于进行成长板市场的方案研究的立项报告》，并附送了实施方案。1999 年 8 月 20 日，中共中央国务院发布《关于加强技术创新，发展高科技实现产业化的决定》，提出“适当时候在现有的上海、深圳证券交易所专门设立高新技术企业板块”。1999 年 12 月 25 日，全国人大常委会通过了《关于修改〈中华人民共和国公司法〉的决议》，提出“根据高新技术股份有限公司的特点，其上市交易的股票在现有的证券交易所内单独组织交易系统，进行交易”。2000 年 4 月，证监会向国务院报送《关于支持高新技术企业发展设立二板市场有关问题的请示》，就二板市场的设立方案、发行上市条件、上市对象、股票流通以及风险控制措施等问题提出了意见。同时，深交所高新技术板工作小组成立。2000 年 5 月 16 日，国务院原则上同意了证监会意见，并将二板市场定名为创业板市场。2000 年 9 月，深交所为筹备创业板，停止在主板发行新股。

但是，2001 年国内外资本市场发生的一系列事情，增加了市场以及政府对创业板的担忧。其中，在国外市场，互联网泡沫的破灭使大家开始重新全面认识二板市场的风险，尤其是创业板市场主要面向的公司同样也是互联网等高科技公司。在国内市场，与美国互联网泡沫破灭相呼应的是，我国自 1999 年开始的“5·19 行情”也因为国际市场低迷以及国有股减持带来的负面效应开始了牛熊转换；另外，2001 年前后国内股市丑闻频发，如庄家吕梁自爆、兰州证券黑市以及银广夏财务造假等，使创业板的筹建工作不得不暂缓。

为继续稳步推进创业板的建设，2002 年，成思危提出了新“三步走”策略（也被称为“小三步”），来完成创业板的建设。首先，将发审委已经通过的小盘股集中起来开辟一个中小企业板块；其次，适当降低条件，逐步扩大这个板块；最后，待时机成熟时建立一个完整的独立的创业板。这样，中小板作为创业板的过渡率先启航。2002 年 11 月 28 日，深交所向证监会提交了《关于当前推进创业市场建设的思考与建议》，建议采取分步实施的方式推进创业板建设。2004 年 5 月 17 日，证监会同意深交所设立中小企业板块。2004 年 5 月 27 日，深交所中小企业板正式启动。与此同时，深交所也恢复了新股发行，其 IPO 条件与主板基本一样，仅在股本规模上有所区别；其中，IPO 发行规模在 1 亿股以下的企业（金融行业除外）放在中小板，1 亿股以上的大企业主要在上交所上市。

（二）再建创业板

根据“小三步”的建议，中小板的成立以及平稳运行标志着第一步的顺利完成。在上市门槛方面，2006 年，《公司法》《证券法》和《合伙企业法》相继重新修订，降低企业发行上市条件，同时明确了有限合伙企业的法律地位，为中小企业上市融资、开展创业投资扫除了诸多障碍（巩曜平，2007）。例如，2006 年修订的《公司法》允许企业自主确定公司章程的具体内容，同时对包括知识产权在内的无形资产折股、股权激励等作出了比较宽松的规定。

在顺利完成前两步的同时，创业板的建设自2000年以来也一直并未停止。2004年1月31日，“国九条”第四条规定，“分步推进创业板市场建设，完善风险投资机制，拓展中小企业融资渠道”。2006年12月1日，证监会主席尚福林在第五届中小企业金融论坛上表示会“适时推出创业板市场”。2007年8月22日，《创业板发行上市管理办法（草案）》获国务院批准。2009年3月31日，证监会正式发布《首次公开发行股票并在创业板上市管理暂行办法》。2009年10月30日，创业板正式启动。

（三）新三板的成立

2001年6月12日，为解决两网暂停后两网公司以及主板退市公司[①]的股权转让问题，经证监会批准，中国证券业协会发布《证券公司代办股份转让服务业务试点办法》。2001年7月16日，代办股份转让系统（俗称“老三板”）正式开始代办股份转让业务。

另外，尽管1998年成思危提案的提出就引起了社会对于风险投资以及资本市场服务创新产业的关注，但是，由于国内外资本市场发生的各种事情，创业板直至2009年才正式开通。在此期间，关于如何实现资本市场服务创新产业的发展一直都在探索的过程中，2003年12月，科技部与北京市政府联合向国务院上报了《关于中关村科技园区非上市股份有限公司进入证券公司代办股份转让系统进行股份转让试点的请示》。2006年1月，国务院发布了《证券公司代办股份转让系统中关村科技园区非上市股份有限公司股份报价转让试点办法》及相关配套文件，北京中关村园区非上市股份有限公司股份报价转让系统（简称报价转让系统）开始进行试点。

2012年5月，在中关村科技园区非上市股份有限公司股份转让试点基础上，证监会按照“总体规划、稳步推进、稳妥实施”的原则，正式开始筹备全国性场外市场。2012年8月，国务院批准《关于扩大中关村试点逐步建立全国中小企业股份转让系统的请示》。2013年1月16日，全国中小企业股份转让系统（俗称“新三板”）正式揭牌运营，全部承接了代办股份转让系统和报价转让系统的挂牌公司，形成了非上市股份转让的全国性证券交易场所。2016年5月，新三板实施市场分层管理，设置基础层和创新层。其中，创新层在整体上设置了高于基础层的准入条件。

① 2001年4月23日，PT水仙成为退市第一股。

（四）区域性股权市场

经过1998年的清理整顿，各地各类产权交易所、证券交易中心和证券交易自动报价系统被全面禁止从事场外期权类证券交易活动。但是，股票转让的客观需求与缺乏合规的证券交易场所之间的矛盾，很大程度上限制了股份有限公司的发展。于是，为缓解这种矛盾，在进入20世纪后，上海、天津、重庆等地陆续恢复或设立了各种形式的区域性场外市场。与此同时，各种乱象也再次出现，为防范金融风险，规范市场持续，维护社会稳定，2011年末国务院再次下发文件《国务院关于清理整顿各类交易场所切实防范金融风险的决定》和《国务院办公厅关于清理整顿各类交易场所的实施意见》，对非法的、不规范的场外区域交易中心进行清理整顿。

但是，清理整顿并不意味着政府要限制区域股权交易中心的发展，而是为了从长远的角度出发，规范区域性股权交易市场。2012年1月，国务院批复同意建立由证监会牵头的清理整顿各类交易场所部际联席会议制度。2012年8月，证监会发布《关于规范证券公司参与区域性股权交易市场的指导意见（试行）》。2013年8月，国务院发文《国务院办公厅关于金融支持小微企业发展的实施意见》，要求在清理整顿各类交易市场的基础上，将区域性股权市场纳入多层次资本市场体系。至此，这一时期“主板—二板（中小板、创业板）—新三板—四板（区域性股权市场）”的资本市场层次体系正式被确立。

2017年初，国务院办公厅印发了《关于规范发展区域性股权市场的通知》，明确了区域性股权市场是主要服务于所在省级行政区域内中小微企业的私募股权市场，是多层次资本市场体系的重要组成部分，是地方政府扶持中小微企业政策措施的综合运用平台。2018年4月，证监会分三批陆续公布了34家区域性股权市场运营机构备案名单，表5-2给出了区域性股权市场的详细名单。

表5-2　　区域性股权交易市场成立情况（截至2020年末）

设立时间	运营机构名称	所在省市
2010-08	石家庄股权交易所股份有限公司	河北
2010-08	天津滨海柜台交易市场股份公司	天津
2010-11	上海股权托管交易中心股份有限公司	上海
2010-12	湖南股权交易所有限公司	湖南
2010-12	贵州股权交易中心有限公司	贵州

续表

设立时间	运营机构名称	所在省市
2011-04	广西北部湾股权交易所股份有限公司	广西
2011-05	吉林股权交易所股份有限公司	吉林
2011-05	武汉股权托管交易中心有限公司	湖北
2011-10	海峡股权交易中心（福建）有限公司	福建
2012-10	新疆股权交易中心有限公司	新疆
2012-12	重庆股份转让中心有限责任公司	重庆
2013-02	辽宁股权交易中心股份有限公司	辽宁
2013-03	大连股权交易中心股份有限公司	大连
2013-06	青海股权交易中心有限公司	青海
2013-07	江苏股权交易中心有限责任公司	江苏
2013-07	天府（四川）联合股权交易中心股份有限公司	四川
2013-08	安徽省股权托管交易中心有限责任公司	安徽
2013-08	山西股权交易中心有限公司	山西
2013-11	齐鲁股权交易中心有限公司	山东
2013-12	甘肃股权交易中心有限公司	甘肃
2013-12	厦门两岸股权交易中心有限公司	厦门
2014-01	内蒙古股权交易中心有限公司	内蒙古
2014-01	陕西股权交易中心股份有限公司	陕西
2014-02	青岛蓝海股权交易中心有限责任公司	青岛
2014-09	海南股权交易中心有限责任公司	海南
2014-11	哈尔滨股权交易中心有限责任公司	黑龙江
2015-04	北京股权交易中心有限公司	北京
2015-06	宁夏股权托管交易中心（有限公司）	宁夏
2015-06	中原股权交易中心股份有限公司	河南
2015-07	江西联合股权交易中心有限公司	江西
2015-08	宁波股权交易中心有限公司	宁波
2018-04	深圳前海股权交易中心有限公司	深圳
2018-07	广东股权交易中心股份有限公司	广东
2018-09	浙江省股权交易中心有限公司	浙江

资料来源：中国证监会。

（五）这一时期的多层次资本市场

在这一阶段，基本上搭建了比较完整的多层次资本市场体系，形成了“沪深主板—中小板和创业板—新三板—区域性股权交易市场”的四层次体系。表5－3给出这一阶段资本市场的层次结构。

表5－3　　　　第二阶段资本市场的层次结构（截至2018年）

场内	第一层次	市场	沪市主板	深市主板
		面向企业	主要面向大型企业	由于筹备创业板以及中小板的成立，深圳主板的上市融资发行功能丧失
		投资者	开户条件较低	
	第二层次		中小板	创业板
		面向企业	服务于即将或已进入成熟期、盈利能力强但规模较主板小的中小企业	以成长型创业企业为服务对象，重点支持自主创新企业，这些企业的成长性特点突出，开始具备一定的规模和盈利能力，在技术创新、经营模式创新方面非常活跃
		投资者	开户条件同主板	具有2年以上的股票投资经验
场外	第三层次		新三板创新层	新三板基础层
		面向企业	设置了三套并行标准，筛选出市场关注的不同类型公司进入创新层	自挂牌以来无交易或交易极其偶发且尚无融资记录的企业，还包括有交易或融资记录但暂不满足创新层准入标准的企业
		投资者	最近10个转让日的日均金融资产500万元人民币以上 2年以上证券、基金、期货投资经历	
	第四层次		区域性股权市场	
		面向企业	地方政府扶持中小微企业政策措施的综合运用平台	
		投资者	积极引入机构投资者个人投资者：50万元以上的金融资产、2年以上投资经验	

但是，这一阶段的多层次资本市场仍然存在一系列问题，导致资本市场在服务实体经济时仍然存在资源错配、效率不高等问题。

第一，无论是主板市场还是二板市场，仍存在较高的门槛。例如，在这个阶段，我国创业板的上市要求仍然强调净利润，且在数量上严于其他海外的创业板市场，使大多数急需资金的创新企业无法达到国内交易所上市的要求，导致主板和二板很难形成示范效应，风险资金也难以通过公司上市实现退出。

这一阶段场内市场仍然实行的是上市审核制，即便企业达到了上市要求，但是，行政干预下的IPO暂停、过长的排队时间以及较低的通过率，导致大部分企业并不会选择A股上市。例如，以腾讯音乐为例，其2018年10月2日递交赴美上市的申请书，到2018年12月12日就正式在纽交所上市，仅历时71天；而对比A股，以2018年为例，共计召开IPO审核会议199家次。其中，通过111次，未通过59次，暂缓表决10次，取消审核19次。整体过会率仅为56%；另外，在IPO正常化的2018年，申报后平均需要9个月才会上会表决，即便上会通过后还需要平均1～2个月才能正式上市。

第二，资本市场在多层次建设过程中出现了深圳主板定位不清晰的问题。初期，深交所为筹备创业板，暂停了深交所的新股审核发行。之后，在创业板成立之前，作为创业板的过渡性板块，中小板率先成立，并与沪市主板形成了错位发展局面，导致深圳主板的定位模糊，深圳主板的上市发行融资功能基本丧失，仅吉电股份、TCL集团、潍柴动力、美的集团、申万宏源、招商蛇口和招商公路7家公司通过换股方式登陆深圳主板。

第三，新三板和新四板市场等场外市场在快速发展过程中暴露出一系列问题。以新三板为例，挂牌公司数量从2012年的200家快速飙升至2016年的10163家。与之相对应的是，并未形成广大的投资者基础以及中介服务机构，导致市场流动性不足。以做市商制度为例，2016年底，新三板仅88家做市商，但却有10163家挂牌公司，其中，1654家采取了做市转让，每家股票平均仅4～5家做市商提供做市服务，与发达资本市场做市商制度下平均14～15家相去甚远。并且，在此过程中，由于新三板流动性不足、市场风险过大、做市商缺乏盈利模式等原因导致很多做市商参与做市的热情不高，形成负向反馈，又进一步恶化了市场的流动性。除了流动性问题外，新三板还存在估值体系不完善等问题，王轩和王玮（2017）指出，大多新三板挂牌公司自身的规模、营业收入以及利润并不能支撑其估值，使市场的定价功能以及资源配置功能并不能充分发挥。在区域性股权市场以及场外市场方面，辜胜阻等（2016）指出，这一阶段还呈现出市场竞争无序性、部分区域性股权交易中心活跃度低以及天使投资等股权投资规模不足等问题。

第四，缺乏转板机制使各个板块并没有融合成为一个整体。转板制度包括两个方面：一是低层次市场的公司经过快速发展后升级上市，二是高层次市场的公司由于经营不善须退市降级。从企业角度出发，当企业发展达到高层次市场条件时，其可以通过转板来扩大投资者基础、增加公司股份的流动性（刘林和倪玉娟，2012），提升公司股价的信息含量、提高企业知名度、优化公司股权结构；反之，当企业由于经营不善等原因不满足所处市场的上市条件时，选择降级或者退市，有利于企业降低上市成本和寻求转型发展（钱康宁和蒋健蓉，2013）。从市场的角度来说，公司的发展是一个动态的过程，会经历初创、成长、成熟以及衰退等各个阶段，如果没有完善的转板制度，高层次资本市场可能充斥大量低质量的公司，损害证券市场的声誉（马连福等，2014；张明喜，2010）。另外，没有完善的转板制度还会导致低层次市场起不到“蓄水池”的作用，不利于激活企业发展动力、提升低层次市场的吸引力。

专栏5-1　合纵科技2015年的“转板”

合纵科技于2007年9月19日在代办股份转让系统进行报价转让挂牌。在新三板挂牌期间，公司规模快速扩张，资产总额由2007年的14777万元增至2013年的81582万元，净利润则由2007年的1180万元增至2013年的7639万元，2011—2013年3年间的总净利润达到20137万元，达到了创业板的上市要求。从2014年开始，合纵科技正式向创业板提交上市申请。2015年4月24日，合纵科技在创业板首次公开发行股票的申请正式审议通过。2015年6月1日，合纵科技正式从新三板摘牌，并于2015年6月2日在创业板发行股份。2015年6月10日，合纵科技正式在创业板上市交易。

从合纵科技的案例中可以看出，虽然当时也有部分公司转板成功，但是整个转板过程是摘牌和重新上市两个独立的过程，低层次市场的公司并不具有更加便捷的转板机制，致使新三板缺乏“择优升板”的激励机制，不利于企业间形成良性竞争；同时，也阻碍了新三板发挥其“蓄水池”的作用，为主板和二板市场输送优质的公司资源。

三、第三阶段（2018 年至今）

2018 年以来，多层次资本市场的建设进入完善期，资本市场的多层次建设开始体系化，具体的措施包括科创板的成立、新三板全面深化改革、新三板转板制度的建设、退市制度的完善、深主板与中小板的合并以及北京证券交易所的成立。

（一）科创板的成立

2018 年 11 月 5 日，习近平主席在首届中国国际进口博览会开幕式上宣布成立科创板，并试点注册制。科创板以及注册制改革驶入“快车道”，2019 年 6 月 13 日，科创板正式开板；2019 年 7 月 22 日，科创板首批公司上市。科创板的成立在我国资本市场的发展过程中具有里程碑式的意义。除此之外，科创板成立的另一个重要意义是对多层次资本市场的重要补充与完善，与主板市场和创业板市场形成错位和互补，并且填补了新三板与其他场内市场之间的空隙，推动资本市场在更广的范围内服务创新型企业。

首先，科创板在上市标准上更加强调科创属性，在制度设计上有助于科创板成为高科技企业的聚集地。具体到上市标准和制度设计，这种对于科创属性的偏好可以体现在以下几处：（1）《上海证券交易所科创板企业发行上市申报及推荐暂行规定》明确规定，发行人应属于新一代信息技术、高端装备、新材料、新能源、节能环保以及生物医药等高新技术产业和战略新兴产业，从行业领域角度锁定了企业的创新属性。（2）上市标准中“重研发、轻盈利”的特点十分突出，更加符合高新技术企业的特征。（3）《国务院办公厅转发证监会关于开展创新企业境内发行股票或存托凭证试点若干意见的通知》进一步放宽了上市公司股权结构的约束，允许在境外注册的红筹企业在科创板上市，有利于早期出于融资和避税原因在境外注册的高新技术企业回归 A 股。

其次，上市流程的便利提升了对高新企业的吸引力。注册制相比于审核制而言，既可以降低上市过程中的不确定性，也可以提升上市效率，快速融得企业发展所需资金。以中芯国际为例，从 2020 年 6 月 1 日中芯国际的科创板上市申请获上交所受理，到 2020 年 7 月 16 日科创板上市，仅历时 45 天，与 A 股 2018 年平均 9 个月才上会审核相比，科创板上市效率具有明显优势，且与成熟市场的上市效率相差无几。对于高新技术企业而言，瞬息万变的产业发展以及稍纵即逝的行业风口决定了时间和效率是其成功的关键因素。因此，高效的上市效率提升了科创板对于高新企业的吸引力。

（二）新三板全面深化改革

自2012年全国中小企业股份转让系统成立以来，新三板经过早期爆发式增长，挂牌数量猛增长至2018年底的10691家。在挂牌企业数量快速增长的同时，企业之间的分化越发严重，一部分优质挂牌公司不断成长壮大，另一部分企业则在产业更替中逐渐落伍。企业之间的分化发展，使当时的新三板市场分层、融资、交易、投资者适当性等制度安排难以满足企业的进一步发展。

为应对这一发展趋势，进一步完善多层次资本市场的建设，更好地服务中小企业，2019年10月25日，证监会宣布将从优化发行融资制度、完善市场分层、建立挂牌公司转板上市机制、加强监督管理以及健全市场退出机制5个方面，对新三板进行全面深化改革，提升市场动能，激发市场活力，补齐服务中小企业的市场“短板”。随后一系列相关的政策和规定相继落地。2019年11月8日，证监会发布了《非上市公众公司监督管理办法》和《非上市公众公司信息披露管理办法（征求意见稿）》。除此之外，全国股转公司配套制定和修订了6个自律规则，分别为《股票向不特定合格投资者公开发行并在精选层挂牌规则（试行）》《挂牌公司治理规则》《分层管理办法》《股票定向发行规则》《挂牌公司信息披露规则》《股票交易规则》。

在本次新三板全面深化改革中，有以下几个方面对于多层次资本市场的建设具有深远意义。（1）精选层的设立继续丰富了资本市场的层次结构，是衔接主板市场与三板市场的重要环节，有助于提升新三板挂牌企业和投资人的活跃度和积极性。（2）建立内部转板机制、上市转板机制、完善市场退出制度，增强了市场各层次之间的有机联系，使多层次的资本市场更加统一。（3）其他一系列制度改革规范了新三板的市场行为，激发了市场的活力，提升了市场培育孵化企业以及服务实体经济的能力，这些政策包括但不限于：优化发行制度，其中既包括引入公开发行制度，也包括完善定向发行制度；优化投资者结构，降低投资者门槛，推动公募基金、企业年金等长期资金投资新三板挂牌公司；优化交易制度，在精选层实行连续竞价交易机制，并增加了基础层和创新层集合竞价的撮合频次；优化监管制度，实施分类监管，加大惩罚力度。

（三）新三板转板制度的建设

在转板机制建设中，改革的重点集中在新三板的转板机制设计和退市制度的优化改革上。其中，新三板的转板机制设计具体包括两个方面：一是新三板的内部转板，二是新三板向创业板和科创板的外部升级转板。其中，内部转板机制设计是新三板全面深化改革的重要内容，具体内容主要体现在全国股转公司在 2019 年 12 月 27 日发布的《全国中小企业股份转让系统分层管理办法》，包括基础层转入创新层、直接挂牌创新层以及基础层转入精选层等内部向上转板机制和各市场层级的退出机制。

在新三板的升级转板制度方面，中国证监会于 2020 年 6 月 3 日发布了《中国证监会关于全国中小企业股份转让系统挂牌公司转板上市的指导意见》，正式开启了新三板的转板试点，对挂牌公司自主决定转板上市的制度确立了市场导向、统筹兼顾、试点先行、防控风险四大基本原则，并选取了上交所的科创板与深交所的创业板作为试点板块。2021 年 2 月 26 日，上交所和深交所分别发布《全国中小企业股份转让系统挂牌公司向上海证券交易所科创板转板上市办法（试行）》和《深圳证券交易所关于全国中小企业股份转让系统挂牌公司向创业板转板上市办法（试行）》，明确了转板条件，并进一步优化了审核程序，完善了制度衔接，便利了精选层企业升级转板。例如，转板上市无须证监会进行核准或注册，仅需转板上市对应的交易所对转板上市材料文件进行审核；并且，鉴于转板上市仅涉及股票交易场所变更，具有规范运营的基础，交易所对转板上市的审核决定时限由首次公开发行的 3 个月压缩至 2 个月，进一步提升了转板上市的效率。

2021 年 8 月 11 日，观典防务技术股份有限公司（以下简称观典防务）发布关于董事会审议转板上市相关事宜的提示性公告，成为转板上市规则自颁布以来首次公开披露转板上市意向的新三板公司。此后，观典防务于 2021 年 10 月 20 日正式向上交所提交了科创板上市申请材料，成为第一家提交转板申报材料的精选层公司。

（四）退市制度的完善

长期以来，我国资本市场存在“上市难，退市更难”的现象，导致低质量公司在 A 股市场不断积聚。在降低市场声誉的同时，严重抑制了市场的资源配置功能，降低了市场的投资效率；另外，Allen 等（2020）也指出，不完善的 IPO 制度和退市制度使市场表现与宏观经济缺乏相关性，制约了股票市场发挥宏观经济“晴雨表”的功能。

我国退市制度的建设始于2001年，同年2月23日，中国证监会发布了《亏损公司暂停上市和终止上市实施办法》，2001年4月23日，PT水仙成为我国退市第一股。之后，我国的退市制度改革一共经历了四次重大改革。其中，第一次为2006年配合证券法修订，明确规定了终止上市条件等。第二次为2012年6月28日，上交所和深交所公布新退市制度方案，规定连续3年净资产为负，或者连续3年营业收入低于1000万元，或连续20个交易日收盘价低于股票面值的公司应终止上市，制定了面值退市标准，基本形成了财务类、交易类、规范类的退市指标体系。第三次是2014年2月7日，中国证监会审议通过了《关于改革完善并严格实施上市公司退市制度的若干意见》(以下简称《退市意见》)，增加了重大违法公司强制退市制度，进一步完善了我国资本市场退市制度体系的建设。第四次则是以2018年7月27日证监会宣布修改《退市意见》为标志，针对退市中存在的问题，从完善退市标准、简化退市程序、拓宽多元退出渠道、强化交易所退市实施的主体责任、强化退市监管力度、优化投资者保护机制等多个方面，在全市场展开退市制度改革。相比前三轮退市制度改革，第四轮退市制度改革更加彻底，更加深化、具有更强的可执行性。

2020年10月5日，国务院发布《关于进一步提高上市公司质量的意见》，提出要“健全上市公司退出机制”。2020年10月29日党的十九届五中全会审议通过的《中共中央关于制定国民经济和社会发展第十四个五年规划和二〇三五年远景目标的建议》，更是将退市制度建设提高到为长远的战略目标。2020年11月2日，中央全面深化改革委员会审议通过了《健全上市公司退市机制实施方案》，强调要完善退市制度，强化优胜劣汰，提高上市公司质量。为贯彻落实《健全上市公司退市机制实施方案》，上交所和深交所在2020年12月31日分别发布相关文件①，正式开始落实新一轮退市制度的改革。图5－2给出了我国历年来退市公司数量的变化情况，可以看出，自2018年退市新政实施以来，退市公司数量逐步上升，A股开始步入退市常态化的时代。

(五) 深主板与中小板的合并

从中小板的发展历史来看，中小板的设立作为分步推进创业板的重要步

① 上交所发布了《上海证券交易所股票上市规则》《上海证券交易所科创板股票上市规则》《上海证券交易所风险警示板股票交易管理办法》《上海证券交易所退市公司重新上市实施办法》，深交所发布了《深圳证券交易所股票上市规则》(2020年修订)。

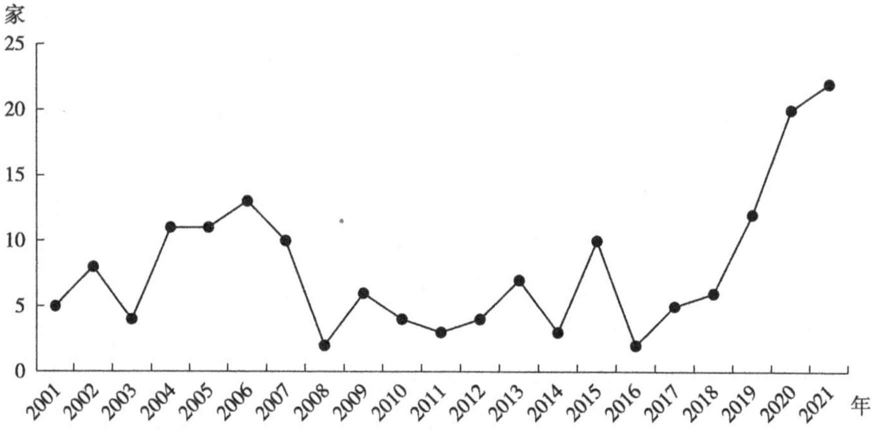

图 5-2　我国资本市场历年来退市公司数

（资料来源：2021 年数据截至 9 月；Wind 数据库）

骤，为创业板的顺利推出创造了条件、积累了经验，开辟了中小企业、民营企业进入资本市场新渠道。中小板自设立起定位于主板内设的板块，在主板制度框架下运行，经过十几年的发展，中小板上市公司总体不断发展壮大，在市值规模、业绩表现、交易特征等方面与主板趋同；但是，这也导致了深圳主板与中小板之间定位不清晰的问题。为进一步厘清不同板块的市场定位，深化金融供给侧结构性改革，2021 年 2 月 5 日，经国务院同意，证监会正式批复深交所关于合并深市主板与中小板的申请。2021 年 4 月 6 日，深市主板与中小板正式实施合并。

从多层次资本市场的角度来看，此次合并使资本市场的层次更加清晰。中小板自成立以来，包括上市条件、投资者门槛以及交易机制等基础制度就与深市主板基本一致，导致中小板与深市主板的定位开始模糊。在这种定位重叠的背景下，深市主板的上市融资功能转移至中小板，导致深市主板的上市融资功能丧失。同时，随着越来越多的企业在中小板上市，中小板与深市主板在上市公司市值规模、业绩表现以及交易特征等方面进一步趋同，导致板块同质化以及主板结构长期固化等问题更加严重。深市主板与中小板的合并使深交所形成了主板与创业板各有侧重、相互补充的发展格局，更好地满足不同发展阶段企业的融资需求，使资本市场的层次更加清晰、结构更加简洁。

（六）北京证券交易所的成立

2021年9月2日，习近平主席在2021年中国国际服务贸易交易会全球服务贸易峰会上宣布“将继续支持中小企业创新发展，深化新三板改革，设立北京证券交易所，打造服务创新型中小企业主阵地”。2021年9月3日，北京证券交易所有限责任公司（以下简称北交所）正式成立，并于2021年9月5日发布首批业务规则并向社会公开征求意见。2021年11月15日，北交所正式开市，71家新三板精选层公司以及10家已完成公开发行等程序的企业在开市首日直接在北交所上市。

根据北京证券交易所的建设安排，北交所将整体承接精选层，将精选层现有挂牌公司全部转为北交所上市公司，新增上市公司由符合条件的创新层挂牌公司产生。另外，在上市融资标准上，北交所基本平移了精选层发行条件以及有关盈利能力、成长性、市场认可度、研发能力等方面的上市条件。一方面，这种平移安排提升了市场的包容性；另一方面，北交所可以通过借鉴精选层的经验，使其在制度安排上能够更加契合中小企业的经营特点。例如，科创板的最低预计市值要求为10亿元①，而北交所的最低预计市值要求仅为2亿元。②

相较之前的“基础层/创新层→精选层→转板上市”的路径，北交所成立之后，创新层企业可以直接转板至北交所，能够进一步提升企业转板上市的效率，增强各个板块之间的互联互通联系。另外，以新三板精选层为基础组建北交所，进一步提升了精选层的法律地位和市场功能，突破体制机制上的发展“瓶颈”，使其能够更好地为创新型中小企业提供资本服务，进一步完善我国的多层次资本市场体系。

（七）现阶段的多层次资本市场

自2018年宣布设立科创板以来，一系列改革措施使资本市场的多层次建设更加完善、更加统一，形成了“沪深主板—二板市场（创业板、科创板、北交所）—新三板（创新层、基础层）—区域性股权交易市场”的多层次资本市场体系，各个板块之间定位更加清晰，板块之间形成了更加通畅的互联互通机制。表5-4给出了现阶段多层次资本市场体系的基本框架。

① 资料来源：上海证券交易所科创板股票发行上市审核规则［S］.

② 资料来源：北京证券交易所股票上市规则（试行）［S］.

表 5－4　　现阶段的多层次资本市场体系（截至 2021 年底）

<table>
<tr><td rowspan="6">场内</td><td rowspan="3">第一层次</td><td>市场</td><td colspan="3">沪市主板</td><td colspan="3">深市主板</td></tr>
<tr><td>面向企业</td><td colspan="3">成熟稳定的蓝筹企业大多数公司在 IPO 前股本数不低于 1 亿股</td><td colspan="3">成熟稳定的蓝筹企业大多数公司在 IPO 前股本数低于 1 亿股</td></tr>
<tr><td>投资者</td><td colspan="6">未设投资者适当性门槛</td></tr>
<tr><td rowspan="3">第二层次</td><td>市场</td><td colspan="2">创业板</td><td colspan="2">科创板</td><td colspan="2">北交所</td></tr>
<tr><td>面向企业</td><td colspan="2">主要服务成长型创新创业企业，并支持传统产业与新技术、新产业、新业态、新模式深度融合</td><td colspan="2">新一代信息技术、高端装备、新材料、新能源、节能环保以及生物医药等高新技术产业和战略新兴产业</td><td colspan="2">主要服务创新型中小企业，重点支持先进制造业和现代服务业等领域的企业，推动传统产业转型升级</td></tr>
<tr><td>投资者</td><td colspan="2">证券账户不低于 10 万元满 2 年的投资经验</td><td colspan="2">证券账户不低于 50 万元满 2 年的投资经验</td><td colspan="2">证券账户不低于 50 万元满 2 年的投资经验</td></tr>
<tr><td rowspan="6">场外</td><td rowspan="3">第三层次</td><td>市场</td><td colspan="3">新三板创新层</td><td colspan="3">新三板基础层</td></tr>
<tr><td>面向企业</td><td colspan="3">规模介于北交所要求与基础层要求之间</td><td colspan="3">存续两年以上的股份有限公司满足一些规范性条件即可挂牌</td></tr>
<tr><td>投资者</td><td colspan="3">证券账户不低于 100 万元</td><td colspan="3">证券账户不低于 200 万元</td></tr>
<tr><td rowspan="3">第四层次</td><td>市场</td><td colspan="6">区域股权市场</td></tr>
<tr><td>面向企业</td><td colspan="6">地方政府扶持中小微企业政策措施的综合运用平台</td></tr>
<tr><td>投资者</td><td colspan="6">积极引入机构投资者、个人投资者；50 万元以上的金融资产、2 年以上投资经验</td></tr>
</table>

从市场定位来看，主板定位于成熟稳定的蓝筹企业，但是，由于历史发展的原因，沪市主板与深市主板在股本规模上存在一些差异。其中，沪市主板上市的公司股本数大多不低于 1 亿股，而深市主板的上市公司上市前的股本数大多低于 1 亿股。

二板市场的三个交易所则主要定位于创新型企业，但相互之间形成了错位发展的局面。其中，创业板主要面向传统型产业与新技术、新产业、新业态、新模式的深度融合，科创板则强调“硬科技”属性，聚焦于高新技术产业和战略新兴产业，而北交所主要服务于创新型中小企业，在规模要求上显著低于科创板与创业板，表5－5给出了自北交所成立至2022年9月底不同板块上市公司上市日的市值表现情况，可以发现北交所上市公司的整体规模显著小于第二层次的其他两个板块。除此之外，专栏5－2还从各板块的代表公司比较了三个板块之间的定位差异。

表5－5 各板块上市公司首日市值表现（北交所成立至2022年9月底）

市场板块	主板	创业板	科创板	北交所
家数（家）	66	149	119	46
上市日平均市值（亿元）	379.32	80.91	172.36	12.83
上市日市值中位数（亿元）	41.46	52.18	92.25	9.36

新三板主要为创新型、创业型、成长型中小微企业发展提供资本服务，是支持服务实体经济的主战场。区域性股权市场是地方政府扶持中小微企业政策措施的综合运用平台。总体来看，我国现阶段的资本市场已形成了各个板块定位明晰、服务范围广泛的多层次资本市场体系。

从板块的互联互通来看，退市制度的深化改革和转板制度的建立完善，使市场之间的联系更加有机、更加统一。首先，更加市场化的退市制度让不符合上市要求的企业退出市场，在降低企业财务压力的同时，有助于市场建立良好的声誉，促进资本市场的健康发展。其次，转板机制的建立以及北交所的设立形成了高效畅通的转板机制，使资本市场的服务能够贯穿企业发展的大多数阶段，培育企业的成长，更好地支持服务实体经济发展。

专栏5－2 从各板块代表性公司看第二层次板块差异

创业板主要面向传统型产业与新技术、新产业、新业态、新模式的深度融合。其中，比较有代表性的公司有芒果超媒和东方财富等。例如，芒果超媒脱胎于湖南卫视这一传统的电视产业，但是，芒果超媒的主阵地芒果TV融合媒体平台融合了新媒体的运营模式，具有较明显的“传统行业（传媒业）＋新业态（新媒体、‘互联网＋’）”特征。

科创板主要服务于新一代信息技术、高端装备、新材料、新能源、节能环保以及生物医药等高新技术产业和战略新兴产业，强调企业的“硬科技”属性。其中，具有代表性的公司有中国境内技术最先进、规模最大、配套服务最完善的专业晶圆代工企业中芯国际，人工智能“四小龙”之一的云从科技，国内领先的办公软件和服务提供商金山办公，创新型疫苗研发生产企业康希诺，专注于智能短交通和服务类机器人领域的创新企业九号公司。

北交所主要服务于中小创新型企业，相比创业板和科创板，其突出特点在于服务的公司规模更小。例如，在北交所成立至2022年9月底，新上市的46家公司中，有25家公司上市首日的市值不足10亿元。其中，市值最低的派特尔公司市值仅为4.06亿元。

参考文献

[1] 成思危．对进一步推动我国风险投资事业发展的几点意见［J］．经济界，1999（4）：4-10.

[2] 巩曜平．创业板在向我们走来［J］．中国科技投资，2007（12）：15-18.

[3] 辜胜阻，庄芹芹，曹誉波．构建服务实体经济多层次资本市场的路径选择［J］．管理世界，2016（4）：1-9.

[4] 何牧原，张昀．中国新三板市场的兴起、发展与前景展望［J］．数量经济技术经济研究，2017，34（4）：74-91.

[5] 胡海峰，罗惠良．我国多层次资本市场的生成机理与演化路径［J］．中国社会科学院研究生院学报，2011（5）：17-23.

[6] 马连福，张琦，王丽丽．注册制度下投资者关系管理的新变化［J］．证券市场导报，2014，266（9）：67-71.

[7] 钱康宁，蒋健蓉．多层次资本市场的转板机制［J］．中国金融，2013（7）：41-43.

[8] 孙小凡．改革呼唤一个统一、多层次的资本市场格局［J］．国有资产研究，1996（6）：21-23.

[9] 王国刚．创业投资：建立多层次资本市场体系［J］．改革，1998（6）：48-57.

[10] 王轩，王玮．流动性与估值：新三板面临的主要问题与对策［J］．清华金融评论，2017（10）：77-80.

[11] 吴秀波．科创板能保持"一池春水"吗？［J］．价格理论与实践，2019（2）：23-27.

[12] 杨彩丽，曹铁群. 20 世纪 90 年代场外交易市场发展回顾 [M]. 北京：社会科学文献出版社，2009.

[13] 张明喜. 关于建立资本市场转板制度的若干思考 [J]. 上海金融，2010 (1)：28 -31.

[14] 孙国茂. 中国证券市场宏观审慎监管研究 [M]. 北京：中国金融出版社，2020.

[15] Allen F, Qian J, Shan C, et al. Dissecting the Long - term Performance of the Chinese Stock Market [J]. Available at SSRN 2880021, 2020.

第六章　做空机制

上（唐太宗）问魏徵曰："人主何为而明，何为而暗?"对曰："兼听则明，偏信则暗。"

——司马光《资治通鉴·唐太宗贞观二年》

第一节　做空机制

一、做空机制的概念、方式及参与者

做空机制指投资者因为对整体股票市场或者某些个股的未来走向看跌所采取的保护自身利益和借机获利的操作方法以及与此相关的制度总和，是与做多机制紧密相连的一种运作机制。

在我国资本市场，做空的方式主要有三种，分别为融券卖出、卖空股指期货以及期权工具的运用。其中，融券卖出指当投资者判断某只股票的价格被高估时，并预测股价即将下行，投资者可以在当期通过借入股票份额，并当即卖出，待股价回落后，买入同等的股票份额，还给借贷方，实现获利。期货卖空则指投资者通过卖出开仓，建立空头头寸，待期货标的物价格下行后，可平仓买入，了结获利。期权工具的运用通过赋予期权购买者一定的权利，锁定风险，投资者可通过购买看跌期权，当标的物价格下行时，投资者可按照约定的价格将标的股票卖给期权售出方，并同时买入等量标的股票，其中的价格差即为投资者做空实现的收益。其中，融券制度为投资者提供了针对个股的卖空工具，股指期货则是针对整个市场的卖空工具，而期权市场以场外为主，这些场外期权可以通过设计众多个性化设计，满足投资者的差异化需求。总的来说，三者在做空对象以及投资者需求等方面形成了良好的互补。

参与卖空的投资者主要有三类，分别为方向性投资者、套期保值者以及

套利者。其中，方向性投资者主要通过预测未来股票价格进行操作，即当其预测未来股票价格有较大概率下跌时，可以通过提前做空，待价格下跌后实现获利；但是，此类投资者同样面临股价上涨造成损失的风险。套期保值者指资产标的持有者，为避免资产价格下跌带来的风险，利用期货或期权等工具进行卖空对冲风险。套利者指当两个相关联的标的价格偏离两者的理论均衡状态时，投资者可以买入其中被低估的标的，卖空被高估的标的，待两者价格收敛时实现获利。常见的套利模式有期现套利、统计套利和期权套利等。

二、做空机制的影响

做空机制的支持者认为，做空机制的建立与完善有助于提升市场的有效性。首先，根据行为金融学理论，投资者可以分为噪声交易者和信息交易者，由于做空成本和专业素养方面的要求，做空者通常是以大型机构为主要代表的信息交易者，做空约束的存在会导致部分信息交易者离场，降低市场的定价效率（Diamond 和 Verrecchia，1987）。其次，Miller（1977）、Hong 和 Stein（2003）均认为，做空限制的存在会让市场中对未来持悲观态度的投资者只能选择离场，不能参与资本市场的定价，导致市场的价格并不能充分吸收负面信息，而做空交易有助于股价更多、更快地吸收公司的负面消息（Bris 等，2007）。另外，与 Miller（1977）不同的是，Bai 等（2006）认为，除了上述效应外，在理性预期的理论下，做空机制导致的信息效率丢失，会使风险厌恶者要求更高的回报率，导致价格下行，而最终价格的高估还是低估，取决于两种效应的强弱。除此之外，做空约束还限制了套利者的套利活动（Shleifer 和 Vishny，1997），延缓了价格的发现过程。

尽管大批学者专家均认为做空约束会降低市场的定价效率，但事实上，世界各国均会对做空机制设置或多或少的限制，尤其是新兴市场，对做空机制仍持怀疑态度。导致此局面的主要原因在于机制制定者担心做空机制的建立会对市场的稳定性形成威胁。回顾历史，我们确实发现了许多次金融危机中均出现了做空者的身影。例如，1992 年索罗斯做空英镑、1997 年东南亚金融危机和 2008 年国际金融危机。一系列的事件也进一步加深了投资者和监管层对做空机制的传统认知，即做空机制会损害市场的稳定，尤其是在股票市场剧烈下跌的时期。这样的观点同样也得到了一部分学术界的认可和检验。其中，Aitken 等（1998）以及 Morris 和 Shin（1998）均指出，允许卖空可能会导致“皮革马利翁效应”，尤其是在市场下跌时会加剧恐慌，增大市场的崩盘风险。

但是，同样也有大批学者认为做空机制在应对市场暴跌的时候能够发挥“调节器”的作用。首先，Hong 和 Stein（2003）指出，在做空限制的环境下，负面情绪被隐藏，导致价格被高估，当资产价格开始下行的时候，市场所积累的负面情绪会突然释放，加剧资产价格下跌。而在允许做空的市场，一方面，做空机制的存在一定程度可以限制住股票价格被高估的程度；另一方面，由于早期的负面情绪和消息已经被吸收到股价，使其不能与资产价格下跌形成共振，从而减缓价格的下跌幅度。其次，卖空约束会降低价格中的信息含量，导致市场风险增大（Anufriev 和 Tuinstra，2013）。另外，Diether 等（2009）发现，参与卖空交易的投资者倾向于反转交易策略，同样可以起到稳定市场的作用。除了理论分析结果外，不同市场上的实证结果也验证了上述观点。例如，Kim（1996）、陈淼鑫和郑振龙（2008）、廖士光和杨朝军（2005）分别在新加坡、中国香港和中国台湾的市场上发现了做空机制能够平抑市场的波动。另外，Beber 和 Pagano（2013）发现，金融危机中的卖空禁令增大了买卖价差和股票价格的波动率。

除了破坏市场稳定性外，恶意做空以及市场操纵等损害投资者权益的问题同样是监管机构对做空机制持观望态度的重要原因。例如，Brunnermeier 和 Pedersen（2005）指出，做空工具便利了市场操纵行为以及捕食策略交易。在实际案例中，恶意做空也被指责为 2015 年股市大波动的罪魁祸首。

第二节　融资融券制度

一、融资融券制度在我国的发展

尽管做空机制长期以来一直被批评者指责为不道德并且会加大市场在危机时期的波动幅度，但是做空机制的建立有助于改变“单边市”的非成熟状态，使知情者能够利用正负两方面的私有信息进行交易，提升市场的效率；并且，做空机制的建立还为市场参与者提供了规避风险的工具。因此，做空机制的建立既是资本市场走向成熟的基本标志，也是成熟资本市场中必不可少的重要组成部分。

2006 年，股权分置改革的顺利展开，《中华人民共和国公司法》与《中华人民共和国证券法》相继修订完成，我国资本市场逐步走向规范成熟，市场规模快速增长，为做空机制的建立创造了良好的环境和条件；另外，建设成为更加成熟健康的资本市场也呼唤做空机制的建立。在此背景下，以融资融券制度和股指期货制度为代表的做空机制的建设正式被提上日程。其中，融资融券的制度建设大致可以分为五个阶段。

专栏 6－1　融资融券的概念

融资融券制度包括两个部分，分别是融资交易和融券交易两个部分。其中，融资交易指投资者向具有融资融券业务资格的券商提供担保物，并借入资金买入证券的行为，由于投资者是借入资金购买证券，意味着投资者是采取杠杆交易的形式看多市场。融券交易指投资者向具有融资融券业务资格的券商提供担保物，并借入证券并卖出的行为，为投资者提供了在没有持有证券的情况下卖空证券的机会，采取融券交易表明投资者看空市场。

（一）准备阶段（2006—2010 年）

在法律基础方面，2006 年 1 月 1 日正式实施的《证券法》第一百四十二条规定，“证券公司为客户买卖证券提供融资融券服务，应当按照国务院的规定并经国务院证券监督管理机构批准”，为融资融券交易制度的推出扫清了法律障碍。2006 年 6 月 30 日，中国证监会颁布《证券公司融资融券业务试点管理办法》，标志着资本市场正式进入融资融券的准备阶段。2006 年 8 月 21 日，上交所和深交所相继发布《上海证券交易所融资融券交易试点实施细则》和《深圳证券交易所融资融券交易试点实施细则》（以下简称试点细则）。2006 年 8 月 29 日，中国证券登记结算有限责任公司发布《中国证券登记结算有限责任公司融资融券试点登记结算业务实施细则》。

之后，由于 2008 年国际金融危机的爆发，许多国家相继加大了对做空机制的限制（Beber 和 Pagano，2013），我国推进融资融券制度的进程也在股市大涨大跌中暂被搁置。直至 2008 年 10 月 5 日，证监会宣布启动融资融券试点工作，2008 年 10 月 25 日，上交所、深交所、中登公司、11 家券商[①]以及参测券商客户资金第三方存管银行参与了首次融资融券业务试点全网测试。2008 年 10 月 31 日，证监会发布《证券公司业务范围审批暂行规定》，其中，融资融券业务被正式列为证券公司的经营业务。

① 11 家券商分别为中信证券、海通证券、东方证券、光大证券、华泰证券、国泰君安、申银万国、银河证券、国信证券、广发证券、招商证券。

（二）试点开启阶段（2010 年）

首次在全网测试后，2009 年证监会的主要重心集中于新股发行制度改革以及创业板，融资融券的推进工作再次被搁置。2010 年 1 月 8 日，国务院原则上同意开设融资融券业务试点，自此，融资融券制度才进入实质性的开启阶段。2010 年 3 月 19 日，证监会公布了首批 6 家融资融券试点券商，分别是国泰君安、国信证券、中信证券、光大证券、海通证券和广发证券。2010 年 3 月 31 日，沪深证券交易所正式开始接受证券公司融资融券交易申报，并公布了 90 只融资融券的标的股，主要是上证 50 指数成分股和深证成指指数成分股，融资融券正式进入市场操作阶段。表 6－1 是首批 90 只融资融券标的股。

表 6－1　　首批 90 只融资融券标的股

平安银行	万科 A	招商地产	深圳能源	中集集团	中金岭南
中兴通讯	华侨城 A	中联重科	潍柴动力	金融街	美的电器
云南白药	宏源证券	泸州老窖	吉林敖东	铜陵有色	格力电器
泰达股份	河钢股份	燕京啤酒	中航西飞	长江证券	盐湖股份
一汽解放	太钢不锈	中信国安	五粮液	云南铜业	双汇发展
鞍钢股份	华菱钢铁	神火股份	冀中能源	锡业股份	山西焦煤
华兰生物	苏宁易购	宁波银行	金风科技	浦发银行	武钢股份
华夏银行	民生银行	上港集团	宝钢股份	中国石化	南方航空
中信证券	招商银行	保利发展	中国联通	特变电工	上汽集团
振华重工	江西铜业	金地集团	中金黄金	贵州茅台	山东黄金
保变电气	北大荒	辽宁成大	国电电力	海通证券	长江电力
大秦铁路	中国神华	中国国航	兴业银行	西部矿业	北京银行
中国铁建	中国平安	交通银行	中国中铁	工商银行	中国铝业
中国太保	中国人寿	中国建筑	上海电气	中国中车	中国石油
中煤能源	紫金矿业	中远海控	建设银行	金钼股份	中国银行

（三）规范发展阶段（2011—2015 年）

在试点初期，无论是融资融券余额规模，还是参与券商数量和融资融券标的数量，均处于一个较低的水平，并且在制度设计上也存在一些缺陷。例如，证券公司只能将自有资金或股票出借给客户，由于证券公司的资金规模和持有的股票数量有限，导致经常出现“无资可融、无券可融”的情况。

转融通机制是缓解证券公司的资金和证券短缺最行之有效的方法，证券公司在资金或者证券匮乏的时候，可以通过转融通机制向中国证券金融股份有限公司（以下简称证金公司）融得资金或证券，再转借给需要融资或者融券的投资者。其中，转融通机制包括转融资业务和转融券业务。

我国转融通机制的设计始于2011年8月19日，证监会发布了《转融通业务监督管理试行办法（草案)》，并向社会公开征求意见。2011年10月19日，统筹转融通业务的证金公司正式获得核准，证金公司除了为证券公司的融资融券业务提供转融通的渠道外，还承担了证券公司融资融券、转融通业务的统计、监测与分析等职责。2012年8月30日，转融资业务率先开通，并释放了大量的融资需求，转融资业务开通前三天分别出借资金55亿元、11.2亿元和4.2亿元。转融券业务于2013年2月28日正式开始试点，由于首批试点的转融券标的公司大多比较优质，市场做空的动力不足，转融券业务开通后前三天的出借股份数分别为71.2万股、57.8万股和42万股。

除了转融通机制的开通，融资融券业务在一些制度安排上同样进行了优化。2011年10月28日，证监会正式发布《关于修改〈证券公司融资融券业务试点管理办法〉的决定》《关于修改〈证券公司融资融券业务试点内部控制指引〉的决定》。2011年11月25日，沪深交易所分别发布了《上海证券交易所融资融券交易实施细则》和《深圳证券交易所融资融券交易实施细则》（以下简称实施细则)，融资融券业务正式“转正”，由试点转为常规业务。相比试点细则，实施细则优化了股票流动性的指标选取，在引入日均成交额的同时，适当地降低了日均换手率的限制。除此之外，实施细则的融资融券标的还增加了ETF基金，有助于提高ETF基金的流动性和规模，进而促进ETF基金的发展。

与制度优化同时进行的是市场规模的快速扩大，在这一阶段，融资融券标的共经历了四次扩容。其中，第一次扩容是实施细则颁布时，融资融券标的数量由90只增至285只，其中包括278只上市公司股票、7只ETF，其中股票主要是上证180指数和深证100指数中的成分股。第二次扩容是2013年1月25日，沪深交易所同时发布公告，将融资融券的股票标的数从278只扩容至500只，其中上海交易所由198只扩容至300只，深交所由90只扩容至200只。第三次扩容是2013年9月16日，上交所和深交所的融资融券股票标的数分别增至400只和300只。第四次扩容是2014年9月12日，上交所和深交所的融资融券股票标的数又进一步分别增至500只和400只。

除融资融券标的数量快速扩张外，投资者参与融资融券的限制逐步放宽。

2014 年 7 月底，沪深交易所向券商下发了修订融资融券交易实施细则的征求意见稿，其中，包括融资融券的最长期限由 6 个月放宽至一年半、放宽信用账户的功能限制、适度放开信用账户的功能限制、适度放宽投资者融券卖出款的用途限制、逐步放宽融券卖出提价要求、降低 ETF 入选融资融券标的证券的门槛。

在转融通制度、融资融券标的扩容、参与融资融券限制的逐步放宽以及 2014 年中开启的牛市等多重利好助力下，融资融券的规模也快速增长，融资融券余额规模由 2010 年底的 127.72 亿元快速增加至 2015 年 6 月底的 20493.86 亿元，融资融券余额在 A 股流通市值的占比则由 0.07% 增长至 4.37%。

（四）调整收紧阶段（2015—2019 年）

在 2015 年 6 月 12 日（周五），上证指数达到自 2008 年国际金融危机以来的最高点 5178.19 点，股市快速增长引起了监管层的高度警觉。6 月 13 日（周六），证监会发布《关于加强证券公司信息系统外部接入管理的通知》，要求各证券公司不得通过网上证券交易接口为任何机构和个人开展场外配资活动提供便利。在清理整顿场外配资同时进行的是融资融券的政策开始逐步收紧，2015 年 6 月 12 日，证监会就修订后的《证券公司融资融券业务管理办法》向社会公开征求意见，其收紧政策包括：收紧了零售客户的要求，将“最近 20 个交易日日均证券类资产不低于 50 万元”等要求明确为开立信用账户的条件；证券公司融资融券的金额不得超过其净资产的 4 倍；授权交易所实施逆周期调节。2015 年 11 月 13 日沪深交所对融资融券交易实施细则进行修改，将投资者融资买入证券时的融资保证金最低比例由 50% 提高至 100%。在多重限制以及市场情绪低迷的背景下，融资融券的余额规模由 2015 年 6 月底的 20493.86 亿元快速下跌 2015 年底的 11742.67 亿元，在 A 股流通市值的占比则由 4.37% 下降至 2.82%。

从 2016 年起，中国金融体系的去杠杆逐渐受到市场的关注，并成为我国防范系统性金融风险的重点工作。虽然在此期间，融资融券政策偶有放松，例如，2016 年 12 月 2 日沪深交易所再次扩大融资融券标的至 950 只，但是，在金融去杠杆基本政策以及监管趋紧的环境影响下，融资融券业务持续低迷，在 2019 年 1 月融资融券余额规模下跌至 7281.90 亿元，仅占 A 股流通市值的 1.99%。

（五）恢复阶段（2019 年至今）

随着融资融券业务的越发成熟，证券公司风险管理水平逐步提升。为进一步提升融资融券交易市场化程度，引导证券公司发挥专业优势，维护市场活力，2019 年 8 月 9 日，沪深交易所重新修订了《上海证券交易所融资融券交易实施细则》和《深圳证券交易所融资融券交易实施细则》，本次修订主要在三方面进行了优化：

第一，取消了最低维持担保比例不得低于 130% 的统一比例限制，将最低维持担保比例的设置交由证券公司，其可以根据客户资信、担保品质量和公司风险承受能力，与客户自主约定最低维持担保比例。该项制度的修订避免了“一刀切”政策，使证券公司能够更加灵活地开展融资融券业务。

第二，完善维持担保比例计算公式①，除了现金、股票、债券外，客户还可以证券公司认可的其他证券等资产作为补充担保物，增强补充担保的灵活性。

第三，将融资融券标的股票数量由 950 只扩大至 1600 只。标的扩容后，市场融资融券标的市值占总市值比重由约 70% 达到 80% 以上，中小板、创业板股票市值占比大幅提升。除此之外，根据上海证券交易所 2019 年 6 月 21 日发布的《关于科创板股票及存托凭证交易相关事项的通知》，科创板股票自上市首日即可作为融资买入及融券卖出的标的证券。另外，证监会在 2020 年 6 月 12 日发布了创业板改革并试点注册制的相关制度规则，同样明确新上市的创业板股票自上市首日即可作为融资买入及融券卖出的标的证券。

融资融券实施细则的优化，推动了融资融券业务的市场化，融资融券的标的范围快速扩大，投资者参与融资融券的热情高涨，融资融券的发展规模再次扩张。截至 2022 年 6 月底，融资融券余额达到 16033.31 亿元，占 A 股流通市值的 2.27%。

二、融资融券的发展成果及问题

（一）融资融券业务取得的成果

融资融券经过十多年的发展，业务模式越来越成熟，融资融券交易越来越市场化，参与者的队伍越来越壮大，市场规模也越来越大。首先，从融资融券余额来看，图 6-1 给出了融资融券余额的变化趋势，可以看到，经历了

① 2015 年修订版的《实施细则》计算公式为维持担保比例 =（现金 + 信用证券账户内证券市值总和）/（融资买入金额 + 融券卖出证券数量 × 当前市价 + 利息及费用总和）；2019 年修订版的计算公式改为维持担保比例 =（现金 + 信用证券账户内证券市值总和 + 其他担保物价值）/（融资买入金额 + 融券卖出证券数量 × 当前市价 + 利息及费用总和）。

2013—2015 年以及 2019 年以来两轮快速上涨阶段，融资融券的余额规模已经由 2010 年底的 127. 72 亿元增长至 2022 年 6 月底的 16033. 31 亿元，占 A 股流通市值由 0. 07% 增长至 2. 27% 。

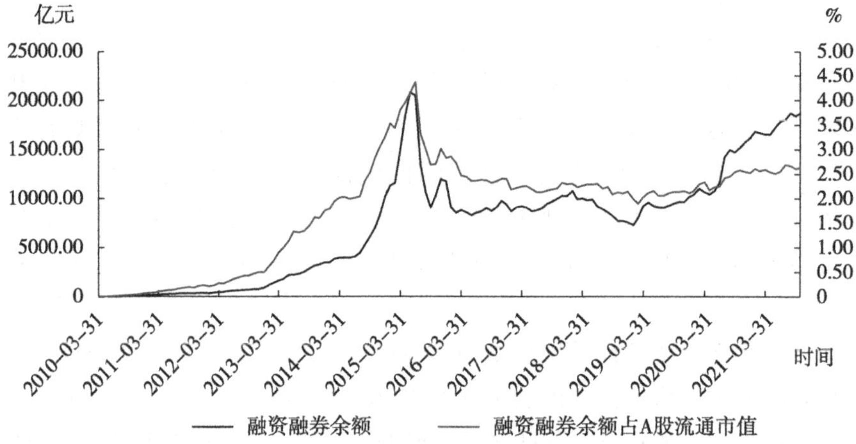

图 6 –1　融资融券余额的规模变化

其次，从交易额来看，在规范发展阶段，融资融券交易异常火热，月度交易额一度达到了 49932. 18 亿元（2015 年 4 月），融资融券交易额的 A 股交易额的占比则在 2015 年 2 月达到 19. 2%（见图 6 –2）。此后，随着融资融券业务收紧，融资融券交易规模开始下滑，但是，融资融券交易额的 A 股交易额仍长期维持在 10% 左右的水平。

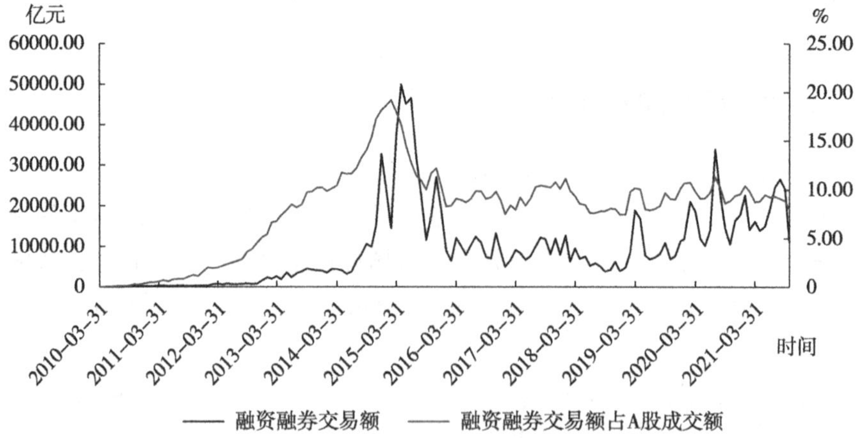

图 6 –2　融资融券交易规模（月度）

从融资融券标的来看，A 股融资融券一共经历了六次扩容，并且随着注册制改革的深入，科创板与创业板也相继放开了融资融券的限制，融资融券的标的范围快速扩大。表 6－2 给出了历次融资融券扩容情况以及融资融券标的变化情况。截至 2021 年 10 月底，融资融券标的数量共 2171 只股票，159 只 ETF 基金，几乎涵盖了市场一半的股票。

表 6－2　　融资融券标的历次扩容情况

	扩容时间	融资融券标的股票数量（只）	融资融券基金数（只）
首次试点	2010－03－31	90	0
第一次扩容	2011－12－05	278	7
第二次扩容	2013－01－31	500	10
第三次扩容	2013－09－16	700	11
第四次扩容	2014－09－22	900	15
第五次扩容	2016－12－12	950	22
科创板试点注册制	2019－06－21		
第六次扩容	2019－08－19	1628	63
创业板试点注册制	2020－06－12	1691	92

资料来源：Wind 数据库。

从市场参与者的角度来看，其中，参与融资融券业务的券商数量已由最开始试点的 6 家券商增长至超过 100 家；信用账户则在 2021 年 9 月达到了 5959663 个，其中个人账户达到 5921463 个，机构账户达到 38200 个。

（二）目前融资融券业务主要的问题

目前，我国融资融券业务主要存在两大问题，限制融资融券发挥及其提升市场信息效率的功能。首先，融资融券费率过高，根据 Wind 的数据统计，在 106 家券商的融资利率中，除九州证券和中信证券华南分别为 7.5% 和 7.9%，以及 11 家券商数据缺失外，其他所有券商的融资利率均在 8.3%～8.6% 的区间。相比融资利率，融券利率更高，最低为国信证券的 8.35%，有 69 家券商的融券利率超过 10%。相比而言，美国的融资融券利率大部分维持在 2%～3.5%。[①] 可以看到，与发达资本市场相比，我国的融资融券费率过高，一定程度上抑制了融资融券业务的发展。

① 资料来源：https：//www.brokerage－review.com/article/brokerage－firm－margin－rates.aspx.

其次，融资融券发展极度不平衡，图6－3描绘了我国融资余额与融券余额的变化情况。可以看出，融资规模明显高于融券规模。在2019年6月前，融券余额规模从未达到过100亿元，而同期的融资余额规模多次突破1万亿元的规模，并在2015年5月以及6月达到了2万亿元的规模。融券的规模直至2019年下半年才开始逐步增长，分别于2019年7月和2020年10月突破100亿元和1000亿元的规模，虽然融资融券发展不平衡的问题稍有缓解，但仍然没有改变两者极度不平衡的状况，使市场呈现“强杠杆、弱风险对冲”的特征。

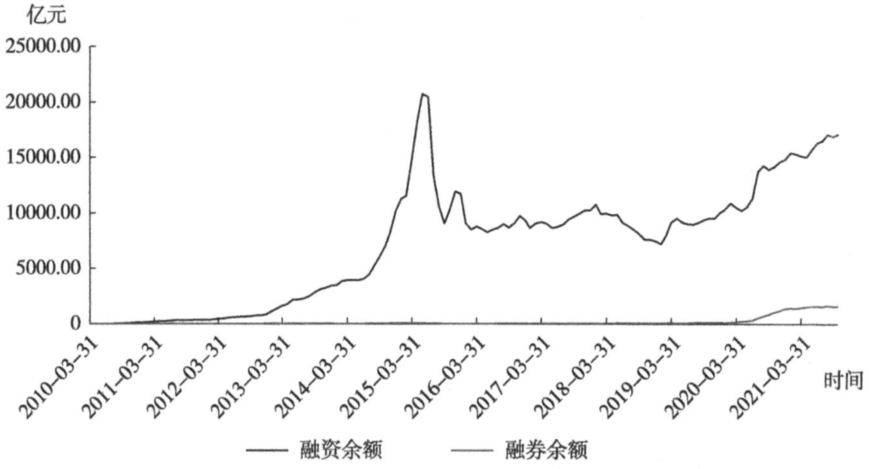

图6－3　融资余额与融券余额的对比（月度）

除上述两大问题外，融资融券标的还有待进一步扩容，尤其是注册制试点前已上市的创业板公司，截至2021年10月底，注册制试点前的创业板融资融券标的仅179家。另外，融资融券的交易细则也有待完善，例如，根据现行的融资融券规定，“融券卖出的申报价格不得低于该证券的最近成交价；当天还没有产生成交的，其申报价格不得低于前收盘价”，这些限制性制度安排明显降低了融券卖出的成功率，不利于提升融券交易的活跃程度。

三、融资融券制度对于资本市场的影响

（一）对市场效率的影响

在经典的理论中，卖空机制的首要作用是提升市场的效率，融资融券制度的试点正式打通了我国基于个股的卖空机制。因此，在融资融券制度实施后，大批学者研究了融资融券制度对于市场有效性的研究，其中大部分研究

结果也验证了做空机制有助于提升市场有效性的结论（李志生等，2015；李丹等，2016；唐松等，2016）。

从影响机制来看，融资融券制度主要可以通过以下渠道提升市场的有效性：（1）融资融券制度可以通过降低信息不对称来提升市场效率，该制度的开通增加了知情者利用特质信息获利的能力和途径，通过杠杆交易和融券卖空分别促进正负面信息融入股票价格。除此之外，李丹等（2016）发现，融券卖空机制的引入显著降低了分析师乐观性预测的偏差。（2）融资融券可以通过提高市场的流动性来提升市场效率；李志生等（2015）发现，融资融券开通后，标的个股的流动线显著提升；而根据 Chordia 和 Subrahmanyam（2008）的理论，流动性的提高会降低市场短期收益的可预测性，提高市场的有效性。（3）融资融券可以通过提高持股宽度来提升市场效率，其中持股宽度指持有特定股票多头的人数，Chen 等（2002）指出，较低的持股宽度意味着较多的负面信息未被吸收进股票价格，在中国市场的实证研究中，李志生等（2015）发现融资融券的试点显著提高了标的股票的持股宽度。

在具体情境下，李科等（2014）以白酒行业的“塑化剂事件”为背景，构造了“做多不可以卖空的股票、做空可以卖空的股票”的多空投资组合策略，发现在“塑化剂事件”后，该策略取得了3个月累积30%的投资回报率，以此发现做空限制会导致股票价格被高估。黄洋等（2013）发现，盈余公告漂移的市场异象在融资融券后有显著减弱。

但是在早期的研究中，由于转融通机制并未开通，导致投资者经常面临无资可融、无券可融的情况，使融资融券的机制无法充分运行，导致其无法发挥提升市场有效性的作用（许红伟和陈欣，2012）。除此之外，由于我国融资融券业务长期呈现发展不平衡的局面，融券无法发挥其做空的作用，而快速增长的融资规模却助推了证券价格的上涨（廖世光，2011），并且“融资强、融券弱”的局面还导致分析师会发布更加乐观性的盈利预测（褚剑等，2019）。

（二）对市场稳定性的影响

在个股层面，关于我国融资融券的大部分实证研究结论支持融资融券制度具有平抑市场波动的作用（杨德勇和吴琼，2011；肖浩和孔爱国，2014；陈海强和范云菲，2015）。其中，李志生等（2015）发现，融资融券制度的市场稳定作用具体体现在降低了股票的波动率及振幅、降低了标的股票的跳跃风险以及降低了标的股票的异质波动率。关于融资融券制度稳定市场的机制，肖浩和孔爱国（2014）认为，融资融券制度有助于通过降低标的证券的噪声交易、提升信息传递速度、降低公司盈余操纵，以及降低投资者之间的信息不对称程度降低了标的证券股价特质性波动，进而降低股价特质性波动的非信息效率因素。

但部分学者认为，融资融券并没有发挥市场“稳定器”的作用（李锋森，2017），甚至还加大了市场的波动，主要有以下几点原因。首先，褚剑和方军雄（2016）认为，融资融券标的的选择标准导致进入融资融券标的的股票本身崩盘风险很小，导致融券制度很难发挥作用，而融资制度为投资者提供了跟风追涨的渠道，最终融资交易在上涨过程中的杠杆效应以及下跌过程中的“去杠杆效应”加剧了股票的崩盘风险（Chowdhry 和 Nanda，1998）。

其次，巴曙松和朱虹（2016）认为，情绪是导致融资融券增大市场波动的重要因素。融资买入和融券卖出包含两者对于市场的不同看法，由于参与融资融券业务的投资者主要以信息投资者为主，两者的异质信念具有一定程度的示范效应，影响市场的情绪，因此，市场整体的情绪取决于两种信念的强弱对比。但是，我国融资融券业务呈现“强杠杆、弱风险对冲”的不平衡发展局面，最终导致了投资者对于股票价格过于乐观的情绪。

最后，王朝阳和王振霞（2017）认为，融资融券制度的引入加剧了涨跌停制度的“磁吸效应”。当股价接近涨停板时，由于“磁吸效应”，股票的受关注程度提高，越来越多的投资者开始关注甚至购买股票，导致股价进一步上行，此时融券卖出的投资者亏损加剧，部分仓位甚至面临被强制平仓的可能；反之，当股价接近跌停板时，通过融资杠杆买入的投资者亏损加剧，可能面临融资仓位被强制平仓，导致市场卖出压力进一步增加，进而导致市场的剧烈波动。

（三）对公司治理的影响

融资融券制度除了对市场效率以及市场稳定产生影响外，杠杆交易者和卖空交易者相较于其他投资者，更有动力跟踪和监督管理层的行为（Karpoff 和 Lou，2010），并通过“用脚投票”的方式来影响管理层的决策，形成有效的外部监管（Massa 等，2015），进而提升企业的公司治理水平，融资融券制度对于公司治理方面的影响主要包括以下几个方面：

首先，融资融券制度提升了标的公司的信息披露质量。从内部管理层的角度出发，融券制度的存在增加了做空者的监督动力；并且，做空者在专业素养以及投资规模上的优势，使业绩预告中的行为倾向和内容倾向更容易被识破，增加了管理者信息披露失真被发现的风险，出于自身声誉以及职业生涯的考虑，管理层有动力披露、更有动力提高信息披露的质量。具体而言，研究发现融资融券确实对企业的盈余管理产生了抑制作用（陈晖丽和刘峰，2014），并降低了财务报告重述（张璇等，2016）。从大股东的角度来看，由于其持有的股票无法通过做空对冲风险，一旦由于信息披露问题遭到做空者卖空，容易导致其财务缩水；因此，做空机制会迫使大股东采取期权激励等手段缓解代理问题，并促进信息披露质量的提高（De Angelis 等，2017；李春涛等，2017）。从外部分析师来看，卖空者常被认为是分析师的直接竞争者，由于卖空者会自行承担投资带来的收益与损失，因此会进行更加深入的研究，而这在分析师市场产生了“鲇鱼效应”，出于长期职业生涯的考虑，分析师同样会进行更加客观的研究，尽量减少预测偏误（李志生等，2017）。另外，张璇等（2016）认为，做空机制还有助于吸引分析师关注标的公司，增加信息的透明度。

其次，融券制度有助于促进企业创新。做空机制的引入可以通过公司治理机制和信息机制影响企业的创新产出。其中，在公司治理机制层面，一方面，做空机制强化了管理层的长期激励，使其与股东利益趋于一致，有助于降低管理层的短视行为；另一方面，做空机制增加了外部监督机制，当企业管理层因懈怠、私有利益或者逃避责任而避免高风险的创新活动时，做空者可以通过融券机制对该公司进行卖空。因此，做空机制的存在有助于促使管理层承担责任，从公司的长远利益出发，积极布局旨在提升公司长期价值的优质创新型项目。在信息机制方面，由于创新活动具有较高的不确定性，管理层与投资者之间存在严重的信息不对称；但是，卖空投资者作为信息传递的市场中介，有助于缓解信息不对称的程度，避免创新公司的价值被低估，增强企业的创新动力。在实证研究层面，权小锋和尹洪英（2017）、陈欣怡等（2018）均发现，卖空制度有助于促进企业的创新产出，且这一促进作用在信息不透明的公司更为明显。但是，郝项超等（2018）认为，融券虽然有助于创新数量和质量的同步提升，但是在散户交易占比较高的 A 股，融资交易更可能是投机交易，这种融资投机交易容易导致股价上涨和管理层的短视行为，不利于创新，并且，由于我国融资融券业务极度不平衡，融资的负面影响超过了融券的正面影响，最终，在总体上阻碍了企业创新。

专栏6－2 浑水公司与中概股

浑水调研公司是一家专注于做空的研究机构，其做空的主要对象来自中概股，自2010年成立以来，浑水公司共做空了17家中概股，包括东方纸业、绿诺国际、中国高速频道、多元环球水务、分众传媒、展讯通信、嘉汉林业、傅氏科普威、新东方、网秦、奇峰国际、辉山乳业、敏华控股、好未来、安踏体育、瑞幸咖啡、跟谁学以及欢聚集团。其中，在浑水公司的做空报告面前，绿诺国际和瑞幸咖啡等公司直接承认了造假行为。除此之外，中国高速频道、多元环球水务、嘉汉林业、辉山乳业等多家公司则是在后续监管机构和交易所的裁定中被认定为存在欺诈行为或被退市处理。因此，从做空的实际效果来看，做空机制对于上市公司的公司治理水平产生了一定的监督作用和威慑作用。

再从做空机构的成本来看，在做空瑞幸咖啡的案例中，浑水公司雇用了92名全职人员和1418名兼职人员，对981家门店的客流量进行了监控和记录，覆盖了100%的营业时间，监控时长达到11260小时。可以看到，做空投资者会花费更大的精力和成本进行信息收集与调研，让其成为市场的信息交易者。但是，相比而言，市场中主要做多的中小投资者由于缺乏深度调研上市公司的能力和意愿，并不能充分掌握上市公司的信息，导致做多者中存在较大比例的噪声交易者。因此，从做空者的能力和意愿来看，相较于噪声交易者占比较高的做多者而言，做空者的加入有助于提升市场的信息含量。

再次，融资融券会对企业的投资决策产生影响。融资融券制度对管理层投资决策产生影响的机制主要有两个。首先，在可做空的市场上，公司的投资决策将会受到更加市场化的“用脚投票”，一旦投资决策不符合市场预期，股价即会应声下跌，造成原有股东的财富下跌。因此，从大股东的财富保值角度出发，卖空机制会使大股东有更强的动力对管理层的投资决策进行监督（靳庆鲁等，2015）。另外，基于委托—代理理论，管理层通常会采取激进的投资策略来扩大企业规模，并以此来获得声誉和薪酬的提升，尤其对于过度自信的管理层而言，容易高估收益并低估风险，导致投资效率下滑；但是，刘艳霞和祁怀锦（2019）发现，做空机制形成的外部监督有助于修复管理层的过度自信，使管理层在进行投资决策时更加理性，进而提升公司的投资效率。

最后，融资融券制度降低了企业的风险行为和违规倾向。倪骁然和朱玉杰（2017）指出，卖空机制对企业风险行为存在两方面的影响。一方面，卖空机制对追求平静生活的管理者[①]会形成监督与约束，促进其承担风险，投资更多净现值为正的风险项目；另一方面，卖空机制的存在会使公司股票面临巨大的价格压力，由于经理人收入常常与企业的短期业绩和市场收益相关，在巨大的卖空压力下，经理人会选择主动降低风险承担水平。并且，倪骁然和朱玉杰（2017）指出，由于融券制度开通时间较短，短期内卖空压力的效应占据主导，导致制度推出以来经理人的风险行为明显降低。除此之外，孟庆斌等（2019）发现，融券制度的引入对企业的违规行为形成了显著的威慑效应，降低了企业的违规行为，提高了被稽查的概率；黄俊威和龚光明（2019）发现，当企业的资本结构高于目标水平时，融券制度会加快其向目标水平的调整速度，验证了卖空机制对微观企业去杠杆的积极作用。

除了上述正面的影响外，张俊瑞等（2016）认为，融资融券业务助长了内幕交易者的套利行为。相比做空限制的市场，融资融券制度的推出使利空消息的持有者有了利用私有消息进行获利的渠道，并且融资制度还为存在资金约束的内部人提供了进行杠杆投资的渠道，一旦相关监管机构不能对内幕交易形成有效监督，融资融券业务很有可能成为内幕交易的帮手。根据张俊瑞等（2016）的研究结果，融资融券启动后，标的公司发生内幕交易的可能性显著升高，但是，法治水平较高的地区能够有效地约束内幕交易行为。

第三节　股指期货制度

一、股指期货在我国的发展

自“3·27”国债期货事件后，金融期货在我国的发展长期处于停滞阶段，这一状况直到2006年前后才有所改观。首先，从内部来看，2004年1月31日颁布的“国九条”提出要“更大程度地发挥资本市场优化资源配置的功能”，并提出稳步发展期货市场，研究开发与股票相关的新品种及其衍生产品，“国九条”的颁布也成为我国股指期货前期起步阶段的重要指导。进入

① Bertrand和Mullainathan（2003）指出，在缺乏外部监督的情况下，企业经理人常常有追求平静生活的倾向。

2006年后，《公司法》与《证券法》的重新修订，以及股权分置改革的顺利完成，使资本市场进入了更加规范的阶段，扫除了推出股指期货等金融衍生品的制度性障碍，为推进市场做空机制的建设创造了良好的内部环境。

其次，从外部看，中国经济的快速发展吸引了国外资本市场的注意，港交所、伦敦交易所相继挂牌了基于A股的指数基金，CBOE下属的期货交易所在2004年10月上市首个具有中国概念的股指期货产品，其参考的标的成分股主要是当时在美国主板上市的中国公司的存托凭证。而新加坡交易所在2006年9月5日上市了首个基于A股的股指期货指数——中国A50股指期货（后改名为富时A50股指期货），其标的指数主要包含了中国A股市值最大的50家上市公司。在境内还没有相应股指期货产品的情况下，境外基于A股设计的股指期货的发展对我国股指期货的发展产生了倒逼效应。[①]

一方面，在资本市场不完全开放的情况下，富时A50股指期货为境外的投资者提供了更加便利地参与中国资本市场的渠道，如果大量境外成熟的投资者进入该市场，根据期货和现货之间的关系，期货具有引导现货的作用，富时A50股指期货的发展容易导致A股定价权的转移，不利于A股市场长期稳定健康的发展。另一方面，如果异地市场出现了恶意操纵或投机交易导致的极端风险事件，将对A股市场的金融安全产生不利影响。例如，1995年巴林银行破产之后，巴林银行在新加坡金融期货交易所持有的日经225股指期货几近全部被平掉，由于巴林银行持有的日经225股指期货规模较大，巴林银行的破产事件对于日本本土的日经225和日本股市均造成了不小的影响。

在内外因素的共同影响下，2006年9月8日，中国金融期货交易所（后简称中金所）正式在上海挂牌成立，标志着股指期货的建设在2006年进入了实质性阶段。2006年10月23日，中金所公布《沪深300指数期货合约（征求意见稿）》《交易细则（征求意见稿）》《结算细则（征求意见稿）》和《风险控制管理办法（征求意见稿）》，向全社会征求意见。2006年10月30日，中金所开始进行股指期货仿真模拟交易。2007年10月底，原银监会主席尚福林在“2007年中国金融衍生品大会”上表示股指期货的推出时机已日趋成熟。

尽管股指期货的技术准备已经基本完成，但是，从2005年股权分置改革开始，A股首先进入一轮大牛市，导致A股指数点位过高、风险积聚，如果

① 上证所信息网络有限公司还曾因为新华富时公司在未经上证所信息公司书面许可，擅自许可第三方以及与上证所信息公司提供的上证所实时行情编制的《中国A50指数》，对新华富时指数有限公司提起诉讼。

此时推出股指期货等做空机制，极有可能会造成市场恐慌。到2007年底，国际金融危机的爆发又使股票市场进入了快速下跌的阶段，导致推出股指期货的市场条件和时机并不具备。

直到2010年，国际金融危机的影响开始逐步散去，推进股指期货等做空机制的建设被再次提上日程。2010年1月8日，证监会表示国务院已原则上同意推出股指期货。此后，股指期货的制度建设开始加快，2010年3月24日，证监会印发《关于同意中国金融期货交易所上市沪深300股票指数期货合约的批复》，同意中国金融期货交易所上市沪深300股票指数期货合约。2020年2月20日，中金所正式公布了沪深300股指期货合约和业务规则。2010年4月16日，沪深300股指期货在中金所正式上市交易，成为改革开放之后第一个获国务院批准的金融期货产品。[①] 之后，在2015年4月16日，中金所又推出了上证50股指期货与中证500股指期货。

沪深300股指期货上市之后受到了市场的广泛关注，并迎来了快速发展。例如，上市首日，4份合约在当天累积成交了58457手，总成交金额约600亿元。此后，股指期货的交易活跃度持续提高。这种活跃的股指期货交易一直持续到2015年股市大波动的爆发，利用股指期货进行的恶意做空被部分人认为是导致市场快速下跌的重要原因；于是，2015年9月7日，中金所实施了十分严格的股指期货限仓政策，导致股指期货的交易几乎陷入停滞状态；之后，虽然几次放宽了股指期货限仓政策，但股指期货的交易活跃度仍然远不及股指期货限仓政策之前的水平。关于股指期货限仓政策，我们将在本章第五节进行详细介绍。

二、股指期货的功能

首先，从股指期货的参与者来看，股指期货的参与者主要有三类，分别是套期保值者、套利交易者与投机交易者。其中，套期保值者主要指持有股票（指数）的投资者为规避股票市场的价格波动，通过卖空股指期货对冲市场风险，降低风险敞口。套利交易者指在金融市场中，部分金融产品之间存在理论均衡关系，如期货与现货之间的价格关系，当金融产品之间的实际价格偏离了理论价格，套利者可以通过做多相对低估的金融产品，同时做空相对高估的金融产品，待两者价格重新回到理论均衡关系时，平仓了结获利。

① 海南证券交易中心曾在1993年推出过深圳综合指数与深圳A股指数两种股指期货合约，但由于未得到国家相关部门批准，后被取消。

投机者主要通过对股市未来走势进行判断，利用股指期货市场的高杠杆特征，试图通过少量资金获取高额的收益。这种带杠杆的方向性操作具有较大的风险敞口，如果市场中存在大量的投机交易，容易导致市场价格的剧烈波动，但是适量的投机交易者参与市场有助于提高市场的流动性。

基于不同的投资者类别，衍生出股指期货的三大功能，分别是规避风险、价格发现以及资产配置。从期货的发展历史来看，规避风险需求是期货市场发端的最主要原因，并且也一直是期货最主要的功能。根据金融风险理论，股票市场的风险分为系统性风险与非系统性风险，其中非系统性风险可以通过分散化投资消除，而股指期货提供了规避或转移系统性风险的工具。采取股指期货进行风险规避的投资者主要包括追求长期稳定收益的长期投资者（保险、养老金机构以及公募基金）以及追求市场超额收益率的量化对冲基金。其中，长期投资者可以通过股指期货转移风险，实现长期收益；对冲量化基金主要利用股指期货对冲市场风险，获取投资组合的超额收益率。

根据现货—期货平价理论，期货价格（F_t）与现货价格（S_t）之间存在式（6-1）的均衡关系。其中，r 为无风险利率，T 与 t 分别为到期日与当前交易日。当期货价格与现货价格偏离此均衡关系时，套利者可以通过套利操作，使两个重回均衡关系。由于期货市场具有参与者众多、交易成本低、杠杆倍数高、指令执行速度快等优势，使投资者在获取信息后，更加倾向于在期货市场进行交易，从而使股指期货的价格反应速度更快，在理论均衡关系的作用下，引领现货价格，发挥其价格发现功能。

$$F_t = S_t \times e^{r(T-t)} \tag{6-1}$$

由于股指期货交易一般都是采用保证金制度，具有低成本的特征，因此被机构投资者广泛用来作为资产配置的工具。例如，根据相关规定，债券型基金投资债券的比例需高达80%以上，如果基金经理认为最近股票市场可能出现大幅上涨，其可以在此比例限制下采用股指期货进行资产配置，利用保证金制度的杠杆效应增加股票市场的敞口，使其可以充分获取股票市场上涨可能带来的收益。

三、股指期货对于资本市场的影响

虽然股指期货与融资融券制度均具有做空的功能，但是两者仍然存在较大的差异。其中，融资融券主要针对个股，且主要是方向性操作，而股指期货参考的是整个市场，导致股指期货几乎没有外部监督的公司治理作用；但是，其具有规避风险、价格发现以及资产配置等其他功能，导致其对市场的影响与融资融券制度对市场的影响存在一些差异，本书主要从期现传导关系以及市场稳定两方面进行介绍。

（一）期现传导关系与价格发现功能

首先，由于股指期货交易相比股指现货交易具有更加便利的特征，使其能够更快地对市场信息进行价格反映。因此，目前大部分研究成果均发现在我国金融市场上，股指期货价格对现货价格具有更强的引导作用（华仁海和刘庆福，2010），在价格发现过程中贡献度最高（李政等，2017），即便是加入了交易同样便捷的沪深300 ETF指数（陈莹等，2014）。

其次，期货市场的交易活跃度是影响期货等衍生品价格发现能力的重要因素（Chakravarty等，2004；包晓钟，2020）。一方面，交易活跃的期货市场可以使期货价格对新信息快速充分地反应；另一方面，活跃的期货市场还在降低交易成本以及隐藏信息方面为信息交易者提供了便利，吸引更多的信息交易者进入期货市场，同样有助于期货市场更好地发挥其价格发现功能。在中国股指期货市场，陶利斌等（2014）实证检验发现期货市场的相对活跃程度对股指期货的价格发现功能起到正向的影响效果。

最后，包括沪深300 ETF以及期权在内的其他衍生产品同样具有价格发现的功能，当这些新的衍生产品进入市场的时候，会对股指期货的价格发现功能产生错综复杂的影响。例如，部慧等（2021）指出，指数ETF的上市能够促进股指期货的套利交易，增强股指期货的价格发现功能。除此之外，陈莹等（2014）比较了股指期货、沪深300 ETF以及沪深300指数的价格发现贡献度，发现尽管沪深300 ETF具有低门槛、高活跃度的优势，但股指期货由于较低的相对波动率具有更高的价格发现贡献度。

尽管股指期货具有更强的价格发现功能这一结论得到了大部分学者的认可，但是，部分研究也表明并不是在任何时刻都具有更强的引导作用。例如，在股指期货成立初期，由于基金、证券公司、QFII等机构投资者不被允许参与股指期货交易，投资者群体主要以个人投资者为主，导致在股指期货推出初期其对现货市场的影响有限。因此，部分研究发现在股指期货推出初期的时候现货市场在价格发现功能中作用相对更大（严敏等，2009；方匡南和蔡振忠，2012）。除了股指期货推出初期股指期货市场还不完善的原因外，市场环境以及制度同样也会对股指期货的价格发现能力产生影响（陶利斌等，2014），具体包括以下几个因素。

基于两方面的原因，现货市场波动加剧不利于期货市场的价格发现功能。第一，市场波动加剧意味着市场的不确定性增加，为避免风险，知情交易者会从“高杠杆、高风险”的期货市场转移至风险更低的现货市场，降低期货市场的价格发现能力（Chakravarty 等，2004）。第二，市场的剧烈波动可能会吸引短期投机者迅速进场，增加市场的噪声交易占比，削弱期货市场的价格发现能力（陶利斌等，2014）。

市场情绪同样也会对期货市场的价格发现功能造成负面影响。Lin 等（2018）指出，投资者情绪高涨的时期，会吸引噪声交易者进入市场，增加市场的噪声风险并降低市场的效率，导致市场波动率和买卖价差增加，进而提高市场套利的风险以及交易成本，降低知情者参与期货市场的意愿，进而削弱期货市场的价格发现能力。市场情绪对股指期货的价格发现功能的负面影响在我国期货市场也得到了检验（陶利斌等，2014；朱莉等，2021）。并且，熊熊等（2020）指出，股指期货限仓之后套利成本进一步提高，导致投资者情绪的负面影响进一步加剧。

另外，在期货交易成本方面，与国外大部分研究认为股指期货交易成本降低有助于提升股指期货的价格发现能力（Fleming 等，1996；Frino 和 West，2003）不一样。在我国期货市场，陶利斌等（2014）和许克维等（2021）均发现交易成本的提高有助于增强股指期货的价格发现能力。其中，陶利斌等（2014）认为，降低股指期货的交易成本之后会导致更多投机者进场，从而削弱了期货市场的价格发现功能。许克维等（2021）则是以股市大波动期间采取的最严股指期货限仓政策作为研究对象发现，虽然股指期货限仓政策在短期内由于交易成本增加，导致无套利区间增大，降低了股指期货的价格发现能力，但随着投资者逐步适应，此负面效应逐步减弱，取而代之的是在高交易成本的环境下，期货市场活跃度和市场波动性对股指期货定价效率产生了正面效应，导致股指期货限仓政策在长期的视角提高了股指期货的价格发现能力。

（二）市场稳定与波动率“溢出效应”

关于股指期货与市场波动率之间的关系，学术研究以及政策制定过程中主要关心两个话题，分别是股指期货的推出是否能够发挥“稳定器”的作用，以及股指期货与股指现货之间的风险溢出效应。

关于股指期货的推出是否能够发挥“稳定器”的作用，目前学术界的观点仍然存在争论。其中，支持者的理由主要有以下几点：（1）股指期货是重要的做空机制，增加了市场吸收负面信息的渠道，有助于改变单边市场下的过度交易，熨平市场价格，抑制市场波动。（2）股指期货可以通过发挥其价格发现功能，促进信息传导，增强市场的有效性，进而起到稳定市场的作用。（3）部分投资者会将股指期货作为现货市场的先行指标，使股指期货可以起到稳定预期的作用，同样有利于稳定现货市场的价格波动。例如，在中国市场上，郦金梁等（2012）、曹栋和张佳（2017）以及 Chen 等（2013）均发现，沪深 300 股指期货的上市显著降低了股票指数以及指数成分股的波动率。

反对者则认为，股指期货市场因为其“高杠杆、低成本”的特征会吸引部分不知情的交易者，增加市场噪声。除此之外，股指期货还会被投机者过度使用，损害市场的稳定性。例如，利用股指期货进行恶意做空就被广泛认为是造成 2015 年股市大波动的罪魁祸首。在理论与实证研究中，涂志勇和郭明（2008）基于多市场决策模型，发现“羊群效应”的大小会影响股指期货的引入对现货市场波动率的短期效应。基于我国市场的检验，杨阳和万迪昉（2010）发现，在股指期货上市初期，结构不完善、投机较多的股指期货市场使股票市场波动显著增大，但此后随着机构投资者套期保值账户的获批，股指期货“稳定器”的作用开始逐渐显现。

进一步将市场的波动分成连续部分和跳跃部分来看，乔高秀等（2014）发现股指期货的上市有助于稳定现货市场，但是这一稳定效果主要集中在股票指数波动的连续部分。在跳跃部分，陈海强和张传海（2015）将跳跃分解为大跳与小跳，发现股指期货交易存在平抑大跳幅度和增加小跳强度的“双刃剑”效果。

股指期货的风险溢出效应具体指股指期货市场的波动传导至股指现货市场，引起股指现货市场的波动。由于现货期货平价定理的存在，两个市场的价格存在较为严格的价格均衡关系，导致其中一个市场的价格变化总会引起另一个市场的价格变化；或则同时变化，而波动的本质即是价格的变化，因而股指在期货和现货间的价格传导也会引起波动的溢出效应。在实证研究中，期货市场与现货市场之间的波动溢出效应也被广泛验证（刘庆富和华仁海，2011；左浩苗等，2012；周爱民和韩菲，2017）。

在上述统一的结论下，关于波动率溢出效应的研究主要集中于哪个方向的溢出效应更强。根据不同阶段现货和期货价格发现功能强弱的不同，波动溢出的强弱存在差异。例如，刘庆富和华仁海（2011）基于早期的数据，发现现货市场向期货市场的波动溢出强于反方向。随着期货市场制度的逐步完善，期货市场的价格发现能力逐步增强，周爱民和韩菲（2017）则发现了正好相反的结论，即沪深300股指期货对沪深300指数的溢出明显强于反方向的溢出。除此之外，曹海军和朱永行（2012）还发现资本净流入的不同阶段，波动溢出方向与强弱也会存在差异。具体而言，在资本外逃的时候，股指现货的波动溢出效应最高；资本净流入递减的时候，波动溢出效应有所降低，表现出一定的独立性；资本净流入递增的时候，两市之间的风险联动加强，且现货市场对两市的冲击最大。

第四节　我国期权市场的发展

根据交易场所划分，我国的股票期权市场分为场内期权和场外期权。其中，场外期权的发展稍早一些，2013年3月15日，中国证券业协会发布《证券公司金融衍生品柜台交易业务规范》，允许符合资质的相关公司开展场外期权业务。2014年5月9日，国务院发布了《关于进一步促进资本市场健康发展的若干意见》（也称2014版“国九条”），提出要“逐步丰富股指期货、股指期权和股票期权品种”。为贯彻落实2014版“国九条”的指导意见，2014年9月16日，证监会印发了《关于进一步推进期货经营机构创新发展的意见》。

在相关政策的支持下，以及证券公司及其子公司的助推下，场外期权的规模快速扩大。Wind数据显示，按照场外期权的名义本金计算，场外期权的规模已由2014年底的619.27亿元增长至2021年底的9906.50亿元。除期权外，场外衍生品还包括收益互换，如果将收益互换的规模考虑进来，此规模则由2014年底的2983.48亿元增加至2021年底的20167.17亿元。

在场内期权发展之前，场内曾出现过与期权十分相似的一种产品——权证。我国权证的发展主要包括市场初期的认股权证和配股权证以及股权分置改革时期的股改权证。在权证发展的第一阶段，由于权证发行量小、制度不健全等原因，导致权证成为投机者炒作的对象。于是，1996年6月底，证监会第一次终止了权证交易。2005年，为配合股权分置改革的顺利推进，部分公司采用了权证的对价方式，使权证再次进入市场，但是，在卖空机制缺乏以及稀缺性等因素的共同作用下，使权证再次成为炒作对象，并且2006年的牛市以及2007年“5·30印花税事件”又进一步刺激了权证的炒作。随着股权分置改革的顺利完成，权证也在2011年8月11日随着最后一只权证——长虹CWB1——迎来最后一个交易日，权证也正式退出了A股的历史舞台。

随着2014版“国九条”的发布，场内期权市场的建设也被提上了日程。2015 年 1 月 9 日，中国证监会正式发布了《股票期权交易试点管理办法》，为开展场内期权业务提供了法律基础。2015 年 2 月 9 日，我国资本市场第一只股权类期权——上证 50 ETF 期权——在上海证券交易所正式上市。2019 年 12 月 23 日，以沪深 300 指数相关产品作为标的的期权产品在上交所、深交所以及中金所上市。其中，上交所和深交所的沪深 300 期权对应的标的为沪深 300 ETF，而中金所的沪深 300 股指期权对应的合约标的物为沪深 300 指数。

尽管场内期权市场逐步规范化，试点范围逐步扩大，但是，由于场外期权更加灵活，能够针对投资者的差异化需求进行个性化设计。因此，在目前我国期权市场上，场外期权的规模相对更大。图 6－4 给出了自上证 50 ETF 期权上市以来我国场内期权与场外期权的名义本金规模变化。可以看出，与其他国家和地区的资本市场一样，场外期权一直以来均占据期权市场的主导地位。

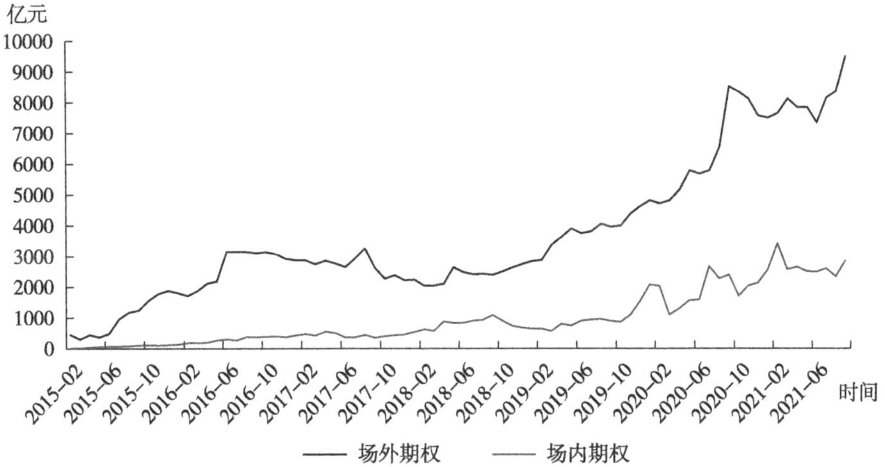

图 6－4　场外期权与场内期权的规模变化

另外，从图 6－4 还可以看出，无论是场内期权还是场外期权，规模都在快速增长，期权市场的快速发展对于资本市场的健康发展具有重要意义。首先，从投资者的角度来看，期权的推出丰富了投资者进行风险管理的工具，尤其是可以进行个性化设计的场外期权。其次，从市场的角度来看，期权市场有助于提升标的的交易量和流动性（史庆盛和樊瑞铎，2016）。并且，从长期角度来看，由于套保资金的介入，期权还能起到价格发现以及稳定市场的作用。最后，从产品创新的角度来看，基于期权可以设计出各式各样的结构化产品，满足不同的投资者群体，有助于改善我国投资理财产品单一化、同质化的局面。

但是，期权产品也蕴含了一定的风险。首先，期权具有高杠杆的特征，这种高杠杆的特征容易吸引投机者的投机行为，扰乱市场秩序；同时，高杠杆的特征会使标的市场的波动在期权市场上产生放大效应，使投资者的资产大幅波动。其次，在规模更大的场外期权市场还存在发展不规范等问题。例如，薛智胜（2019）指出，期货公司和证券公司会通过子公司与一些私募基金公司合作，通过发行场外期权产品变相为投资者配资，提高了市场的杠杆水平。除此之外，有些证券公司为了节省费用，不在期货市场进行风险对冲，留下了较大的风险敞口，同样也隐含了较大的市场风险。

第五节　2015 年股市大波动与股指期货限仓政策的影响研究

一、2015 年股市大波动

2015 年发生了一次影响较大的股市波动，也引起了很多人关于融资融券制度以及股指期货制度的思考。因此，在本节我们将对本次事件进行简要介绍。从时间轴来看，上证指数自 2014 年 7 月 22 日开启了一波六连涨，股市情绪开始逐步高涨。2014 年 11 月底，符合市场的央行预期降息正式落地，将金融机构的人民币贷款和存款基准利率分别下调了 0. 4 个和 0. 25 个百分点，市场情绪被推到一个新的高度，上证指数由 2014 年 11 月 20 日的 2452. 66 点快速上涨至 2014 年 12 月 8 日的 3020. 26 点。此后，央行又于 2015 年 2 月 9 日和 2015 年 4 月 19 日两次降低法定存款准备金率，再次激发了市场的热情，上证指数进一步由 2015 年 2 月 9 日的 3095. 12 点一路上涨至 2015 年 4 月 27 日的 4527. 40 点。之后，股市又经历了一轮波动，上证指数最终于 2015 年 6 月 12 日触及 5178. 19 的高点。

在达到本轮的高点之后，监管层开始对市场中的过度投机以及违规配资行为进行打击。在 2015 年 6 月 13 的周六，证监会发微博“禁止证券公司为场外配资活动提供便利”，到 2015 年 6 月 15 日周一，股市大幅下行，负面情绪快速蔓延，在不到 1 个月的时间内，上证指数迅速从 5178. 19 的高点跌至 2015 年 7 月 8 日的 3507. 19 点。为稳定股票市场，2015 年 7 月初，监管层采取一系列救市措施，其中包括：7 月 4 日，国务院会议决定暂停 IPO；7 月 6

日，证金公司联合21家券商，出资1280亿元投资蓝筹ETF；7月8日，证金公司又向21家券商提供了2600亿元信用额度，用于增持股票，同时向5家基金公司申购2000亿元主动型基金；7月9日，公安部进驻证监会严查恶意做空行为。除此之外，救市措施还包括鼓励大股东增持行为等。[①]

在救市措施的支持下，股市一度企稳，但到2015年8月18日，关于"国家队"退出救市的担心，引起了市场的恐慌，股市再次大幅下跌，上证指数也于2015年8月26日触及2850.71的低点。为进一步稳定市场，监管层除了表示不会卖出手中的股票外，还采取了另外两项争议极大的措施，分别是2015年8月28日，中金所为打击异常交易，宣布将于2015年9月7日采取最为严厉的股指期货限仓政策；另一个则是2015年9月7日，上交所、深交所以及中金所关于熔断机制的征求意见通知，关于熔断机制我们将在价格稳定机制一章进行讨论。

为了更加清晰地了解股市大波动的原因，我们首先分析一下这一轮牛市发生的原因。关于牛市的原因，主要的观点有两个，分别是"改革牛"与"杠杆牛"。在"改革牛"的支持者中，任泽平在2014年9月2日发表了《论对熊市的最后一战》，指出过高的无风险利率是导致2014年以前长期熊市的重要原因，并认为2014年和2015年将是我国的改革元年。随着改革的提速，无风险利率将得到有效降低，进而开启一轮波澜壮阔的大牛市。也正如任泽平的判断，在2014年底以及2015年初，央行相继降息降准，推动了股市的繁荣发展。

关于"杠杆牛"，从这一轮牛市的起点来看，首先，这一轮牛市的起点是2014年7月18日开始的六连涨，而就是在这个周末，沪深交易所向券商下发了修订融资融券实施细则的征求意见稿，其中包括"允许融资融券合约展期""放宽信用账户的功能限制"等便利融资融券的内容，综合我国融资融券发展中呈现的"强杠杆、弱风险对冲"特征，此便利内容将有助于提高市场的杠杆水平。其次，再从这一轮牛市的终点来看，这一轮牛市结束于2015年6月12日，市场由牛市转为熊市的重要原因即在于2015年6月13日（周六）证监会将严厉打击场外配资的非法行为。最后，从市场的杠杆水平来看，图6－5给出了2013年1月至2016年12月上证指数价格与融资规模的变化趋势。可以看出，股市价格的变化基本上与融资规模的变化形成了同频共振，同样也成为"杠杆牛"的重要论点，除了场内的融资外，场外配资同样是推动市

① 孙国茂. 中国证券市场宏观审慎监管研究［M］. 北京：中国金融出版社，2020.

场杠杆率攀升的重要推手，根据海通证券的研究报告，高峰时期市场的杠杆资金规模约4万亿元以上，该规模约占当时流通A股市值的8%，除了2.27万亿元的场内融资规模外，还包括1.8万亿元左右的民间借贷、“伞”形信托、P2P以及银行配资的结构化产品等场外配资规模。

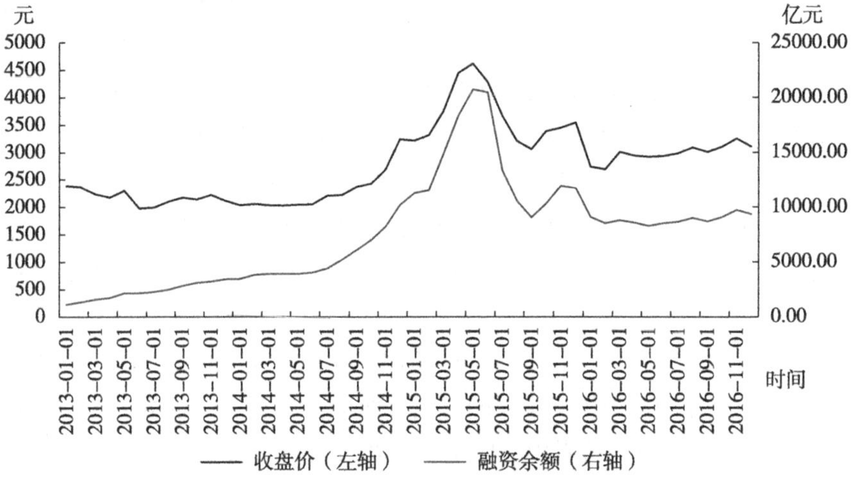

图6-5　上证指数价格变化与融资规模变化

股市的过快发展导致经济基本面无法支撑过高的市场估值，在此情形下，市场的崩塌只是时间问题。并且，回归到当时最主要的两个论点——“改革牛”和“杠杆牛”，这两者又一定程度上成为引发或者导致市场崩塌的主要原因。首先，以“改革牛”为例，在股市繁荣发展的时期，政府多次强调“慢牛”的概念，在政策市特征明显的A股市场，“慢牛”概念的提出使市场形成了一个股市上涨的预期，在此预期的推动下，股市快速上涨，使风险积聚。其次，从“杠杆牛”的角度来看，脱离基本面的杠杆水平变化则是加速了风险的集聚与爆发，在上涨期间，杠杆水平的提高只会使风险积聚，在下跌期间，降杠杆过程又会导致资金撤逃，加大市场下跌的幅度与速度。

二、股指期货限仓及其影响

2015年股市大波动是我国资本市场在2008年国际金融危机之后遭遇的一次较为严重的股票市场动荡，为稳定股票市场的大幅波动，监管层采取了一系列救市措施，其中包括中金所2015年9月2日宣布的股指期货限仓政策，这项最严格的股指期货限仓政策主要内容有以下四点：(1) 调整股指期货日内开仓限制标准，沪深300、上证50、中证500股指期货客户在单个产品、单日开仓交易量超过10手的构成“日内开仓交易量较大”的异常交易行为；（2）提高股指期货合约持仓交易保证金标准，非套期保值持仓交易保证金标准由30%提高至40%，套期保值的持仓交易保证金由10%提高至20%；（3）大幅提高估值期货平仓手续费标准，由平仓金额的0.15‰提高至平仓金额的2.3‰；（4）加强股指期货市场长期未交易账户管理。

股指期货限仓政策的实施也确实对市场产生了巨大的影响，最直观的影响即期货交易量的大幅萎缩，根据Wind数据计算，期货的交易量由股指期货限仓前一交易日（2015年9月2日）的8787.92亿元降至股指期货限仓实施首日（2015年9月7日）的690.01亿元。交易量的大幅萎缩也极大地限制了股指期货发挥其功能。

首先，从套期保值功能来说，一方面，期货交易成本的提高会直接增加投资者利用股指期货进行套期保值的成本；另一方面，股指期货限仓政策极大地限制了套利者的行为，扩大了无套利区间，使套利者面临更大的基差风险。参考杨光艺（2018）的计算，投资者利用近月股指期货合约进行套期保值的成本由股指期货限仓政策前的0.223增长至0.993，利用远月合约进行套期保值的成本更是由0.256增长至2.177。

其次，从价格发现的功能来说，股指期货限仓政策导致期货市场活跃度快速下降，降低了期货市场的信息份额，同时高涨的期货交易成本也将信息投资者拒之门外，削弱了股指期货的价格发现功能（Wu和Zhu，2018）。另外，严格的股指期货限仓政策约束了套利者的行为，弱化了流动性与基差之间的关系（Han和Pan，2016），使现货市场和期货市场存在较大的价格偏差。但是，许荣和刘成立（2019）指出，股指期货限仓政策对股指期货的日内投机和套利交易产生了抑制作用，进而增强了股指期货在价格上涨时对现货市场的引导作用，一定程度上改变了股指期货“助跌强于助涨”的非对称效应，为股市大波动期间采取股指期货限仓政策提供了一定的实证支撑。除此之外，Lin和Wang（2018）也认为，在市场不好的情形下，采取限制措施有助于约束市场操纵者的行为，从而提高市场有效性。但是，这种有效性的提高会随着市场恢复正常逐渐消失，甚至转为负面效应。

最后，从稳定市场的角度来看，股指期货限仓政策退出的主要目的在于要稳定市场。从股市大波动前的市场来看，2015年9月2日当日成交量超过了100万份合约，而持仓量仅11.5万份合约，表明期货市场中投机交易的比例远大于套期保值的比例，在负面情绪蔓延的市场上，期货市场的过度投机首先导致了期货市场的波动，形成了较大的现货期货基差。例如，2015 年 9 月 2 日的沪深 300 指数收盘价为 3365.83，而沪深 300 期货主力合约的收盘价仅为 2965.8，期现基差高达 400.03，现货市场在套利者以及期货形成的负面预期的共同作用下加速下滑。而股指期货限仓政策的实施能够对市场的投机交易形成有效的抑制作用，起到平稳市场的作用（黄瑜琴等，2018）。

但同样值得反思的是，与股指期货限仓完全不一样的是，股指期货本身也可以成为救市的重要工具，并且相比资金进入股票市场进行救市，利用股指期货进行救市还有两个优点。第一，股指期货救市具有公平性，而股票救市除了蓝筹股外，也包括一些主动型基金，这些基金的选股偏好可能导致对市场上一部分股票的不公。第二，相比股票救市，股指期货救市具有杠杆性，同样的资金可以起到高达数倍资金的效果。

虽然股指期货限仓政策在一定程度上起到了稳定市场的作用，但是其同样也导致股指期货不能充分发挥其市场功能。随着市场逐步恢复稳定，期货交易的常态化成为市场的一致预期。为进一步满足投资者风险管理的需求，引导更多中长期投资者进入资本市场，中金所截至目前一共对股指期货限仓政策进行了四次松绑，表 6-3 给出了历次松绑的基本情况。可以看到，经历四次松绑之后，关于股指期货的交易限制已基本上恢复到股指期货限仓之前的水平，虽然期货的交易量与限仓前的水平仍存在较大差距[①]，但是持仓量水平已经远超股指期货限仓前的水平，根据 Wind 数据，2015 年 9 月 2 日的持仓量为 115272 个合约，到 2021 年 10 月底，市场合计持仓量已达 551479 个合约。持仓量增加而交易量减少的现象意味着股指期货更有可能被套期保值者所持有，而不是被投机者所炒作。

表 6-3　　四次松绑股指期货限仓的基本情况

时间	期货品种	保证金		日内过度开仓限制（手）	平仓手续费（‰）
		非套期保值（%）	套期保值（%）		
2017-02-17	沪深 300	20		20	0.92
	上证 50				
	中证 500	30	20		

① 2021 年 10 月 29 日的股指期货成交量为 2823.86 亿元。

续表

时间	期货品种	保证金		日内过度开仓限制（手）	平仓手续费（‰）
		非套期保值（%）	套期保值（%）		
2017 - 09 - 18	沪深300	15		20	0.69
	上证50				
	中证500	30	20		
2018 - 12 - 03	沪深300	10		50	0.46
	上证50				
	中证500	15			
2019 - 04 - 22	沪深300	10		500	0.345
	上证50				
	中证500	12			

我们认为，这一变化的发展主要与以下几方面的因素有关。首先，经过2015年股市大波动的洗礼，我国的期货市场更加规范，一方面抑制了投机者的炒作，另一方面吸引了更多中长期的投资者参与。其次，随着注册制改革、资本市场开放以及多层次资本市场建设等一系列的制度建设，金融市场越发健康，投资者开始更加注重资本市场的长期收益，尤其是养老金以及境外成熟的机构投资者。最后，投资者的成熟化以及投资者结构的优化，使市场更加理性，投资者对于市场风险有了更加深刻的认识，投资习惯也由投机炒作逐渐向规避风险转变。

参考文献

［1］巴曙松，朱虹．融资融券、投资者情绪与市场波动［J］．国际金融研究，2016（8）：82 - 96.

［2］包晓钟．投资者情绪影响玉米期货价格发现功能的实证研究［J］．价格理论与实践，2020（4）：104 - 107.

［3］部慧，姚磊，李映森．沪深300 ETF上市对股指期货价格发现功能动态变化的影响：考虑交易机制变化［J］．计量经济学报，2021，1（3）：655 - 669.

［4］曹栋，张佳．基于GARCH - M模型的股指期货对股市波动影响的研

究［J］. 中国管理科学，2017，25（1）：27－34.

［5］曹海军，朱永行. 中国股指期货与股票现货市场的风险溢出和联动效应：资本流动三阶段背景的研究［J］. 南开经济研究，2012（2）：67－84.

［6］陈海强，范云菲. 融资融券交易制度对中国股市波动率的影响——基于面板数据政策评估方法的分析［J］. 金融研究，2015（6）：159－172.

［7］陈海强，张传海. 股指期货交易会降低股市跳跃风险吗？［J］. 经济研究，2015，50（1）：153－167.

［8］陈晖丽，刘峰. 融资融券的治理效应研究——基于公司盈余管理的视角［J］. 会计研究，2014（9）：45－52＋96.

［9］陈淼鑫，郑振龙. 推出卖空机制对证券市场波动率的影响［J］. 证券市场导报，2008（2）：5.

［10］陈怡欣，张俊瑞，汪方军. 卖空机制对上市公司创新的影响研究——基于我国融资融券制度的自然实验［J］. 南开管理评论，2018，21（2）：62－74.

［11］陈莹，武志伟，王杨. 沪深300指数衍生证券的多市场交易与价格发现［J］. 管理科学学报，2014，17（12）：75－84.

［12］方匡南，蔡振忠. 我国股指期货价格发现功能研究［J］. 统计研究，2012，29（5）：73－78.

［13］郝项超，梁琪，李政. 融资融券与企业创新：基于数量与质量视角的分析［J］. 经济研究，2018，53（6）：127－141.

［14］何诚颖，张龙斌，陈薇. 基于高频数据的沪深300指数期货价格发现能力研究［J］. 数量经济技术经济研究，2011，28（5）：139－151.

［15］华仁海，刘庆富. 股指期货与股指现货市场间的价格发现能力探究［J］. 数量经济技术经济研究，2010，27（10）：90－100.

［16］黄俊威，龚光明. 融资融券制度与公司资本结构动态调整——基于“准自然实验”的经验证据［J］. 管理世界，2019，35（10）：64－81.

［17］黄洋，李宏泰，罗乐，等. 融资融券交易与市场价格发现——基于盈余公告漂移的实证分析［J］. 上海金融，2013（2）：75－81＋118.

［18］黄瑜琴，王朝阳，崔相勋. 管控股指期货的救市政策有效吗？——基于现货市场波动率的视角［J］. 国际金融研究，2018（9）：87－96.

［19］靳庆鲁，侯青川，李刚，等. 放松卖空管制、公司投资决策与期权价值［J］. 经济研究，2015，50（10）：76－88.

[20] 李春涛，刘贝贝，周鹏．卖空与信息披露：融券准自然实验的证据［J］．金融研究，2017（9）：130－145.

[21] 李丹，袁淳，廖冠民．卖空机制与分析师乐观性偏差——基于双重差分模型的检验［J］．会计研究，2016（9）：25－31.

[22] 李锋森．我国融资融券助涨助跌了吗？——基于波动非对称性视角［J］．金融研究，2017（2）：147－162.

[23] 李科，徐龙炳，朱伟骅．卖空限制与股票错误定价——融资融券制度的证据［J］．经济研究，2014，49（10）：165－178.

[24] 李政，卜林，郝毅．我国股指期货价格发现功能的再探讨——来自三个上市品种的经验证据［J］．财贸经济，2016（7）：79－93.

[25] 李志生，陈晨，林秉旋．卖空机制提高了中国股票市场的定价效率吗？——基于自然实验的证据［J］．经济研究，2015，50（4）：165－177.

[26] 李志生，杜爽，林秉旋．卖空交易与股票价格稳定性——来自中国融资融券市场的自然实验［J］．金融研究，2015（6）：173－188.

[27] 李志生，李好，马伟力，等．融资融券交易的信息治理效应［J］．经济研究，2017，52（11）：150－164.

[28] 郦金梁，雷曜，李树憬．市场深度、流动性和波动率——沪深300股票指数期货启动对现货市场的影响［J］．金融研究，2012（6）：124－138.

[29] 廖士光．融资融券交易价格发现功能研究——基于标的证券确定与调整的视角［J］．上海立信会计学院学报，2011，25（1）：67－76.

[30] 廖士光，杨朝军．卖空交易机制、波动性和流动性——一个基于香港股市的经验研究［J］．管理世界，2005（12）：6－13＋171.

[31] 廖士光，杨朝军．卖空交易机制对股价的影响——来自台湾股市的经验证据［J］．金融研究，2005（10）：131－140.

[32] 廖士光，张宗新．新兴市场引入卖空机制对股市的冲击效应——来自香港证券市场的经验证据［J］．财经研究，2005（10）：42－52.

[33] 刘庆富，华仁海．中国股指期货与股票现货市场之间的风险传递效应研究［J］．统计研究，2011，28（11）：84－90.

[34] 刘艳霞，祁怀锦．管理者自信会影响投资效率吗——兼论融资融券制度的公司外部治理效应［J］．会计研究，2019（4）：43－49.

[35] 倪骁然，朱玉杰．卖空压力影响企业的风险行为吗？——来自A股市场的经验证据［J］．经济学（季刊），2017，16（3）：1173－1198.

[36] 乔高秀，刘强，张茂军．沪深300股指期货上市对现货市场连续波动和跳跃波动的影响 [J]．中国管理科学，2014，22 (10)：9 -18.

[37] 权小锋，尹洪英．中国式卖空机制与公司创新——基于融资融券分步扩容的自然实验 [J]．管理世界，2017 (1)：128 -144 +187 -188.

[38] 唐松，吴秋君，温德尔，等．卖空机制、股价信息含量与暴跌风险——基于融资融券交易的经验证据 [J]．财经研究，2016，42 (8)：74 -84.

[39] 陶利斌，潘婉彬，黄筠哲．沪深300股指期货价格发现能力的变化及其决定因素 [J]．金融研究，2014 (4)：128 -142.

[40] 史庆盛，樊瑞铎．股票期权推出的影响分析 [J]．证券市场导报，2016 (6)：62 -70.

[41] 涂志勇，郭明．股指期货推出对现货市场价格影响的理论分析 [J]．金融研究，2008 (10)：104 -116.

[42] 王朝阳，王振霞．涨跌停、融资融券与股价波动率——基于AH股的比较研究 [J]．经济研究，2017，52 (4)：151 -165.

[43] 肖浩，孔爱国．融资融券对股价特质性波动的影响机理研究：基于双重差分模型的检验 [J]．管理世界，2014 (8)：30 -43 +187 -188.

[44] 熊熊，许克维，沈德华．投资者情绪与期货市场功能——基于沪深300股指期货的研究 [J]．系统工程理论与实践，2020，40 (9)：2252 -2268.

[45] 许红伟，陈欣．我国推出融资融券交易促进了标的股票的定价效率吗？——基于双重差分模型的实证研究 [J]．管理世界，2012 (5)：52 -61.

[46] 许克维，熊熊，沈德华．交易成本对股指期货价格发现能力的影响——来自股灾时期的证据 [J]．计量经济学报，2021，1 (3)：637 -654.

[47] 许荣，刘成立．限制交易政策如何影响期现关系？——对股指期货价格发现功能的实证检验 [J]．金融研究，2019 (2)：154 -168.

[48] 薛智胜．我国场外期权市场发展及其监管制度的完善 [J]．金融发展研究，2019 (5)：58 -62.

[49] 严敏，巴曙松，吴博．我国股指期货市场的价格发现与波动溢出效应 [J]．系统工程，2009，27 (10)：32 -38.

[50] 杨德勇，吴琼．融资融券对上海证券市场影响的实证分析——基于流动性和波动性的视角 [J]．中央财经大学学报，2011 (5)：28 -34.

[51] 杨光艺．股指期货限仓对衍生品市场价格偏差的影响及原因 [J].

证券市场导报，2018（9）：31－37＋45.

［52］杨阳，万迪昉．股指期货真的能稳定市场吗？［J］．金融研究，2010（12）：146－158.

［53］张俊瑞，白雪莲，孟祥展．启动融资融券助长内幕交易行为了吗？——来自我国上市公司的经验证据［J］．金融研究，2016（6）：176－192.

［54］张璇，周鹏，李春涛．卖空与盈余质量——来自财务重述的证据［J］．金融研究，2016（8）：175－190.

［55］周爱民，韩菲．股指期货与现货市场的风险溢出研究［J］．财贸经济，2017，38（8）：52－65.

［56］朱莉，刘向丽，杨晓光．投资者情绪影响股指期现货市场的价格动态关系吗？［J］．中国管理科学，2021：1－13.

［57］褚剑，方军雄．中国式融资融券制度安排与股价崩盘风险的恶化［J］．经济研究，2016，51（5）：143－158.

［58］褚剑，秦璇，方军雄．中国式融资融券制度安排与分析师盈利预测乐观偏差［J］．管理世界，2019，35（1）：151－166＋228.

［59］左浩苗，刘振涛，曾海为．基于高频数据的股指期货与现货市场波动溢出和信息传导研究［J］．金融研究，2012（4）：140－154.

［60］孙国茂．中国证券市场宏观审慎监管研究［M］．北京：中国金融出版社，2020.

［61］Aitken M J, Frino A, McCorry M S, et al. Short Sales Are Almost Instantaneously Bad News: Evidence from the Australian Stock Exchange［J］. The Journal of Finance, 1998, 53（6）: 2205－2223.

［62］Allen F, Gale D. Arbitrage, Short Sales, and Financial Innovation［J］. Econometrica, 1991, 59（4）: 1041－1068.

［63］Anufriev M, Tuinstra J. The Impact of Short－selling Constraints on Financial Market Stability in a Heterogeneous Agents Model［J］. Journal of Economic Dynamics and Control, 2013, 37（8）: 1523－1543.

［64］Bai Y, Chang E C, Wang J. Asset Prices and Short－sale Constraints［J］. 2007.

［65］Beber A, Pagano M. Short－selling Bans around the World: Evidence from the 2007－2009 Crisis［J］. The Journal of Finance, 2013, 68（1）: 343－381.

［66］Bertrand M, Mullainathan S. Enjoying the Quiet Life? Corporate Governance and Managerial Preferences [J]. Journal of Political Economy, 2003, 111 (5): 1043 - 1075.

[67] Brunnermeier M K, Pedersen L H. Predatory Trading [J]. The Journal of Finance, 2005, 60 (4): 1825 - 1863.

[68] Bris A, Goetzmann W N, Zhu N. Efficiency and the Bear: Short Sales and Markets around the World [J]. The Journal of Finance, 2007, 62 (3): 1029 - 1079.

[69] Chakravarty S, Gulen H, Mayhew S. Informed Trading in Stock and Option Markets [J]. The Journal of Finance, 2004, 59 (3): 1235 - 1257.

[70] Chen H, Han Q, Li Y, et al. Does Index Futures Trading Reduce Volatility in the Chinese Stock Market? A Panel Data Evaluation Approach [J]. Journal of Futures Markets, 2013, 33 (12): 1167 - 1190.

[71] Chen J, Hong H, Stein J C. Breadth of Ownership and Stock Returns [J]. Journal of financial Economics, 2002, 66 (2 - 3): 171 - 205.

[72] Chordia T, Roll R, Subrahmanyam A. Liquidity and Market Efficiency [J]. Journal of Financial Economics, 2008, 87 (2): 249 - 268.

[73] Chowdhry B, Nanda V. Leverage and Market Stability: The Role of Margin Rules and Price Limits [J]. The Journal of Business, 1998, 71 (2): 179 - 210.

[74] De Angelis D, Grullon G, Michenaud S. The Effects of Short - selling Threats on Incentive Contracts: Evidence from an Experiment [J]. The Review of Financial Studies, 2017, 30 (5): 1627 - 1659.

[75] Diamond D W , Verrecchia R E . Constraints on Short - selling and Asset Price Adjustment to Private Information [J]. Journal of Financial Economics, 1987, 18 (2): 277 - 311.

[76] Diether K B, Lee K H, Werner I M. Short - sale Strategies and Return Predictability [J]. The Review of Financial Studies, 2009, 22 (2): 575 - 607.

[77] Fleming J, Ostdiek B, Whaley R E. Trading Costs and the Relative Rates of Price Discovery in Stock, Futures, and Option Markets [J]. The Journal of Futures Markets (1986 - 1998), 1996, 16 (4): 353.

[78] Frino A, West A. The Impact of Transaction Costs on Price Discovery: Evidence from Cross - listed Stock Index Futures Contracts [J]. Pacific - Basin Finance Journal, 2003, 11 (2): 139 - 151.

[79] Han J, Pan Z. On the Relation between Liquidity and the Futures - cash Basis: Evidence from a Natural Experiment [J]. Journal of Financial Markets, 2016, 36: 115 - 131.

[80] Hong H, Stein J C. Differences of Opinion, Short - sales Constraints, and Market Crashes [J]. The Review of Financial Studies, 2003, 16 (2): 487 - 525.

[81] Karpoff J M, Lou X. Short Sellers and Financial Misconduct [J]. The Journal of Finance, 2010, 65 (5): 1879 - 1913.

[82] Kim, W. H. Short - sales Restrictions and Volatility The Case of the Stock Exchange of Singapore [J]. Pacific - Basin Finance Journal, 1996, 4 (4): 377 - 391.

[83] Lin C B, Chou R K, Wang G H K. Investor Sentiment and Price Discovery: Evidence from the Pricing Dynamics between the Futures and Spot Markets [J]. Journal of Banking & Finance, 2018 (90): 17 - 31.

[84] Lin H, Wang Y. Are Tightened Trading Rules Always Bad? Evidence from the Chinese Index Futures Market [J]. Quantitative Finance, 2018, 18 (9): 1453 - 1470.

[85] Massa M, Zhang B, Zhang H. The Invisible Hand of Short Selling: Does Short Selling Discipline Earnings Management? [J]. The Review of Financial Studies, 2015, 28 (6): 1701 - 1736.

[86] Miller E M. Risk, Uncertainty, and Divergence of Opinion [J]. The Journal of Finance, 1977, 32 (4): 1151 - 1168.

[87] Morris S, Shin H S. Unique Equilibrium in a Model of Self - fulfilling Currency Attacks [J]. American Economic Review, 1998: 587 - 597.

[88] Shleifer A, Vishny R W. The Limits of Arbitrage [J]. The Journal of Finance, 1997, 52 (1): 35 - 55.

[89] Wu M, Zhu Z. The Impact of Restrictive Measures on the Price Discovery Function of Stock Index Futures¨ C Evidence from CSI 500 Stock Index Futures [J]. International Journal of Financial Research, 2018, 9 (4): 117 - 125.

第七章　T+1交易制度

天下只有两种人，譬如一串葡萄到手，一种人挑最好的先吃，另一种人把最好的留到最后吃。照例第一种人应该乐观，因为他每吃一颗都是吃剩葡萄里面最好的；第二种人应该悲观，因为他每吃一颗都是吃剩葡萄里面最坏的。不过事实正好其反，缘故是第二种人还有希望，第一种人只有回忆。

——钱钟书《围城》

第一节　T+1交易制度

一、T+1交易制度的概念及在我国的发展

T+1交易制度是我国股票市场的基础交易制度，指当天购买的股票，要到下一个交易日才能卖出；其中，T指交易登记日，T+1指登记日的次日。与T+1交易制度相对应的还有T+0以及T+2等交易制度；其中，T+0又被称为回转交易制度，指当天购买的股票，在当天就可以卖出的交易制度。

另外，与交易制度相近的一个概念是结算制度，指从买卖成交到资金股份具体成交需要的时间。例如，我国实行的是T+1结算制度，今日购买或卖出的股份，在第二个交易日才会完成正式交割。在其他市场中，中国香港实行的是T+2结算制度，美国市场实行的是T+3结算制度；但是，这两个市场的交易制度均为T+0，意味着成交之后，投资者可以在还未交割结算的情况下卖出股票。

T+1交易制度在我国的发展大致可分为以下三个阶段：第一阶段为探索阶段。在交易所成立初期，由于股票无纸化的进程还未结束，上交所首先实行了T+4的交易制度。之后，随着股票无纸化工作的基本完成，为更加高效

的股票交割提供了基础，上海交易所在1991年10月开始采取T+1的交易制度。1991年电子交易系统故障升级系统，在新系统下股票交易可以实现T+0；于是，在1992年5月21日，上交所正式实行T+0交易制度，并取消了涨跌幅限制。1993年11月22日，深交所也开始实行T+0交易，沪深两地市场均进入T+0交易时代。

第二阶段为T+0全面禁止阶段。由于市场初期各项监管措施不完备，股票标的较少，同时取消涨跌幅和实行T+0交易制度，引发了严重的投机炒作。例如，上交所于1992年5月21日放开涨跌幅限制并实行T+0回转交易制度之后，上证指数当天就上涨了105.27%，并于1992年5月底迅速从616.99点上涨至1428.79点。价格大幅上涨一方面使价格盘踞高位，蕴含风险；另一方面形成了持续的波动。在5月底冲上高点之后，上证指数价格又迅速下跌至386.85点，之后又在1993年2月16日上涨至1558.95点。此后，股票从高位一路下跌，并在1994年7月29日触及325.89的低点。1994年7月30日，《人民日报》刊发了《证监会与国务院有关部门共商稳定和发展股票市场的措施》一文，正式推出“停发新股、严控上市公司配股规模、成立中外合资基金”三大救市政策，三大政策虽然止住了股市的颓势，但也点燃了市场投资的热度，市场再次进入大幅波动的时期。

为抑制市场过热、维护市场稳定，1994年10月5日，国务院证券委决定自1995年1月1日起取消T+0回转交易，实行T+1交易制度。自此，A股的T+1交易制度正式被确定，并一直延续至今。1999年施行的《证券法》第一百零六条正式规定“证券公司接受委托或者自营，当日买入的证券，不得在当日再行卖出”，在法律层面对T+0交易制度实行全面禁止。2001年12月1日，《上海证券交易所交易规则》与《深圳证券交易所交易规则》（以下简称《交易规则》）正式实施，沪深交易所B股由T+0交易制度调整为T+1交易制度。

第三阶段为逐步放开阶段。2005年重新修订《证券法》时，取消了禁止T+0交易的规定；但是长期以来，T+1交易制度仍然是资本市场的一项基础交易制度。与此同时，部分品种开始尝试T+0交易制度，2010年4月16日，沪深300股指期货上市之初就采用了T+0交易制度；2013年10月18日，上海交易所对《上海证券交易所交易规则》作出修订，自2013年12月9日起，债券ETF、交易型货币基金、黄金ETF等产品实行T+0交易制度；自2015年1月19日起，深交所针对跨境ETF和跨境LOF实行T+0交易制度；2015年2月9日，国内上市的首只场内期权50ETF期权，上市之初就采取T+0交易制度。除此之外，2001 年 12 月 1 日《交易规则》的正式实施规定可转债的交易制度由 T+1 调整为 T+0，并持续至今。

二、T+1 交易制度与 T+0 交易制度的比较

由于 T+1 交易制度与其他 T+N 交易制度产生的效果差异不大，只是延缓程度上的不同，并且目前国际上大部分市场采用的是 T+0 交易制度，相比而言，T+0 交易制度也是更加成熟的交易制度，因此，从我国交易制度改革的角度出发，本小节主要对 T+0 交易制度和 T+1 交易制度进行比较。相较 T+1交易制度，T+0 交易制度在以下几个方面具有一定的优势。

第一，T+0 交易制度的最大优点是具有及时纠错功能。投资者难免会存在投资决策失误的情况，T+0 交易制度为投资者提供了更加及时的纠错机会。另外，市场的不确定性也可能导致投资者随时更改投资计划。例如，交易时段公司基本面发生巨大变化或者遭遇突发情况导致市场急速下跌。

第二，相较 T+1 交易制度，T+0 有助于提升市场效率。在 T+1 的交易制度下，当天买入股票的投资者并不能通过卖出股票来对股票进行定价，在融券制度尚不完善、融券卖出规模不足的情形下，进一步限制了市场空方对定价过程的影响。

第三，期货与现货实施不同的交易制度，有可能损害中小投资者的利益。例如，在 2013 年“光大乌龙指”事件中，由于套利系统出现问题，光大证券提交了大量市价买入订单，导致市场快速上涨；虽然在 T+1 的交易制度下，光大证券并不能通过卖出股票的形式及时纠错，但是，其通过 ETF 套利以及期货市场卖空的方法减缓了这一系统问题可能导致的损失，并最终实现了盈利。与光大证券相比，许多中小投资者由于并不知情，在市场情绪快速上涨的过程中采取了“跟涨”的策略；但是，在当天 14:23 左右光大证券发布公告，部分投资者意识到投资的失误，但仍旧没有办法在当天通过卖出降低损失。

第四，T+0 交易制度可以加快资金周转，有助于增加券商收入。在 T+1 交易制度下，投资者利用资金买入证券后，由于不能卖出，导致这一部分资金被锁定；而在 T+0 交易制度下，投资者可以当天就通过卖出证券收回资金，并再次进行交易，有助于提升市场的交易量，增加券商的经纪收入。

但是，T+0 交易制度的最大问题是其可能引发市场的投机现象，尤其是在散户交易占比较高、投机氛围较为浓厚的 A 股市场。在 T+0 交易制度助推下，浓厚的投机氛围会加大市场的波动，使价格偏离证券的内在价格，造成

市场的不稳定。具体来看，广大的“追涨杀跌”投资者基础为市场投机和市场操纵提供了土壤，市场操纵者可以利用“小道消息”或者操纵资金盘面来影响噪声投资者，形成“羊群效应”，待股价变化后，操纵者可以卖出股票实现获利；而T+0交易制度的实施能够更加便利这一群体的活动，使其能够在当天就完成“布局—操纵—卖出”的全流程，避免了T+1制度下的“夜长梦多”，尤其是在市场逐步有效的背景下，市场操纵的行为很容易被市场察觉与识破；而T+0交易制度有助于降低操纵所面临的隔夜风险。

除此之外，T+0交易制度还增加了证券公司和结算公司的风险。根据目前的结算制度，证券公司需要垫付投资者当天卖出股票获得的资金；而T+1的交易制度限制了投资重复利用资金进行投资购买的规模，减少了证券公司和结算公司的结算工作。如果采取T+0交易制度，结合目前的结算制度，投资者当天可以通过大量的日内交易，加快资金的周转速度，增加了证券公司和结算公司的结算压力。

三、境外资本市场的交易制度

由于T+0交易具有众多优点，大部分国家和地区的市场均允许T+0回转交易，但同时为遏制市场的投机性，各个市场通常会采取一系列措施，对回转交易进行限制。表7-1是参考刘文宇（2016）整理的关于境外主要资本市场T+0交易制度的基本情况。

表7-1　　主要国家和地区的回转交易制度

国家（地区）	是否允许T+0回转交易	回转交易制度的基本情况
美国	允许	仅限于信用账户、资金实行T+3
英国	允许	回转交易占比比重较低
日本	允许	每只股票每天仅可进行一次日内回转交易
中国香港	允许	实行T+2股票结算制度
中国台湾	允许	仅限于信用账户、仅限部分股票品种
印度	允许	只允许个人投资者进行，并引入逐日差额计算和日内交易限额对日内交易进行限制
泰国	允许	对国内个人投资者有限制，要求总成交金额不能超过保证金的4倍
加拿大	允许	由QSC根据IOSCO的监管指引对回转交易进行特别监管
荷兰	允许	由荷兰证券委员会进行许可证管理
德国	允许	联邦金融服务监管局专门制定了回转交易指引

以美国市场的交易结算制度为例，为了抑制市场的投机，以及保护中小投资者，美国证监会根据资产总值将账户分为三种类型。第一种为资产总值低于2000美元①的账户，被称为现金账户，此类账户被禁止从事融资融券业务以及日内回转交易。第二种为资产总值在2000～25000美元的账户，也被称为融资融券账户，该类账户可以从事融资融券业务以及日内回转交易，但是5天之内仅有3次日内回转交易机会，一旦超过此限制，将会面临交易禁令。第三类账户为资产总值在25000美元以上的账户，又被称为回转交易账户。其中，如果回转交易账户在5个交易日内进行过4次或4次以上回转交易，且T+0回转交易次数占比达到同期交易总次数的6%以上，该账户则会被经纪商定义为典型回转交易账户（Pattern Day Trader，PDT），被实施特定的限制，以抑制投资者的过度交易。

除了通过账户分类来抑制日内回转交易可能导致的投机问题外，美国资本市场还实施了T+3的现金结算制度，同样具有抑制市场过度交易的作用。除美国市场外，其他资本市场同样也存在其他抑制市场投机的措施，这些措施大致可以分为三类。第一类为以美国为代表的国家和地区设置不同的准入门槛，根据投资者不同的风险承受能力、资产规模以及投资经验等标准进行分类管理。例如，美国、印度以及中国台湾地区均要求只有融资融券账户才能从事日内回转交易。第二类是对交易本身进行限制。例如，日本规定每天每只股票只能进行一次回转交易，一方面为投资者提供纠错的渠道，另一方面也限制了市场的投机行为。第三类为其他特殊的限制措施。例如，熔断机制以及T+N的现金结算机制等，其中美国市场和中国香港地区市场分别实行的是T+3结算机制和T+2结算机制，通过降低资金的流转效率来限制市场的投机行为。

第二节　T+1交易制度与投资者保护

一、T+1交易制度与公平性

公平原则是资本市场最基础也是最重要的原则之一，尽管T+1交易制度规定所有投资者在买入证券后至少需要等到第二个交易日才能卖出，但是现

① 最低金额账户由每家券商自行决定，一般为2000美元。

行的制度设计使部分投资者能够实现 T+0 的交易操作或者通过其他方式进行纠错，具体机制和方法包括以下几种。

（一）通过 ETF 套利实现 T+0 交易

ETF 基金的全称是交易型开放式指数基金，其结合了开放式基金和封闭式基金的运作方式，投资者不仅可以在一级市场进行申购赎回，也可以在二级市场进行买入卖出。其中，ETF 基金在一级市场的申购赎回是通过“一篮子”股票换取基金份额或者基金份额换回“一篮子”股票。两种机制的存在不仅使投资者有了套利的渠道，当一级市场价格和二级市场价格偏离较大时，套利者可以通过套利交易，降低 ETF 基金的折溢价水平。

除此之外，ETF 的运行方式还为 T+0 交易制度提供了可能，根据《上海证券交易所交易型开放式指数基金业务实施细则》《深圳证券交易所证券投资基金交易和申购赎回实施细则》（以下简称《ETF 细则》）的规定，“当日申购的 ETF 份额，当日可以赎回或竞价卖出”，当投资者发现买入股票之后，意识到投资决策出现失误，试图纠错时，投资者可以通过将买入的股票按照一篮子股票申购 ETF 基金份额，并在二级市场将 ETF 基金卖出，实现 T+0 交易。另外，根据《ETF 细则》的规定，“当日买入的基金份额，同日可以赎回”“当日赎回的证券，同日可以卖出”，为避免 ETF 折溢价的影响，部分投资者甚至在通过另一账号在二级市场买入等量的 ETF，再赎回一篮子股票并卖出，降低在 ETF 基金折价严重情形下的损失。

但是，ETF 基金的申购赎回需要以一篮子股票为标的，导致该方法主要适用于指数投资，采取该策略的投资者也主要是大型机构投资者，尤其是被动型的机构投资者和 ETF 套利者。对于中小投资者而言，由于规模和技术的原因，以相对公允的价格购买或者卖出一篮子股票存在较大难度。

（二）通过建立底仓实现 T+0 交易

在 T+1 交易制度下，投资者当日买入的证券不能在当日卖出，但是，其可以通过构建底仓的方法来实现 T+0 交易。首先，投资者可以在 T 日之前建立某只股票的底仓，由于底仓在 T 日之前已经买入，因此，投资者再买入证券的当天，也可以卖出该证券，从而实现日内交易。通过底仓实现 T+0 交易的策略在 2016 年 10 月 13 日《中国证券报》刊发了《“涨停板　敢死队”克星：“T+0”地下工厂大起底》一文之后，受到广泛关注。

但是，通过底仓实现 T+0 的方法也存在一些限制。首先，因为当天卖出的股票只能是之前建立的底仓，因此，底仓的规模决定日内交易的规模，如果底仓规模较小，则T+0交易的规模较小。其次，如果底仓持仓占比较高，投资者可能面临较高的底仓存货风险，因此，该方法主要适用于资金规模较大的个人投资者（熊伟，2017）以及进行日内交易的机构投资者，尤其是量化交易者。参考《“涨停板　敢死队”克星：“T+0”地下工厂大起底》的分析，T+0操盘团队主要有两类，分别是接受客户委托、专做T+0策略的团队和私募基金自己搭建的T+0操盘团队。

（三）通过融券制度实现T+0交易

另外，融资融券制度的存在也使T+0交易成为可能。投资者在当天买入股票后，如果股票价格当天就达到投资者的止损或者止盈价位，或者是投资者产生后悔心理，投资者可以通过融券卖出再利用之前买入的证券还券，实现T+0操作，除了先买入再融券之外，投资者也可以实现先融券卖出、再买入证券的方式实现日内交易。相较前两种T+0交易操作，融券卖出更加具有可行性，在融资融券快速扩容的背景下，通过该方法实现T+0交易的股票范围越来越广。

但是，该方法仍然存在一定的门槛。例如，个人投资者开设信用账户的条件是前20个交易日的平均资产为50万元，导致大部分中小投资者并不具有资格。根据中国结算公布的数据，2021年9月底的投资者规模为19371.65万户，Wind数据显示，同期A股市场合计共有5959663个信用账户，仅占总投资者规模的3.08%。除此之外，投资者还可能面临融不到券的问题。

（四）通过股指期货进行纠错

除上述三种实现T+0的交易操作外，投资者还可以通过股指期货卖空进行纠错，降低部分风险。具体而言，根据CAPM模型，单只股票的风险主要包括系统性风险和非系统性风险，如果投资者买入证券后发现市场风险加大，投资者可以在期货市场进行卖空，对冲市场风险，实现纠错。该机制与融券卖出机制一样，具有较高的门槛，导致大部分中小投资者并不具有开通股指期货的资格。

（五）小结

尽管目前我国股票市场实行的交易制度仍然是T+1交易制度，但是，市场同样也存在一些机制，可以实现T+0的交易操作，或者进行部分纠错，表7-2给出了几种机制的基本情况。可以发现，这些机制均存在较高的门槛，导致部分资产规模较大的投资者相较于中小投资者而言，拥有一部分特权，违背了市场的公平原则。

表7-2　在A股实现纠错的一些方法

市场	ETF套利	底仓	融券卖出	股指期货对冲
适用标的	指数	股票	股票	股票及指数
是否可以实现T+0	可以	可以	可以	可以对冲系统风险
主要投资者	被动投资者、套利者等机构投资者	从事日内交易的量化交易基金	拥有信用账户的投资者	开通股指期货的投资者
主要限制	需要同时购买或卖出大量的成分股股票	①底仓规模限制了日内交易的规模 ②面临底仓风险	日均50万元以上的资产规模	①日均50万元以上的资产规模 ②不能对冲非系统风险

二、“光大乌龙指”事件

“光大乌龙指”事件是由程序化交易缺陷导致的、对我国资本市场产生深远影响的重大事件，引发了市场对于程序化交易、券商风险控制、内幕交易以及T+1交易制度下公平性等众多问题的讨论（陈高才，2016）。

该事件发生于2013年8月16日，从事套利策略的光大证券策略投资部提交了三次180 ETF套利的订单，由于第三次套利订单中有24只个股申购不成功，交易员尝试使用“重下”的新功能，结果操作失误，原本打算购买24只个股的订单写成了买入24组180 ETF成分股，订单生成系统在11:05瞬间生成了26082笔、共计234亿元的预期外市价委托订单市场，实际成交72.7亿元，巨量的市价买入订单带动了股指和权重股大幅上涨。股票市场的大幅上涨吸引了大量的投资者，从11:15开始，股票市场经历了第二波拉升，上证指数一度触及2198.85的高点，相较前一交易日的收盘价2081.88点，上涨5.62%。

进入午盘后，市场开始意识到出现问题，但光大证券直到14:23才发布公告承认套利系统出现问题，导致市场剧烈波动。但是，在此之前，光大证券利用此内幕消息，将已买入的股票通过申购50 ETF和180 ETF并在二级市场卖出的形式实现T+0交易进行纠错。除此之外，光大证券还大量卖空沪深300股指期货，以对冲风险，最终按照当天的收盘价计算，光大证券获利8721万元。相比之下，受市场盘面吸引进入市场的投资者则因为无法实现T+0纠错，而不得不承受市场进一步下跌的风险，当天上证指数即由最高的2198.85点跌至收盘价2068.45点，下跌幅度达到5.93%。

基于T+1交易制度对“光大乌龙指”事件进行反思，我们发现在此次事件中T+1并没有起到保护投资者的作用，反而限制了投资者及时纠错的交易。除去当天的损失外，从“光大乌龙指”事件发生的第二个交易日（2013年8月19日）来看，上证指数继续低开2055.13点，造成了投资者进一步损失。除此之外，这一事件使T+1交易制度下的不公平性得到了淋漓尽致的体现，肇事者可以通过ETF套利实现T+0交易或利用股指期货进行对冲来降低损失，而中小投资者即便在14:23获知消息后仍然不能在当天进行纠错，导致其面临损失进一步扩大的风险。

三、T+1交易制度与投资者保护

从制度演变的角度来看，提出T+1交易制度的初衷主要是为抑制市场投机以及维护中小投资者利益不受损失。但是，从实践效果来看，盖卉和张磊（2016）通过比较T+0制度与T+1制度下的市场价格数据，发现在T+1交易制度下，投资者无法通过及时卖出纠正交易错误，使投资者面临亏损扩大风险。另外，周耿等（2018）基于实验经济学，发现T+1交易制度不仅没有起到降低市场泡沫、保护中小投资者的作用，反而增加了市场波动，且主要保护了资产规模较大的投资者的利益。除此之外，市场的发展以及交易规则的多样性为部分资产规模较大的投资者提供了实现T+0交易的可能性，损害了市场的公平性原则。

第三节　T+1交易制度对市场的影响

一、T+1交易制度对市场有效性的影响

T+1交易制度限制了当天买入的投资者当天卖出的权利，削弱了市场中卖方的力量，在前期卖空约束更强的A股市场，T+1交易制度可能与卖空限制形成叠加效应，使股票的收盘价被高估。根据在多个产品上的实证结果，可以发现T+1交易制度相比于T+0交易制度，确实会降低市场的定价效率。其中，刘逖和叶武（2008）基于上海证券交易所数据仓库的高频逐笔交易数据，以沪市某产品日内回转交易改革进行事件研究，发现日内回转交易能够提高该产品的定价效率；边江泽和宿铁（2010）则研究了实行T+0交易制度的权证，发现权证与标的股票之间不一致的交易制度导致了权证的溢价现象

和标的股票的流动性折价现象。

张兵等学者发现 T+1 交易制度导致了负隔夜收益率，并最终会降低投资者的总回报（张兵和薛冰，2019；张兵，2020；王婉菁等，2021；Qiao 和 Dam，2020；Zhang，2020）。根据传统的金融学理论，由于隔夜期间的不确定性更高，股票在隔夜期间的收益率理应高于日内（Longstaff，1995），并且这一结论在不同国家和地区的资本市场、不同的产品市场均得到验证（Berkman 等，2012；Liu 和 Tse，2017；Lou 等，2019）。但是，在实行 T+1 交易制度的 A 股市场，由于当天收盘前买入相比于次日早盘买入获得了一个次日卖出的权利，因此，当日收盘价买入的价格包含了一个权利金，权利金的存在使实际收盘价明显高于其理论收盘价，次日市场会针对此价格偏离进行向下修复，导致 A 股市场的负隔夜收益率异象。另外，朱红兵和张兵（2020）指出，T+1 交易制度下，T+1 日早盘是急于卖出的投资者最早可卖出的时点，增加了 T+1 早盘的卖盘压力，而早盘买入股票会使投资者承担整个交易日的价格风险，降低开盘时的买入动力，两相结合导致开盘阶段买方的议价能力更高，使最终的成交价格会形成一定程度的折价。

图 7-1 给出了沪深 300 指数及其期货的隔夜收益率变化趋势，为使图形更加清晰，图 7-1 采用了 50 天滚动平均的方法。从图 7-1 可以看出，沪深 300 指数的隔夜收益率长期为负，存在显著的负隔夜收益率异象；另外，与采用 T+0 交易制度的沪深 300 股指期货相比，现货的隔夜收益率在绝大部分时间均低于期货的隔夜收益率，同样表明 T+1 交易制度会影响股票市场的隔夜收益率。

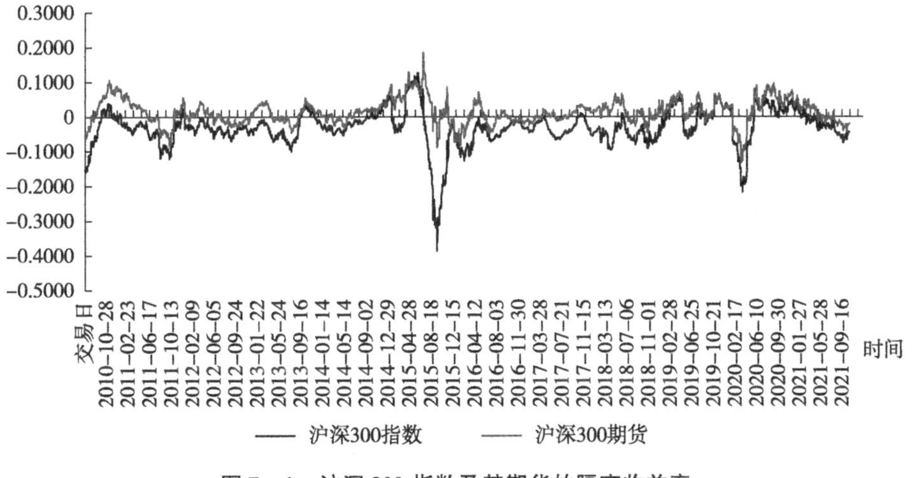

图 7-1 沪深 300 指数及其期货的隔夜收益率

另外，除了当日买入的股票不能在当天再次参与市场定价外，较强的融资约束同样会削弱市场的空方力量，导致股票价格被高估。在T+1交易制度下，如果换手率越高，意味着越多的股份不能通过卖空参与股票的定价过程中，因此，当日的股票就越有可能被高估，次日的隔夜收益率就可能越低（薛冰等，2020）。

二、T+1交易制度对股票价格波动的影响

我国推行T+1交易制度的主要目的是抑制投机炒作，部分学者通过研究也确实发现了T+1交易制度抑制投机和降低市场波动的证据。例如，熊熊等（2016）采用计算金融实验方法，发现如果将目前的T+1交易制度变为T+0交易制度，会加剧市场的波动；Guo等（2012）采用动态价格操纵模型，同样发现T+1交易制度会降低市场整体的交易量和价格波动；葛勇和叶德磊（2009）基于日内振幅的评价指标，发现在实施T+1交易制度之后，平均振幅减少，表明T+1交易制度能够抑制市场波动。

但是，部分学者也对T+1交易制度抑制投机的功能提出了质疑。基于Scheinkman和Xiong（2003）的理论，在异质信念较强的证券市场中，对投资者交易行为施加外部约束不仅不能降低投机性泡沫，反而可能加剧市场波动，诱导更多投机性交易。根据朱宏泉等（2016）的研究，A股市场投资者的异质信念长期处于较高的水平，因此，基于Scheinkman和Xiong（2003）的理论，T+1交易制度很有可能会增加市场的投机行为（Chen等，2017）。在实证分析方面，熊伟（2017）通过账户数据识别了深市A股上的337个T+0账户，通过对这些账户进行特征分析，发现T+0账户一般以逆势交易为主，有助于平抑市场波动。

三、T+1交易制度对流动性的影响

由于T+1交易制度限制了投资者在买入股票当日不能卖出，减少了市场的参与度，一定程度上会降低市场的流动性，因此，流动性问题也是T+1交易制度另一个被广泛讨论的话题。关于T+1交易制度对市场流动性的影响，大部分文献都形成了统一的结论，即T+1交易制度降低了市场的流动性，抑制了市场活力，扩大了买卖价差和买卖成本（边江泽和宿铁，2010；韦立坚，2016；Guo等，2012；Wu和Qin，2015）。

第四节　小　结

T+1交易制度目前是我国特有的股票市场交易制度，它的存在有特殊的历史背景。在资本市场初期，投机气氛异常严重，投资者尚不成熟，T+1交易制度能够在一定程度上抑制市场的投机行为。随着资本市场的发展与逐步成熟，T+1交易制度限制交易带来的弊端开始逐步显现，尤其是“8·16光大乌龙指”事件发生后，关于T+1交易是否可以稳定市场以及T+1交易制度下的公平性问题被广泛关注。

除此之外，高效的资源配置功能是成熟市场最为重要的标志。在当代，我国经济已经由高速增长阶段转向了高质量发展阶段，市场的定价功能和资源配置功能能够使资金流向要素生产率更高的行业。而T+1交易制度通过限制交易，增加了市场的交易成本，降低了市场流动性，削弱了市场的定价效率，使市场的资源配置功能不能充分发挥。例如，最近的一些研究成果表明T+1交易制度严重扭曲了股票价格，导致了A股市场特有的负隔夜收益率异象。

另外，从市场环境来看，虽然市场仍然存在一些乱象以及非理性行为，且散户投资者仍然占据了80%以上的交易量，但是，我国资本市场“去散户化”的趋势明显，投资者越发成熟，市场理性程度提高，市场越来越有效，为T+0交易制度的改革提供了良好的外部环境。从资本市场改革的目标来看，注册制改革以来，资本市场的市场化改革进入了大刀阔斧的阶段，T+1交易制度限制交易的特征明显与我国市场化改革的目标不相符。因此，基于市场环境的变化以及我国资本市场未来的发展目标，T+0交易制度的改革在未来必须完成。

为避免改革过程中“步伐过快、步子过大”的问题，在推进T+0交易制度改革时，可采取与注册制改革一样的思路，分步进行。首先，在机构投资者占比更高的板块，尤其是在长期机构投资者占比更高的板块，率先试点T+0交易制度，然后再逐步拓展至全市场。其次，还可以借鉴境外发达资本市场的经验，在采取T+0交易制度的同时，采取相关限制投机交易的一些措施，诸如投资者分类、资金T+N的结算制度等。

参考文献

[1] 边江泽，宿铁．“T+1”交易制度和中国权证市场溢价［J］．金融研究，2010（6）：143-161.

[2] 陈高才．高频交易是光大证券“8·16事件”中的黑天鹅吗？——兼论T+0交易制度在我国证券市场的应用机遇［J］．管理世界，2016（6）：172-173.

[3] 陈雯，屈文洲．T+1清算制度对深圳股票市场波动性的影响［J］．统计与决策，2004（8）：52-75.

[4] 盖卉，张磊．“T+0”和“T+1”制度下投资者交易风险对比［J］．哈尔滨商业大学学报（自然科学版），2006（5）：122-125.

[5] 葛勇，叶德磊．“T+1”交易对中国股市波动性的影响——基于1992—2008年时间序列数据的实证分析［J］．经济论坛，2009（3）：45-48.

[6] 孔庆洋，余妙志，邢哲．中国股市T+1有助于减小市场波动吗？［J］．经济论坛，2009（4）：109-110.

[7] 刘建华．资本市场T+1交易制度的实验研究［J］．中国经济问题，2010（2）：37-41.

[8] 刘逖，叶武．日内回转交易的市场效果：基于上海证券市场的实证研究［J］．新金融，2008（3）：38-42.

[9] 刘文宇．证券“T+0”交易制度的海外经验与启示［J］．上海经济研究，2016（10）：23-33+53.

[10] 王婉菁，张兵，朱红兵．投资者缘何“日盈夜亏”：T+1交易制度与投资者回报［J］．金融经济学研究，2021，36（4）：94-110.

[11] 韦立坚．T+0交易制度的计算实验研究［J］．管理科学学报，2016，19（11）：90-102.

[12] 尉文渊．尉文渊亲述资本市场30年岁月［N］．上海证券时报，2020-10-28.

[13] 熊伟．“T+1”交易规则下的典型“T+0”账户研究［J］．证券市场导报，2017（4）：55-60.

[14] 熊熊，梁娟，张维，等．T+0交易制度对股票市场质量的影响分析［J］．系统科学与数学，2016，36（5）：683-697.

[15] 薛冰，张兵，王婉菁. T+1交易制度、卖空约束和日度换手率效应[J]. 金融评论，2020，12（5）：70-90+125-126.

[16] 张兵. 中国资本市场的T+1交易制度研究：隔夜收益率视角[J]. 管理世界，2020，36（12）：26-35+51+36.

[17] 张兵，薛冰. T+1交易制度下的资产定价模型研究——基于隔夜收益率视角[J]. 金融论坛，2019，24（8）：3-11+66.

[18]“涨停板 敢死队”克星：“T+0”地下工厂大起底[N]. 中国证券报，2016-10-13.

[19] 周耿，姜雨潇，范从来，等. T+1制度对中小投资者保护效果的实验研究[J]. 中国经济问题，2018（6）：60-75.

[20] 朱红兵，张兵. T+1交易制度对中国股票市场的影响——来自长期折价率的证据[J]. 证券市场导报，2020（8）：22-30+68.

[21] 朱宏泉，余江，陈林. 异质信念、卖空限制与股票收益——基于中国证券市场的分析[J]. 管理科学学报，2016，19（7）：115-126.

[22] Berkman H, Koch P D, Tuttle L, et al. Paying Attention: Overnight Returns and the Hidden Cost of Buying at the Open [J]. Journal of Financial and Quantitative Analysis, 2012, 47 (4): 715-741.

[23] Chen X, Liu Y, Zeng T. Does the T+1 Rule Really Reduce Speculation? Evidence from Chinese Stock Index ETF [J]. Accounting & Finance, 2017, 57 (5): 1287-1313.

[24] Guo M, Li Z, Tu Z. A Unique "T+1 Trading Rule" in China: Theory and Evidence [J]. Journal of Banking & Finance, 2012, 36 (2): 575-583.

[25] Liu Q, Tse Y. Overnight Returns of Stock Indexes: Evidence from ETFs and Futures [J]. International Review of Economics & Finance, 2017 (48): 440-451.

[26] Longstaff F A. How Much Can Marketability Affect Security Values? [J]. The Journal of Finance, 1995, 50 (5): 1767-1774.

[27] Lou D, Polk C, Skouras S. A Tug of War: Overnight Versus Intraday Expected Returns [J]. Journal of Financial Economics, 2019, 134 (1): 192-213.

[28] Qiao K, Dam L. The Overnight Return Puzzle and the "T+1" Trading Rule in Chinese Stock Markets [J]. Journal of Financial Markets, 2020 (50): 100534.

[29] Scheinkman J A, Xiong W. Overconfidence and Speculative Bubbles [J]. Journal of Political Economy, 2003, 111 (6): 1183 - 1220.

[30] Wu Y, Qin F. Do We Need to Recover T + 0 Trading? Evidence from the Chinese Stock Market [J]. Emerging Markets Finance and Trade, 2015, 51 (6): 1084 - 1098.

[31] Zhang B. T + 1 Trading Mechanism Causes Negative Overnight Return [J]. Economic Modelling, 2020 (89): 55 - 71.

第八章　价格稳定制度

高陵勿向，背丘勿逆，佯北勿从，锐卒勿攻，饵兵勿食，归师勿遏，围师遗阙，穷寇勿迫，此用兵之法也。

——《孙子兵法·军争篇》

第一节　价格稳定制度

1987 年 10 月 19 日“黑色星期一”的爆发，引起了全球市场的传染性恐慌，如何稳定市场开始成为西方监管者越来越关心的话题。而聚焦于我国的资本市场，在沪深交易所成立之前，为抑制市场的投机与大幅波动，沪深两地就针对柜台交易设立了严格的涨跌停板制度。例如，自 1990 年 5 月 28 日起，深圳为了打压股票快速上涨，对柜台交易的股票设立涨跌幅，由于市场的大幅波动，最高涨幅逐渐由 10% 降到 0.5%。

经过 30 多年的发展，目前世界各国和地区的金融市场在缓解资产价格剧烈波动方面已经逐步形成体系，主要包括两个方面：一个是加强对金融市场的监管，打压市场操纵内幕交易等损害市场的行为，建立更加稳健的风险控制系统，同时增强市场的透明度，降低市场的不确定性；另一个则是价格稳定机制，其中价格稳定机制主要包括三类，分别是涨跌停制度（Price Limit）、熔断机制（Circuit Breaker）和停牌制度（Trading Halt）。

涨跌停制度是指为防止股票价格暴涨暴跌，对股票价格涨跌的上下限作出规定的制度，具体指当股票价格达到每天的上限或者下限时，股票价格不能再超过这一范围。例如，我国自 1996 年 12 年 16 日起实施涨跌幅制度至 2019 年注册制试点的这段时间内，除上市首日和 ST 股外，普通股票的涨跌幅均为 10%，即当天股票价格的波动范围不能超过上一交易日收盘价格的 ±10%。

熔断机制是指当股指波幅达到规定的熔断点时，交易所为控制风险，采取暂停交易的措施，也被称为自动停盘机制。以美国资本市场为例，熔断机制依次分为三个等级，当标普500指数下跌幅度达到7%、13%和20%，分别触发一级市场熔断、二级市场熔断、三级市场熔断。其中，一级市场熔断被触发后，全市场所有股票暂停交易15分钟；二级市场熔断被触发后，全市场所有股票暂停交易15分钟；当三级市场熔断被触发后，当天全市场停止交易。

停牌制度是指当公司股票价格存在巨大不确定性的时候，交易所或者上市公司自身会选择暂停交易，实行停牌，停牌可以发生在交易时段之内，也可以发生在交易时段之外，可以仅停牌几分钟，也经常出现停牌超过几个月，甚至一两年的情形。导致股票价格不确定性的事件包括标的公司要发布重大事项、股票价格波动过于剧烈、公司涉嫌违规被调查等。例如，根据创业板的交易规则，在无涨跌幅限制的情况下，当股票价格较开盘首次上涨或下跌达到或超过30%和60%的，各停牌10分钟。

专栏8-1　美国资本市场的连续熔断

自1987年“黑色星期一”爆发之后，美国资本市场于1988年引入市场熔断机制。1997年10月27日，由于亚洲金融危机的影响，当天道琼斯指数暴跌7.18%，市场才第一次触发熔断机制。2012年6月，SEC对熔断机制进行修改，将标普500作为衡量市场下跌的参考。

2020年初，受新冠疫情和国际原油价格暴跌的影响，美股市场在2020年3月连续发生了4次熔断：

3月9日，在新冠疫情和原油价格的双重冲击下，美股开盘即暴跌，触发了一级市场熔断，暂停交易15分钟，恢复交易后虽然一度收窄，但当天标普500的跌幅仍然达到8%。

3月12日，标普500再次跌幅超过7%，触发一级市场熔断，暂停交易15分钟。

3月16日，美国三大股指开盘暴跌，再次触发一级市场熔断。

3月18日，三大股指大幅低开，午间跌幅扩大，并再度触发一级市场熔断。

第二节　涨跌停制度

一、我国涨跌停制度的演变

涨跌停制度是我国市场稳定机制中存在历史最久远、最广泛的制度。在全国性的证券交易所成立前，涨跌幅制度已经存在于柜台交易中。从我国涨跌停制度的演变来看，大致可以分为以下五个阶段。

（一）第一阶段：雏形阶段

雏形阶段的时间区间为1986年柜台交易正式开始至1990年全国性证券交易所前夕。在柜台交易开始初期，由于缺乏对于资本市场的认识，中国人民银行对股票的交易价格设置了较为僵化的限制。具体而言，交易价格为票面金额加上成交时预测的股息和红利，这种过于僵化的价格限制也导致了私下交易的无序发展。

（二）第二阶段：调整摸索阶段

调整摸索阶段的时间区间为沪深证券交易所成立前后。1989年3月，深圳发展银行发布业绩报告，1988年每股税后利润达39.35元，同时每股优先股派息9.11港元，使1988年原本仅20元的深发展股价迅速上涨。良好的公司业绩以及分配方案使市场意识到投资股票具有较高的回报，增加了投资者参与市场的热情，沪深股市开始暴涨。为应对这一情况，1990年5月29日，中国人民银行深圳经济特区分行发布了《关于深圳目前柜台交易的若干暂行规定》，正式出台了股票涨跌停板制度，规定“委托买卖的价格不得高于或低于上一个营业日收市价的10%”；此后，为进一步抑制股价的上涨，6月8日，深圳又将涨跌幅的限制缩小为5%；6月26日又采取了非对称的涨跌幅制度。其中，涨幅不超过1%，而跌幅不超过5%；9月11日，深圳又将1%的涨幅限制缩小为0.5%，跌幅限制仍为5%。上海方面，1990年8月3日，中国人民银行上海分行发布《关于加强股票市场管理的通知》，规定柜台交易价格必须在中国人民银行上海分行金融行政管理处加权平均价格上下3%的幅度内浮动。

沪深交易所成立后，延续了柜台交易时期的涨跌幅制度，其中上交所开业时实行5%的涨跌幅限制，但是，由于上交所的“老八股”连续涨停，股票供不应求特点明显，5%的涨跌幅限制在实行了仅8天之后，从12月27日开始，调整为1%；之后，上交所又于1991年1月7日，将涨跌幅限制进一步缩小为0.5%，0.5%的涨跌停制度一直持续到1991年4月26日之后，又重新调回1%的涨跌幅制度。除了价格限制外，还伴有0.3%的流量限制，即只有在流通股的换手率达到0.3%之后，才允许股价有1%或者0.5%的涨跌。深圳市场方面，采取了与上海类似的较为严格的涨跌幅限制。具体而言，在深交所试运行阶段，短暂地延续了之前柜台交易的制度后，在12月14日，将跌幅的限制调整为2%；1991年1月2日，再次将涨跌幅统一为0.5%。

这一阶段由于价格限制过于严格，市场价格很难满足买卖双方的预期价格，导致这一阶段经常出现“有行无市”的情况。例如，1991年4月22日，深圳的“老五股”无一笔成交，创造了成交为零的历史最低纪录。

（三）第三阶段：全面放开阶段

全面放开阶段的时间区间主要为1991年下半年到1996年底。1991年8月17日，深圳证券交易所率先放开涨跌幅的限制。上海证券交易所放开涨跌幅的限制则是从1992年初开始，采取逐步推进的方式。首先，在1992年2月18日，延中实业和飞乐股份（现在为ST中安）放开涨跌停的限制，形成了“一市两制”的局面。其次，1992年3月27日，二纺机（现在为市北高新）、轻工机械（现在为汇通能源）、联合纺织（已退市）、异型钢管（现在为ST沪科）上市，这一部分新上市的股票仍然采用1%的涨跌幅限制，但是不受0.3%的流量控制，形成了“一市三制”的局面。再次，1992年4月13日，上海证券交易所全面取消了0.3%的流量控制；另外，真空电子（现在为云赛智联）、飞乐音响、凤凰化工（已退市）的涨跌幅放宽为5%。又次，1992年5月5日，二纺机等9只股票的涨跌幅也放宽至5%，市场制度回到了“一市两制”，其中，12只股票中9只实行5%的涨跌幅限制，3只股票无限制。最后，1992年5月21日，上海证券交易所宣布放开涨跌幅限制，同时采取T+0交易制度。

由于长期实行严格的涨跌幅限制，导致大部分股票的股价均处于较低的水平，因此，在放开涨跌幅限制之后，股票价格快速上涨。以1992年5月21日放开涨跌幅限制当天为例，轻工机械、异型钢管、嘉丰股份、二纺机和兴业房产分别上涨了470.83%、382.06%、328.82%、312.10%和99.94%，直接带动上证指数上涨105.27%，创造了A股历史上最高的涨幅。由于放开涨跌幅限制之后，揭开了限制股价的“盖子”，导致了当天股价的大幅上涨。因此，这一事件也被称为“521揭盖”。虽然放开涨跌幅导致了市场的剧烈波动，但是，其改变了市场“有行无市”的局面，使两市能够真正起到流通的功能。

（四）第四阶段：10%的涨跌停制度阶段

10%的涨跌停制度阶段主要从1996年底到2019年。1996年初，长期低迷的股市开始回暖，上证指数从1996年1月19日的512.83一路上涨至1996年12月11日的1258.69。在此期间，虽然管理层连续发布了“十二道金牌”，打击过度投机，防范风险，但是仍然没有抑制股市的剧烈波动。为进一步抑制市场的过度投机，1996年12月13日，沪深交易所分别下发了《关于实行交易价格涨跌幅限制的通知》，决定自1996年12月16日起两市开始实行10%的涨跌停制度。

与市场成立初期相比，此次恢复涨跌幅制度更加科学，一方面，设置一定的涨跌幅限制能够有效地限制市场的无序波动，控制和稀释风险；另一方面，更为宽松的涨跌幅限制避免了市场初期实行严格涨跌幅限制时出现的“有行无市”的局面，并且，在当时来看，相较境外的资本市场，10%的制度也是十分宽松的。基于上述原因，虽然针对特殊的情况（ST股、科创板股票、创业板股票以及北交所股票），10%的涨跌幅制度稍有调整，但是，对于市场中的大部分股票，该制度一直延续至今。

（五）第五阶段：优化阶段

随着制度环境的优化、投资者越发成熟，市场逐步变得更加有效、更具韧性，建立市场化交易机制的环境已初步形成，逐步放开涨跌幅限制成为政策制定者越来越关心的话题。为推进我国资本市场的市场化改革，2019年，试点注册制改革的科创板正式成立，作为市场化改革和注册制改革的重要一环，科创板在交易制度设计上也进行了调整，规定上市前五日不设涨跌幅，之后实行20%的涨跌幅，大幅放宽了涨跌幅的限制。2020年创业板试点注册制时采取了相同的涨跌幅制度。而承接新三板精选层的北交所则规定上市首日不设涨跌幅，次日实行30%的涨跌幅，进一步放宽了涨跌幅的限制。

二、“冷却效应”与“磁吸效应”

从涨跌停制度的设计初衷来看，该制度的设立主要目的是希望限制价格的过度波动，同时也为投资者提供了重新审视原有市场信息和评估新释放的市场信息的冷却期，避免投资者因恐慌而产生过度反应，进而抑制证券价格的暴涨暴跌和市场投机行为，涨跌停制度的这种效应被称为冷却效应。

与“冷却效应”相反的是“磁吸效应”，涨跌停板的价格就如同一块磁铁一样，当价格靠近涨停价（跌停价）时，其会对市场价格形成磁吸力，使价格快速向涨停价（跌停价）靠拢，提高股价达到涨跌停板的概率。从行为金融学的理论可以对“磁吸效应”进行一定程度的解释，以涨停板为例，当价格接近涨停板时，投资者会越发担心涨跌停后由于流动性缺失，使自己面临无法买入股票的境遇。因此，投资者为确保自己的订单一定会成交，会选择提前交易，导致市场的买方力量加大，加快了股票价格向涨停板靠近（Subrahmanyam，1994）。另外，从有限关注理论出发，股票的大幅上涨同样吸引更多的投资者关注。最后，从信息摩擦的角度出发，噪声交易者会认为股票的大幅上涨可能是有未被披露的好消息；因此，股价大幅上涨会吸引部分投资者“追涨杀跌”，形成“羊群效应”，加剧市场的波动。

专栏8-2　涨停板敢死队

“涨停板敢死队”的称谓由《中国证券报》于2003年2月15首次提出，主要指以徐翔为代表的超短线投资者，由于从事“涨停板敢死队”的投资者主要集中在宁波银河证券宁波解放南路营业部、天一证券解放南路营业部和义路营业部，因此也被称为“宁波涨停板敢死队”。其操作主要是专追涨停板，当个股达到涨停板之后，便果断买入，用大量资金将所挂抛单一扫而光，等到次日或之后该股无法涨停便悉数出货。

Seasholes和Wu（2007）基于逐笔成交数据，基于城市与投资操作手法；识别了满足“宁波敢死队”特征的10个投资者账户，发现这些账户在股票第一次达到涨停价格之后快速提交大量的订单，数据显示这些投资者在涨停日平均买入677.78万元，净买入达511.92万元，并且，这些订单主要集中于股价第一次达到涨停价之后。例如，其58%的买单来自达到涨停价的前五分钟，85%的买单来自达到涨停价格的前一个小时，而仅有不到5%的买单来自达到涨停价之前。到第二个交易日，这些投资者则成了净卖出者，平均卖出555.07万元，净卖出275.53万元。通过在涨停日买入，次日卖出的手法，这些投资者可以实现1.1621%的平均日度收益率。

尽管两种理论得到了两种截然不同的结论，但是，各个国家的实证研究却发现了较为一致的结论，即涨跌停制度的存在会导致“磁吸效应”。具体来看，表8-1给出了各个国家或地区的实证研究结果，可以发现，在大部分国家或地区的市场均发现“磁吸效应”，尤其是发展中国家。聚焦于我国市场的涨跌停制度，大量的研究同样发现了“磁吸效应”的存在。其中，方园和陈收（2007）发现，在价格触板前，交易活动加速，交易量迅速增加，市场波动增大，体现出较为明显的“磁吸效应”。陈浩武等（2008）基于计量模型发现了同样的结论，即涨跌停板制度的存在导致了A股市场的“磁吸效应”。方园和陈收（2007）与陈浩武等（2008）均发现涨停板的“磁吸效应”要大于跌停板的“磁吸效应”，笔者认为此非对称的效应可能与市场前期做空约束相关。最近的研究成果中，陆昌等（2021）基于反事实模拟的方法同样发现了“磁吸效应”的存在，但是，跌停板的“磁吸效应”更强。

表8－1　　其他市场“磁吸效应”的检验结果

纠错方法	研究文献	何种效应	主要结论
韩国市场	Du 等（2009）	“磁吸效应”	加速了达到涨跌停板的速度
西班牙市场	Abad 和 Pascual（2007）	“冷却效应”	当价格靠近涨跌停价格时，最激进的投资者会变得更有耐心
美国债券期货市场	Arak 和 Cook（1997）	“冷却效应”	当接近涨跌停板时会有一定程度的反转
中国台湾市场	Cho 等（2003）	“磁吸效应”	具有非对称性，涨停板处具有更强的磁吸效应
	Hsieh 等（2009）	“磁吸效应”	会增加股价达到涨跌停板的概率
吉隆坡证券市场	Chan 等（2005）	“磁吸效应”	恶化了订单的不平衡
埃及证券交易所	Tooma（2011）	“磁吸效应”	增加了达到涨跌停板的条件概率

三、涨跌停制度对市场的影响

（一）涨跌停制度对市场稳定性的影响

无论是以美国为代表的发达资本市场，还是以我国为代表的新兴资本市场。最初采取涨跌停制度或者熔断制度等价格稳定机制均是为了抑制市场的过度投机，稳定市场；因此，关于涨跌停制度的市场稳定效果得到了较为广泛的关注（Lehmann，1989）。但是，由于研究的市场以及研究方法等不同，研究结论也各有不同。例如，Lee 等（2021）基于理论模型进行的随机模拟显示放宽涨跌幅限制后，市场的波动既有可能增加，也有可能不变，或者降低。

一方面，实证研究中确实有一部分研究支持了涨跌幅制度具有稳定市场的作用。例如，Kim 等（2013）通过比较 A 股有涨跌停制度时期与没有涨跌停制度时期的股票价格表现，发现涨跌停制度有助于抑制市场的过度反应，并降低市场波动率。Kim 和 Jun（2019）发现，当韩国证券市场的涨跌幅限制由 15% 提升至 30% 之后，市场的波动增加，意味着严格的涨跌幅制度能够起到稳定市场的作用。

另一方面，越来越多的理论对涨跌停制度的市场稳定作用提出了质疑。首先，涨跌停制度中断了价格发现的过程，Fama 和 French（1989）指出，如果价格发现的过程被中断，可能导致波动性的提高。其次，涨跌停制度在限制投机者的同时，也会限制知情交易者进入市场的速度，阻碍了订单不平衡的及时修正，甚至增大订单不平衡的程度（Chan 等，2005），导致该制度虽然降低了涨跌停当天的波动率，但可能会引发后续交易日波动率的增加（Roll，1989；Danışoğlu 和 Güner，2018）。最后，涨跌停的事件还会吸引投资者关注（Seasholes 和 Wu，2007），加大市场的波动。在实证研究中，确实有大量的研究发现了涨跌停制度导致市场波动率增加的证据（Kim 和 Rhee，1997；陈平和龙华，2003；胡敏霞，2007）。

除了涨跌停制度本身对市场稳定性产生影响外，王朝阳和王振霞（2017）还发现融资融券制度的推出加剧了这一机制的影响程度。具体而言，融资融券的不平衡发展导致市场表现出“强杠杆、弱风险对冲”的特征，这种杠杆交易会增加市场交易规模，并放大非理性信息的影响，从而加速“磁吸效应”的过程。另外，融资融券的保证金制度在市场大幅波动的情形下，容易触发融资融券自动平仓，进一步加速“磁吸效应”的过程。

（二）价格延迟发现假说

在涨跌停制度下，当价格运行到涨跌停制度确定的上下边界时，如果新的信息到达并使证券的均衡价格超出了预先设定的边界，证券价格的发现过程会因为涨跌停机制而被暂时中止，直到后续交易日确定了新的价格限制边界后，证券才继续向其均衡价格运动。因此，价格延迟发现假说认为涨跌停制度延迟了或者干预了正常的价格发现过程。

关于价格延迟假说在中国市场上的检验，陈平和龙华（2003）、胡敏霞（2007）均发现涨跌停制度阻碍了价格发现过程，验证了价格延迟发现假说。除此之外，张峥等（2012）当 50 ETF 中的成分股发生涨跌停或者停牌时，ETF 市场价格可能与其净值产生较大的偏离；但是，50 ETF 的市场价格具有价格发现的功能，同样也说明了涨跌停制度会导致股票价格的延迟发现。

（三）交易干扰假说

交易干涉假说又被称为流动性干涉假说。该假设认为，当股价达到价格上下限时，交易被迫暂停，干扰了市场交易的连续性，同时也极大地限制了市场流动性，导致市场恢复均衡的难度加大。关于该假设，主要有两种解释：其一，涨跌停制度中断了应有的交易，导致当天的流动性降低，但这反过来会使未实现的交易在后续交易日集中实现，导致后续交易日的交易量增加；其二，流动性的缺失会使没有耐心的投资者在不合适的价格进行买卖，这同样会使后续交易日的交易量增加（Lehmann，1989）。在中国市场研究中，陈平和龙华（2003）、胡敏霞（2007）均发现股票发生涨跌停后，后续交易日的交易量显著增加，验证了交易干扰假设。

（四）IPO 首日涨停板制度

2013 年 12 月 13 日，沪深交易所分别发布《关于进一步加强新股上市初期交易监管的通知》与《关于首次公开发行股票上市首日盘中临时停牌等事项的通知》，规定新股上市首日申报价格不得高于新股发行的 144%，将新股上市首日的最高涨跌幅限制在 44%。在新股发行阶段，除 IPO 首日涨跌停制度外，自 2014 年 7 月起，新股发行采用限价制度，规定新股发行价格不得超过 23 倍的市盈率，形成了新股发行中一级市场价格调控叠加二级市场首日涨停限价的联合机制安排。

一级市场价格调控虽然一定程度上抑制了新股发行价格过高的问题，但也导致了发行价格被严重低估，尤其是估值更高的高新技术企业。过低的发行价格意味着在二级市场需要大幅上涨来进行修复，使股价达到均衡价格，但是，首日涨跌停制度与 10% 涨跌停制度的叠加，导致新股上市后经常出现连续“一字板”涨停的现象。在投机气氛较为浓厚、“追涨杀跌”特征较为明显的 A 股市场，连续涨停会吸引大量的噪声交易者，助推市场的次新股炒作氛围（魏志华等，2019），造成市场的过度反应以及股价的短期超涨，最终导致限价发行新股的二级市场价格显著高于市场化定价发行新股的二级市场价格（张劲帆等，2020），居高不下的次新股股价最终导致 A 股股票长期回报率低下；例如，唐斯圆和宋顺林（2020）发现，首日涨停板制度导致的新股发行投机泡沫破灭会导致解禁时更大幅度的股价下跌。

因此，从已有的实证研究结果可以看出，IPO 首日涨停板制度不仅没有起到抑制投资者的新股炒作，反而加深了投资者新股申购“只赚不赔”的印象，激发了投资者“炒新”的热情。但是，这一情形在以“市场化”为主要特征的注册制改革中得到了改变。其中，科创板和创业板均取消了上市首日涨停板制度，实行新股上市后前 5 个交易日不设涨跌幅限制，上市 5 个交易日后实行 20% 的涨跌幅限制；北交所则采取了新股上市首日不设涨跌幅限制，次日实施 30% 的涨跌幅限制制度。同时，为抑制上市首日股价的异常波动，科创板、创业板以及北交所均设置了临时停牌的制度。例如，科创板规定无价格涨跌幅限制的股票盘中交易价格较当日开盘价格首次上涨或下跌超过 30% 的可采取临时停牌。在三大板块取消上市首日涨跌幅限制后，2019 年 12 月 4 日，建龙微纳上市首日即跌破发行价，收跌 2.15%，成为取消首日涨跌幅限制之后第一只首日破发的股票。此后，在 2021 年 10 月 22 日至 11 月 2 日，8 个交易日中共发生了 10 次新股上市首日破发的事件。一系列新股破发事件打破了炒新的神话以及新股申购稳赚不赔的预期，有助于新股市场回归理性。

（五）正面的结论

尽管大部分的检验结果均表明涨跌停制度会导致“磁吸效应”、波动率外溢、价格延迟以及干扰交易等众多负面影响（陈平和龙华，2003；胡敏霞，2007；陆昌等，2021），但是，部分研究也反驳了涨跌停制度一无是处的论点。其中，Nath（2005）指出，并不是所有关于涨跌停制度的质疑都一定成立，例如，部分质疑只在部分市场存在，而其他市场并不存在。另外，Deb 等（2010）基于博弈理论模型，发现如果监管成本过高，涨跌停制度是有益的。除此之外，Chowdhry 和 Nanda（1998）认为，在市场信息对称且完备的条件下，价格限制政策和保证金制度的配合使用，可以保障资产价格不脱离经济基本面。

根据已有的研究，涨跌停制度在以下几方面仍然能够发挥作用。例如，Deb 等（2010）、Kim 和 Park（2010）涨跌停制度能够削弱市场操纵行为。另外，由于期货市场实行保证金制度，实施涨跌停制度使价格波动幅度受到限制，这样就可以减少保证金不足所带来的一系列负面影响（Brennan，1986；Chou 等，2003）。

第三节　2015 年股市大波动与熔断机制

2015 年股市大波动爆发之后，上证指数在 6—8 月 3 个月期间分别下跌了 7.25%、14.34% 和 12.49%，指数则从最高 5178.19 点跌至 8 月底的 3205.99 点。为稳定市场，监管部门采取了一系列的措施，其中包括实施仅 4 天的熔断机制。2015 年 9 月 7 日，上海证券交易所、深圳证券交易所和中国金融期货交易所发布“征求意见通知”，拟在保留现有个股涨跌幅制度前提下，引入指数熔断机制。2015 年 12 月 4 日证监会正式宣布发布指数熔断相关规定。2016 年 1 月 1 日，A 股正式实施熔断机制。

根据熔断机制的规定，A 股熔断机制的参考指数为沪深 300 指数，一共设置了两个熔断点：分别为 5% 和 7%，当沪深 300 指数在当天交易日第一次上涨或下跌达到 5%，触发第一次熔断，全市场暂停交易 15 分钟；当沪深 300 指数第一次触及 5% 的涨跌幅是在 14:45 及以后或全天任何时段触发 7% 的熔断阈值，全市暂停交易至收市。

然而事与愿违，2016 年 1 月 4 日①，熔断机制实施的第一天，两市均双双低开。此后，沪深 300 指数一路下跌，低迷的市场情绪开始蔓延；午盘开盘后，沪深 300 指数继续下跌，并于 13:13 超过 5%，引发熔断，成为我国股票市场上的第一次熔断事件，在全市场暂停交易 15 分钟之后恢复交易，但沪深 300 指数在恢复交易仅 6 分钟后迅速下跌 2%，于当天 13:34 触及 7% 的第二档熔断阈值，三个交易所暂停交易至当天收盘。在经历了两天小幅上涨后，2016 年 1 月 7 日，沪深 300 指数低开后跌幅迅速扩大，在当天 9:42 触及第一档熔断阈值，在暂停 15 分钟之后，市场于 9:57 重新开始交易之后迅速探底与 9:58 再次达到第二档熔断阈值，全天在交易了仅 13 分钟之后暂停交易至当天收盘。1 月 7 日晚间，三大交易所发布通知，宣布自 1 月 8 日起暂停实施指数熔断。

至于为什么熔断机制会失败，时任证监会主席肖钢在离任 4 年后接受采访时指出，熔断机制失效共有三点原因②，第一，个股的涨跌停制度和指数的熔断机制形成了“叠加效应”，且两种机制均会带来“磁吸效应”，且熔断机制的“磁吸效应”更强。第二，熔断机制的参数设计存在漏洞，具体可以表现在以下三点：①5% 和 7% 的阈值较低，不仅不符合我国新兴加转轨市场股市波动率大的特点，而且较其他成熟市场国家和地区也更低更严；②一档和二档阈值间差距过小，一旦突破了第一档阈值，很容易被第二档熔断点位吸引，形成“磁吸效应”；③15 分钟的冷静期较短，不足以实现信息充分交换，对新资金入场的投资决策时间十分有限，反而加剧了市场恐慌。第三，我国的投资者结构以中小投资者为主，导致熔断机制发挥作用。除此之外，笔者还认为熔断机制推出的时机同样也是导致熔断机制失效的重要原因，市场在经历了大幅波动之后，投资者情绪和信心跌至冰点，市场的任何风吹草动都

---

① 由于节假日的关系，2016 年 1 月 4 日是熔断机制实施后的第一个交易日。

② 【高访】肖钢：离开中国证监会四年后［Z］. 上观新闻.

会影响投资者的决策，在这种市场情绪下，一旦市场发生暴跌，投资者极容易担心流动性不足，而提前交易，加速“磁吸效应”的过程。

第四节　停牌制度

我国停牌制度的发展大概可以分为三个阶段，分别为起步阶段（1998 年 1 月至 2008 年 9 月）、例行停牌向警示性停牌发展阶段（2008 年 10 月至 2016 年 4 月）和规范发展阶段（2016 年 5 月至今）。

一、起步阶段

1997 年 12 月 29 日，沪深交易所发布了《上海证券交易所股票上市规则》与《深圳证券交易所股票上市规则》（以下简称《股票上市规则》），正式引入了停牌制度。在停牌制度实施初期，由于信息的网络传导渠道相对较窄，且信息披露主要依靠特定的媒体，导致投资者获取信息相对滞后。因此，为保证投资者能够充分吸收消化公司信息，停牌制度规定最短停牌时间为半天，停牌的事由主要是定期报告、股东大会等例行停牌，以及信息披露过程中的不充分、不及时等问题。

在停牌制度初期，《股票上市规则》经过 2000 年与 2001 年两次重新修订，停牌制度内容更加细化，同时也对停牌时间过长作出了相应的规定，例如，《股票上市规则》2001 年修订本第 8. 19 条规定“公司就同一不确定事项累计停牌已达到 90 天，公司未向本所申请复牌的，自累计停牌满三个月之日起，本所对其股票强制复牌”。

二、例行停牌向警示性停牌发展阶段

在这一阶段，随着互联网的发展，信息披露的渠道越来越丰富，投资者获取公司信息的成本越来越低，停牌制度在改革调整中不断优化，具体表现为以下两点：一是停牌事项的优化，停牌事项涵盖的内容逐步减少。例如，2008 年 10 月 1 日，新修订的停牌制度在强化警示性停牌作用的同时，仅保留了股东大会和异常波动停牌这两种例行停牌，取消了定期报告和临时报告两种例行停牌；2012 年修订的停牌制度进一步取消了股东大会和股票异常波动两种例行停牌，标志着我国股票市场已经由过去以例行停牌为主的阶段转入以警示性停牌为主的阶段。

二是停牌时长的优化。一方面，新修订的停牌制度逐步缩减最短停牌时长，例如，2002 年停牌制度的修订，将最短停牌时间由之前的半天缩减至一个小时。除此之外，科创板、创业板以及北交所在试点注册制时，增加了盘中临时停牌机制，最短停牌时长缩短至 10 分钟。另一方面，停牌制度的改革加大了对停牌时间过长的限制。例如，根据 2018 年修订的《股票上市规则》，上市公司在实施停牌期间应当每 5 个交易日披露一次未能复牌的原因以及相关事件进展情况。

尽管这一阶段我国股票市场的停牌制度逐步规范，但是仍然存在“随意停、笼统说、停时长”等问题，部分公司甚至为了避免股价大幅下跌，在 2015 年股灾期间选择停牌，导致股市大波动前期出现了千股停牌的景象；例如，2015 年 7 月 8 日与 2015 年 7 月 9 日停牌公司分别达到 1342 家和 1438 家，超过了上市公司总数的一半以上。随意停牌不仅限制了投资者正常交易的权利，还可能增加内部人的私利行为，造成投资者的异常损失（石阳等，2019）。例如，罗进辉等（2020）发现存在股权质押的大股东具有操纵上市公司股票停牌的机会主义行为。

并且，停牌制度的不规范还影响了我国资本市场的声誉，减缓了我国资本市场国际化的进程。例如，根据 MSCI 明晟公司的公告，中国资本市场上市公司随意停牌问题是其多次推迟将中国境内股票纳入 MSCI 全球新兴市场指数的重要原因（MSCI，2016）。之后，尽管中国境内部分公司成功纳入指数体系，但是随意停牌问题仍然是 MSCI 重点关注问题，并规定如果个股的年度累计停牌时间达到 50 个工作日后，无论出于何种原因停牌，都将立即将其从 MSCI 相关指数名单中剔除（MSCI，2017）。

三、规范发展阶段

为规范上市公司办理重大事项的停复牌业务，2016 年 5 月 27 日，沪深交易所分别发布《上市公司筹划重大事项停复牌业务指引》和《上市公司停复牌业务备忘录》，在满足上市公司基本的停牌需求的基础上，对滥用停牌和无故拖延复牌时间的行为加强监管，两者均在最长停牌时间、停复牌事项的信息披露要求以及强化停牌约束等方面予以规范和细化。2016 年 9 月，围绕“筹划重大资产重组”这一停牌时间较长的行为，沪深交易所修改了《关于加强与上市公司重大资产重组相关股票异常交易监管的暂行规定》与《关于规范重大资产重组若干问题的规定》等规范性问题。2017 年 11 月 17 日，证监会重新修订并发布了《证券交易所管理办法》，明确了证券交易所停复牌业务办理原则和事中、事后监管职责。

为进一步加大对“随意停”和“长期停”的打击与治理，2018 年 11 月 6 日，证监会出台了《关于完善上市公司股票停复牌制度的指导意见》（以下简称《指导意见》），提出了停复牌的三项基本原则，分别为审慎停牌原则、分阶段披露原则以及严格保密原则，确保上市公司股票停复牌信息披露及时、公平，保护广大中小投资者合法权益。在《指导意见》的三项基本原则下，2018 年 12 月，沪深交易所分别发布《上海证券交易所上市公司筹划重大事项停复牌业务指引》和《深圳证券交易所上市公司停牌业务信息披露指引》，此次停复牌制度的变革也被称为“最严格停复牌新规”（肖钢，2021），对于打击“随意停”和“长期停”等停牌乱象具有较好的治理效果。《最严格停复牌新规》实施后，天龙集团成为首家因随意停牌被证券交易所通报批评处分的公司。图 8 - 1 给出了 A 股自 2015 年以来月底停牌公司数量的变化情况。

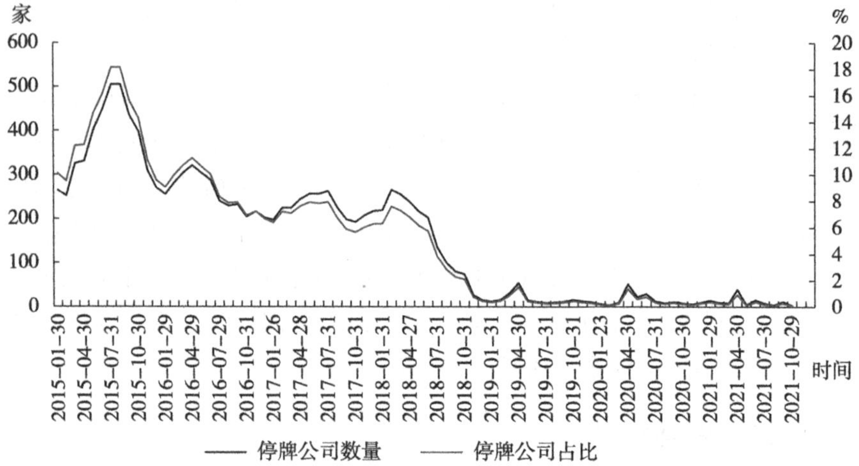

图 8 - 1　A 股停牌公司数量及占比变化趋势

从图 8 - 1 可以看到①，自 2018 年 7 月以来，停牌公司数量大幅下降；并且，在《指导意见》发布后的当月，停牌公司占全部上市公司数量的占比首次跌破 1%，之后该占比长期维持在 1% 的水平下，停牌制度的改革对随意停牌现象治理效果明显。

① 由于仅统计了月底的数值，导致月中出现过的“千股停牌”数据并没有体现在图 8 - 1 中。

第五节　小　结

作为价格稳定机制中最常见的三种机制，涨跌停制度、熔断机制以及停牌制度均在我国A股市场出现过，其中，涨跌停制度和停牌制度已经成为我国股票交易制度中最基础的制度。虽然在制度初期，这些价格稳定机制也曾经历过迷茫与失败，例如，证券交易所成立初期不断调整的涨跌幅限制以及2015年股市大波动期间推出的熔断机制，但是，通过不断摸索、总结与探究，我国股票市场基本形成了相对较为科学规范的涨跌停制度以及停牌制度。

参考文献

[1] 陈浩武，杨朝军，范利民．中国证券市场涨跌幅限制的磁力效应研究——兼论适当放宽涨停限制的合理性［J］．管理科学学报，2008，11（5）：120－128.

[2] 陈平，龙华．中国股市涨跌停绩效的经验分析及政策建议［J］．世界经济，2003（2）：56－65＋79.

[3] 方园，陈收．涨跌停板制度对上海股市日内价格变动和投资者行为的影响［J］．系统工程，2007（11）：48－53.

[4] 胡朝霞．涨跌停机制的绩效：上海股市的经验分析［J］．南方经济，2007（3）：27－37.

[5] 陆昌，刘洋，杨晓光．基于反事实模拟的中国股市涨跌停板磁吸效应研究［J］．计量经济学报，2021，1（1）：217－232.

[6] 罗进辉，向元高，金思静．大股东股权质押与股票停牌操纵——基于“千股停牌”事件的研究［J］．财经研究，2020，46（7）：122－137.

[7] 石阳，刘瑞明，王满仓．上市公司随意停牌与投资者利益——来自中国资本市场的证据［J］．经济研究，2019，54（1）：36－51.

[8] 唐斯圆，宋顺林．首日涨停板制度与IPO解禁效应——基于投机泡沫视角的分析［J］．金融研究，2020（4）：186－206.

[9] 王朝阳，王振霞．涨跌停、融资融券与股价波动率——基于AH股的比较研究［J］．经济研究，2017，52（4）：151－165.

[10] 魏志华，曾爱民，吴育辉，李常青．IPO首日限价政策能否抑制投

资者“炒新”？［J］. 管理世界，2019，35（1）：192－210.

［11］肖钢. 中国资本市场变革［M］. 北京：中信出版社，2021.

［12］张劲帆，李丹丹，杜涣程. IPO 限价发行与新股二级市场价格泡沫——论股票市场“弹簧效应”［J］. 金融研究，2020（1）：190－206.

［13］张峥，尚琼，程祎. 股票停牌、涨跌停与 ETF 定价效率——基于上证 50 ETF 日度数据的实证研究［J］. 金融研究，2012（1）：167－179.

［14］Abad D, Pascual R. On the Magnet Effect of Price Limits［J］. European Financial Management, 2007, 13（5）: 833－852.

［15］Arak M, Cook R E. Do Daily Price Limits Act as Magnets? The Case of Treasury Bond Futures［J］. Journal of Financial Services Research, 1997, 12（1）: 5－20.

［16］Brennan M J. A Theory of Price Limits in Futures Markets［J］. Journal of Financial Economics, 1986, 16（2）: 213－233.

［17］Chan S H, Kim K A, Rhee S G. Price Limit Performance: Evidence from Transactions Data and the Limit Order Book［J］. Journal of Empirical Finance, 2005, 12（2）: 269－290.

［18］Cho D D, Russell J, Tiao G C, et al. The Magnet Effect of Price Limits: Evidence from High－frequency Data on Taiwan Stock Exchange［J］. Journal of Empirical Finance, 2003, 10（1－2）: 133－168.

［19］Chou P H, Lin M C, Yu M T. The Effectiveness of Coordinating Price Limits Across Futures and Spot Markets［J］. Journal of Futures Markets: Futures, Options, and Other Derivative Products, 2003, 23（6）: 577－602.

［20］Chowdhry B, Nanda V. Leverage and Market Stability: The Role of Margin Rules and Price Limits［J］. The Journal of Business, 1998, 71（2）: 179－210.

［21］Danışoğlu S, Güner Z N. Do Price Limits Help Control Stock Price Volatility?［J］. Annals of Operations Research, 2018, 260（1）: 129－157.

［22］Deb S S, Kalev P S, Marisetty V B. Are Price Limits Really Bad for Equity Markets?［J］. Journal of Banking & Finance, 2010, 34（10）: 2462－2471.

［23］Fama E F, French K R. Business Conditions and Expected Returns on Stocks and Bonds［J］. Journal of Financial Economics, 1989, 25（1）: 23－49.

［24］Hsieh P H, Kim Y H, Yang J J. The Magnet Effect of Price Limits: A Logit Approach［J］. Journal of Empirical Finance, 2009, 16（5）: 830－837.

[25] Kim W, Jun S. Effects of a Price Limit Change on Market Stability at the Intraday Horizon in the Korean Stock Market [J]. Applied Economics Letters, 2019, 26 (7): 582-586.

[26] Kim K A, Liu H, Yang J J. Reconsidering Price Limit Effectiveness [J]. Journal of Financial Research, 2013, 36 (4): 493-518.

[27] Kim K A, Park J. Why Do Price Limits Exist in Stock Markets? A Manipulation-based Explanation [J]. European Financial Management, 2010, 16 (2): 296-318.

[28] Kim K A, Rhee S G. Price Limit Performance: Evidence from the Tokyo Stock Exchange [J]. The Journal of Finance, 1997, 52 (2): 885-901.

[29] Lehmann B N. Commentary: Volatility, Price Resolution, and the Effectiveness of Price Limits [J]. Journal of Financial Services Research, 1989, 3 (2): 205-209.

[30] MSCI, Results of MSCI 2016 Market Classification Review, MSCI Report [R]. 2016.

[31] MSCI, Consultation on Specific Topics Related to China A Reclassification, MSCI Report [R]. 2017.

[32] Nath P. Are Price Limits Always Bad? [J]. Journal of Emerging Market Finance, 2005, 4 (3): 281-313.

[33] Roll R. Price Volatility, International Market Links, and Their Implications for Regulatory Policies [J]. Journal of Financial Services Research, 1989, 3 (2-3): 211-246.

[34] Seasholes M S, Wu G. Predictable Behavior, Profits, and Attention [J]. Journal of Empirical Finance, 2007, 14 (5): 590-610.

[35] Subrahmanyam A. Circuit Breakers and Market Volatility: A Theoretical Perspective [J]. The Journal of Finance, 1994, 49 (1): 237-254.

[36] Tooma E A. The Magnetic Attraction of Price Limits [J]. International Journal of Business, 2011, 16 (1): 35.

[37] Yan Du D, Liu Q, Rhee S G. An analysis of the Magnet Effect under Price Limits [J]. International Review of Finance, 2009, 9 (1-2): 83-110.

第九章　基于功能视角的我国资本市场评价

君子博学而日参省乎己，则知明而行无过矣

——《荀子·劝学》

第一节　我国资本市场的发展成果

以1990年上海证券交易所和深圳证券交易所的成立为标志，中国资本市场从星星之火到燎原之势，走过了波澜壮阔的30余年。我国资本市场的规模由最开始的“沪市老八股”和“深市老五股”发展到2020年底的共4154家上市公司，市场总市值也由1990年不到24亿元增加至2020年底的86.8万亿元。除了规模上显而易见的提升外，我国资本市场的质量也得到了显著提升，具体可以体现在以下几个方面。

一、法制化和规范化

在市场成立初期，由于缺乏相应的法律法规，爆发了诸如“8·10”事件、“3·27”国债期货事件以及“银广夏”事件等一系列影响市场稳定和社会安定的重大事件，但通过30余年的努力，在机构设置上，我们相继成立了证券业协会、中国证券监督管理委员会等监管机构，加强了对违法违规行为的监督惩罚力度；在法律法规建设上，形成了一套以《公司法》《证券法》《证券投资基金法》等法律为核心，以行政法规、部门规章、司法解释和规范性文件为主干，以交易所、登记结算机构和行业协会等组织的自律规则为配套的资本市场法律规范体系，为资本市场的法制化和规范化提供了基础。

二、开放化和国际化

资本市场成立伊始，我国就在探索通过引入外资来推动经济发展。首先，真空电子和南方玻璃在1991年10月分别通过发行人民币特种股票募集外资，B股市场由此建立，B股市场的成立在资本市场成立初期极大地缓解了国内资金供给有限和外汇短缺的困境。

其次，在B股市场成立同期，H股也于1993年正式开通。并且，由于H股具有更加规范的制度体系与更加广泛的投资者基础，越来越多的企业选择到H股进行融资，使H股成为企业境外上市融资的重要渠道。自1993年青岛啤酒成为首家境内企业在香港联交所上市的公司以来，截至2020年底，境内企业在H股共筹得资金3989.17亿美元。除H股外，美国股市是另一个国内企业境外上市的重要渠道。

除专门开辟B股市场和开放企业境外上市融资渠道外，我国也逐步将A股市场向境外投资者放开。在2001年正式加入WTO以及资本市场建设初见成效后，中国证监会、中国人民银行在2002年11月5日联合颁布《合格境外机构投资者境内证券投资管理暂行办法》，标志着QFII制度的正式确立。在QFII制度下，境外机构经过审批之后可以在A股市场进行投资。在QFII制度顺利运行的基础上，为进一步推动资本市场开放程度，同时为庞大的离岸人民币提供回流渠道。2011年12月，中国证监会、中国人民银行和国家外汇管理局联合发布了《基金管理公司、证券公司人民币合格境外机构投资者境内证券投资试点办法》，RQFII制度正式启动。

除QFII/RQFII制度外，互联互通机制成为我国资本市场对外开放的另一重要机制。自2014年沪港通开通以来，深港通、沪伦通、债券通等一系列互联互通机制相继开通。其中，沪港通与深港通的开通为境外投资者提供了更便捷的投资渠道，使其成为我国资本市场对外开放的另一里程碑事件。

在QFII/RQFII制度以及互联互通机制的推动下，我国资本市场对外开放也取得了丰硕成果。截至2021年底，外资持有A股市值达29654.62亿元，占流通A股市值的3.96%。其中，沪港通和深港通渠道持有市值达27269.06亿元，占流通A股市值的3.64%，QFII/RQFII持有市值达2385.56亿元，占流通A股市值的0.32%。在国际化方面，A股相继被纳入三大国际知名指数MSCI、富时罗素、道琼斯，债券市场则相继被纳入全球三大主流指数，分别为彭博巴克莱、摩根大通、富时罗素。

三、市场化和成熟化

首先，在股票发行上市制度上，A股市场经历了审批制、核准制，再到如今的注册制改革，上市发行过程中的行政化色彩越来越淡，市场化程度越来越高，企业发行上市的效率越来越高。其次，在股权分置改革改变了股权分置局面下，由于非流通股股东和流通股股东利益不一致导致的股权二元结构，非流通股进入市场，参与市场定价。在市场形成统一价格的同时，增加了参与市场定价的投资者规模，提升了市场效率。除此之外，在交易制度方面，融资融券制度、股指期货制度以及期权市场等做空机制的建立，改变了我国长期以来的“单边市”格局，企业和市场的负面消息能够更加容易地被吸收到股票价格中；另外，涨跌停限制的逐步放松以及部分市场和产品开始尝试T+0交易制度，同样在交易制度方面提升了资本市场的市场化程度。

市场化的建设与发展需要以市场成熟作为基础，在市场暂不成熟的情况下进行市场化改革很容易导致“3·27”国债期货事件等危害社会和市场稳定性的事件。经过30余年的发展，随着投资者结构的逐步优化（中山证券课题组，2020）、个人投资者的经验积累以及从业人员素质的提升，我国资本市场成熟度得到长足的进步。

四、层次化与多元化

从多层次资本市场建设来看，截至2021年，我国资本市场形成了“沪深主板—二板（创业板、科创板、北交所）—新三板（创新层、基础层）—区域股权市场”的多层次资本市场。针对不同类型与不同阶段的企业，多层次资本市场的各板块之间形成错位发展的局面。其中，主板主要针对成熟型企业；二板主要为创新型企业提供融资平台以及其他金融服务；新三板主要为创新型、创业型、成长型中小微企业发展提供资本服务，是支持服务实体经济的主战场；区域性股权交易市场是地方政府扶持中小微企业政策措施的综合运用平台。并且，在各板块内部又进一步形成错位，扩大了金融服务实体经济的覆盖面。例如，在二板市场内部，创业板主要支持传统产业与新技术、新产业、新业态、新模式的深度融合，科创板更加关注“硬科技”，而北交所主要服务于创新型中小企业。除此之外，更加完善的退市制度以及转板制度增强了不同层次之间的联系，能够更加充分地发挥市场的优胜劣汰功能，激发市场活力。

在多元化方面，商品期货、商品期权、公募基金、私募基金、ETF、REITs、股指期货、融资融券、国债、公司债、企业债、可转债、股票期权等涵盖股票、债券、商品、基金在内的众多产品，为不同风险偏好的投资者提供了多样化的投资选择。与金融产品和金融工具多元化发展相对应，我国资本市场的投资者同样越来越多元化，在境内的投资者中，有个人投资者、被动型股票基金、主动型股票基金、债券型基金、企业年金、风险投资者、价值投资者以及量化投资者等；在境外投资者中，则有以长期投资者为主的 QFII、RQFII，以及通过互联互通机制进入的各类境外投资者。

第二节 资本市场的功能

习近平总书记在第五次全国金融工作会议中指出，金融服务实体经济是金融工作的三大任务之一，而金融服务实体经济的关键在于资本市场能否充分发挥其功能作用。回归到资本市场的本源，资本市场是为资本这一经济活动中最重要的生产要素提供流通场所的市场。资本市场通过促进资本的流动，使资金从剩余方流向具有更高效益的短缺方，进而提升社会经济活动的活力与效率。

从我国经济发展取得的一系列成果来看，自沪深交易所成立以来，我国的 GDP 总量由 1990 年交易所成立之初的 1.89 万亿元增加至 2020 年的 101.6 万亿元，GDP 总量的世界排名也由第 11 位提升至第 2 位，经济体量得到大幅提升。从结构上来看，第一、第二、第三产业总产值的占比分别由 1990 年的 26.6%、41.0%、32.4% 转变为 2020 年的 7.7%、37.8%、54.5%，产业升级效果显著。另外，城镇居民的人均可支配收入由 1990 年的 1510.2 元增加至 2020 年的 43834 元，人民生活水平显著提高。

然而，金融与经济的同向快速发展并不能回答金融的发展是否促进了经济的发展，也很难衡量金融对实体经济的发展贡献几何。回答这些问题或许比较困难，毕竟经济运行是一个极其复杂的系统，会受到制度、环境、人文、地理等多方面的影响。但是，从资本市场的功能出发，对资本市场功能发挥效率进行评价，能在一定程度上帮助我们了解金融服务实体经济的效率如何，同时也为我国资本市场的建设历程提供一次自省的机会。基于这样的目标，本章将从资本市场 30 余年的演变视角，对资本市场的功能进行评估。

资本市场主要有融资、投资、价格发现以及资源配置四个功能，本章将在接下来的四个小节中分别从四个维度准确、全面、客观地评估资本市场 30 余年来的效率变化以及功能演变。通过总结历史经验，结合现状分析，认清我国资本市场功能建设的“短板”，为未来进一步推动资本市场深化改革提供思路，充分发挥资本市场的四大功能。

第三节 融资功能

在沪深交易所成立之初，市场主要以首次公开募股进行融资。之后，随着资本市场建设的不断推进，沪深交易所不断丰富融资工具，形成了涵盖股权型融资工具、债权型融资工具以及复合型融资工具在内的多种形式的融资工具体系。其中，股权型融资工具主要包括首次公开募股、增发股票、配股以及优先股等；在交易所进行债权融资的形式主要有国债、地方政府债、一般企业债、集合债、公司债、政府支持机构债、资产支持证券等；复合型融资工具包括可转债、可分离债、可交换债等。

政策和市场等原因均会影响微观企业的融资行为。政策方面，我国曾经历9次IPO暂停，因为IPO暂停，2013年全年IPO融资规模为零；市场方面，微观企业在市场繁荣时期的融资意愿更为强烈。例如，处于牛市期间的2007年IPO融资和增发融资总量为7833.8亿元，而国际金融危机贯穿的2008年全年的IPO融资和增发融资总量仅为3136.5亿元。为避免政策和市场等对后续的分析造成干扰，本章以5年为一个周期，将样本区间分为6个周期来分析资本市场融资功能的演变。具体结果见表9-1。

表9-1　　资本市场融资概况　　单位：亿元

周期	1991—1995年	1996—2000年	2001—2005年	2006—2010年	2011—2015年	2016—2020年
股权型融资	461.11	3941.49	3171.16	27875.93	40418.33	70799.62
IPO	292.59	2361.64	1877.47	13854.51	5828.88	12454.70
增发	0.00	148.91	739.27	12078.97	30435.51	51047.85
定增	0.00	0.00	2.04	10257.30	29957.45	50932.64
公开增发	0.00	148.91	737.23	1821.67	478.06	115.21
配股	168.52	1430.94	554.42	1942.45	1018.44	1484.67
优先股	0.00	0.00	0.00	0.00	3135.50	5812.40
债券型融资	635.16	4201.11	13941.30	55748.49	153979.08	604795.99
国债	634.16	3938.22	12530.50	46845.50	70233.20	198167.10
地方政府债	0.00	0.00	0.00	4000.00	42428.84	222647.50
一般企业债	1.00	156.57	1237.00	3019.40	21403.40	17575.31
集合债券	0.00	0.00	35.00	12.03	86.76	50.00

续表

周期	1991—1995 年	1996—2000 年	2001—2005 年	2006—2010 年	2011—2015 年	2016—2020 年
公司债	0.00	0.00	0.00	1646.40	17307.63	114596.15
政府支持机构债	0.00	106.32	80.00	20.00	0.00	4050.00
ABS	0.00	0.00	58.80	205.16	2519.25	47709.93
复合型	5.00	32.00	409.03	1917.01	1822.43	10987.39
可转债	5.00	32.00	409.03	966.36	1540.55	7415.99
可交换债	0.00	0.00	0.00	0.00	281.88	3571.40
可分离债	0.00	0.00	0.00	950.65	0.00	0.00

注：数据来自 Wind 数据库。

首先，从规模上来说，资本市场的融资总量大幅增长。其中，股权型融资、债权型融资以及复合型分别由 1991—1995 年的 461 亿元、635 亿元和 5.00 亿元增加至 2016—2020 年的 799.62 亿元、604799.99 亿元和 10987.39 亿元，分别增长 152.58 倍、951.43 倍和 2196.40 倍，如果考虑通货膨胀的因素，则分别增长 87.77 倍、549.54 倍和 1269.17 倍。从时间轴来看，股权融资在 2006—2010 年这个期间，虽然经历 A 股历史上最为严重的股市震荡，但融资规模大幅增长。笔者认为，股权融资规模在这期间的爆发与两方面的因素相关：短期来看，融资规模膨胀主要受 2007 年的牛市影响，形成短期爆发的效应；长期来看，2006 年底基本完成的股权分置改革强化了资本市场的市场化机制。另外，第二个增长高峰对应 2016—2020 年，一方面，这与 2015 年救市之后股票市场在 2016 年进入繁荣阶段不无关系；另一方面，科创板的成立运行以及注册制的施行，进一步便利了企业的融资流程，形成了长效的促进机制。

其次，从结构上来说，股权融资在规模上虽然有明显的增长幅度，但在整个融资比例中稍有下滑。具体来看，在 IPO 融资渠道中，由于长期实行的审批制和核准制，以及 9 次 IPO 暂停等因素的影响，IPO 募集资金增长速度相比其他方式较为缓慢，且不稳定。例如，2016—2020 年通过 IPO 的融资规模甚至少于 10 年前 2006—2010 年 IPO 的融资规模，但随着注册制的全面推行，资本市场 IPO 融资机制更为市场化，通过 IPO 进行融资将会更加便捷高效，有助于进一步提升资本市场的融资功能。相比 IPO 股权融资方式，增发作为另一种重要的股权融资方式，尤其是定向增发，在 2006 年《上市公司证券发行管理办法》颁布后，进入规范发展期，并且，由于定向增发通常伴随高折价、高收益、较低的发行门槛等特征，使定向增发在2006年后呈较快的增长速度，并在2011年后①，成为最主要的股权融资方式。除此之外，优先股在2014年首次被农业银行运用后，逐渐成为优质蓝筹企业的一种融资渠道。例如，商业银行会通过发行优先股来提升商业银行的核心一级资本充足率，在不增加其财务负担的同时延续其存贷款扩张的增长模式。另外，配股作为股权融资的补充方式，无论是发展规模还是发展速度均相对较为平缓。

债券融资渠道方面，从规模上来看，主要以政府债券为主，且政府债券呈现出规模大、增速快的特征，这与我国长期持续性的、积极的财政政策相关，且“四万亿”一揽子刺激计划之后，地方政府首次在交易所发行债券，之后市场呈“井喷式”发展。与此同时，公司债同样在2009年后形成了“井喷式”发展，而企业债则在市场化改革以及国企改革的作用下，市场的融资规模占比和规模总量均呈下滑趋势。新型的资产支持证券（以下简称ABS）则在金融创新和政策扶持的双重助力下快速发展，尤其在2014年信贷ABS和企业ABS由审批制改为备案制之后迎来“井喷式”发展。

复合型的融资渠道增长速度最为快速，其中的主要代表为可转债，笔者认为，复合型融资工具快速发展的原因主要有四点：其一，金融创新的助推；其二，可转债有助于降低发行者的债务风险；其三，为投资者提供了更多的选择便利；其四，2019年申购可转债带来的高收益推高了投资者对于可转债的热情。

最后，从融资工具来说，融资工具呈现多元化的态势，这与我国深化资本市场改革所取得的成果息息相关。例如，2007年8月14日《公司债券发行试点办法》开始施行，公司债逐步成为公司主体进行融资的重要手段；2013年11月30日，国务院颁布《国务院关于开展优先股试点的指导意见》，主要商业银行开始通过优先股融资提升一级核心资本充足率。未来，随着金融创新的深入，更多、更加灵活的、更能满足投资者和融资者需求的融资工具有望被提出。

总的来说，资本市场30余年的发展在融资功能方面取得了非凡成就。在总量上，共为企业融得资金39.37万亿元，共为政府融得资金60.14万亿元。在结构上，股权再融资、债权融资以及复合型融资均发展迅猛。未来，随着

① 2011年IPO的融资规模为2595.69亿元，定向增发的融资规模为3435.48亿元。

注册制的全面推行，IPO 融资方式将更加市场化，有助于推动 IPO 融资的常规化、规范化发展。融资渠道方面，在经济发展和资本市场深化改革的推动下，以及在金融创新的作用下，融资形式呈现多元化特征，融资渠道被不断拓宽。

第四节　投资功能

资本市场是资本要素的交易市场，融资方通过借入资金展开运营，而出资方则以未来收益作为回报来进行投资。对于投资者而言，资本利得和分红是投资者获取回报的主要形式。其中，依赖于股票价格的资本利得容易受到市场因素的影响而波动较大，导致其很难真实反映市场的投资回报功能，并且，资本利得还涉及投资者之间的博弈，导致其并不能全面反映出资本市场的投资功能。相比之下，分红是投资最原始的，也是最基础的回报方式。在分红形式中，送股分红的本质为股票拆分，对投资者的回报不会带来实质性的影响，而现金分红是所有投资回报中的终极形式，通过对现金分红进行分析，有助于研究者了解市场层面的投资回报。因此，本章采用股票和公募基金的现金分红作为研究对象，来评估资本市场的投资回报功能。图 9－1 给出了 1991—2020 年 30 年来资本市场现金分红的变化情况。

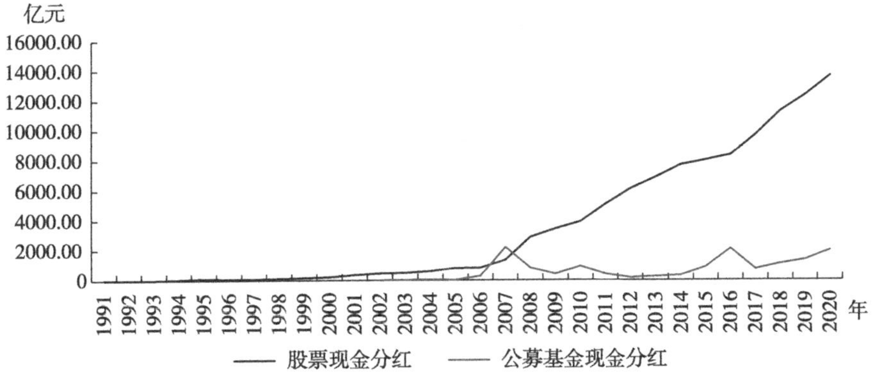

注：数据来自 Wind 数据库。

图 9－1　1991—2020 年我国资本市场股票现金分红和基金现金分红变化

从规模上来看，股票和公募基金在 1991—2020 年 30 年间分别累计派发现金分红 104826.81 亿元和 13984.96 亿元，充分实现了资本市场的投资功能。

在股票分红方面，受益于制度和市场的成熟化发展，股票的现金分红规模稳步增长。其中，在制度方面，自 2008 年《关于修改上市公司现金分红若干规定的决定》实施以来，证监会关于上市公司分红的政策陆续出台，从制度方面规范了企业的派息行为；在市场成熟化发展方面，上市公司的投资者关系管理观念发生转变，出于迎合投资者等各种原因，上市公司的派息意愿逐渐增强（支晓强等，2014）。例如，2020年实施过现金分红的公司数量达到2693家，占上市公司数的64.83%。其中，现金分红占当年归属母公司净利润的比例超过30%的有1577家，占实施现金分红公司的58.56%；相比之下，在《关于修改上市公司现金分红若干规定的决定》实施的2008年，仅779家上市公司实施了现金分红，占上市公司数的48.57%。其中，现金分红占当年归属母公司净利润的比例超过30%的有429家，占实施现金分红公司的55.07%。

相对而言，公募基金的现金分红主要呈波动的特征，分红的规模主要受市场行情的影响。例如，在市场行情较好的2007年和2016年，公募基金的分红规模均相对较高，并且，2007年是仅有的基金现金分红规模超过股票现金分红规模的年份。除波动特征外，受益于市场规模的快速发展，公募基金的现金分红同样呈一定的增长趋势。

总的来说，随着资本市场的规模不断扩大，无论是股票现金分红还是公募基金现金分红均呈增长的趋势。并且，随着一系列政策的不断出台，市场逐步成熟，市场机制逐步完善，上市公司的分红机制呈规范化的趋势，上市公司分红的意愿增强，市场的投资功能逐步显现。

第五节　价格发现功能

市场的有效性是市场发挥资源配置功能的重要基础。但是，在我国资本市场初期，市场曾经存在一些深层次问题和结构性矛盾，诸如股权分置、资本市场体系不健全、法律制度建设不完善等，一度导致市场乱象横生，A股市场价格扭曲严重，泡沫化比较严重（周小川，2007）。但经过30余年的耕耘与建设，股权分置改革纠正了股权分置格局下两类股东的利益分配机制的缺陷；法律制度的建设与完善奠定了规范、透明的资本市场法制环境基础，使资本市场的公平性得到保障，市场行为逐步取代非市场行为；沪港通等互联互通机制则打通了我国资本市场与国际成熟资本市场之间的联通关系，资本市场的市场化机制逐步形成。

在文献研究中，刘维奇等（2010）和李志冰等（2017）分别基于Fama－

French 三因子模型和 Fama – French 五因子模型发现股权分置改革提升了资本市场的有效性。刘荣茂和刘恒昕（2015）则通过 R/S 分析的方法发现，沪港通的开通提升了资本市场的有效性。

为进一步分析市场有效性的演变，检验我国资本市场有效性是否得到提升，本文采取因子模型的分析方法来评估中国 A 股市场 30 年有效性的变化趋势。关于因子模型的选择，本章采用了被普遍使用的 Fama – French 五因子（Fama 和 French，2015）模型以及 Liu 等（2019）提出的更加适用于中国市场的 LSY 四因子模型。关于因子的构造方法，Fama – French 五因子以及 LSY 四因子的构造方法分别参考了李志冰等（2017）和 Liu 等（2019）研究中 2 × 3 的分组方法。其中，Fama – French 五因子分别为市场因子、市值因子、价值因子、盈利能力因子和投资风格因子。除市场因子外，其他因子在构建过程中分组参考的指标分别为股票市值（Size）、账面市值比（BM）、营运利润/股东权益合计（OP）以及总资产增长率（Inv）；LSY 四因子分别为市场因子、市值因子、价值因子和换手率因子。其中，价值因子与 Fama – French 五因子模型中的价值因子不同，LSY 选取的参考指标为净利润/总市值（EP），换手率因子则参考的是异常换手率（TO）。

关于投资组合的构造，本章采用资产定价领域经典的方法，根据市值和另一指标进行交叉分组，构造出 5 ×5（共 25）个投资组合。基于因子模型的理论，如果市场的有效性越高，风险因子对投资组合的收益率解释能力就越强，即投资组合中收益率的变动更多地来自风险因子的变化。基于此，本章利用 25 个投资组合在因子模型上的平均 R^2 来衡量市场的有效性，当平均 R^2 的数值越大，意味着投资组合中收益变动越大程度上被风险因子所解释，即市场的有效性越高。为了评估市场有效性的演变，本章以 5 年期进行滚动。由于前期会计准则不规范以及上市公司数量较少等原因，本章从 1996 年的数据开始进行研究。

另外，Liu 等（2019）认为，低市值的上市公司是稀缺的壳资源，导致低市值股票的价值除了包含本身的基本面价值外，还受壳价值的影响；因此，在构造 LSY 四因子的时候剔除了市值最低的 30% 样本，本章参考 Liu 等（2019）的做法，在利用 LSY 四因子进行评估的时候，25 个投资组合的构建同样剔除了市值最低的 30% 样本。具体结果如图 9 – 2 和图 9 – 3 所示。

从图 9 – 2 和图 9 – 3 可以看出，无论是采用 Fama – French 五因子模型还是采用 LSY 四因子模型，在不同的投资组合分组情形下，投资组合的平均 R^2

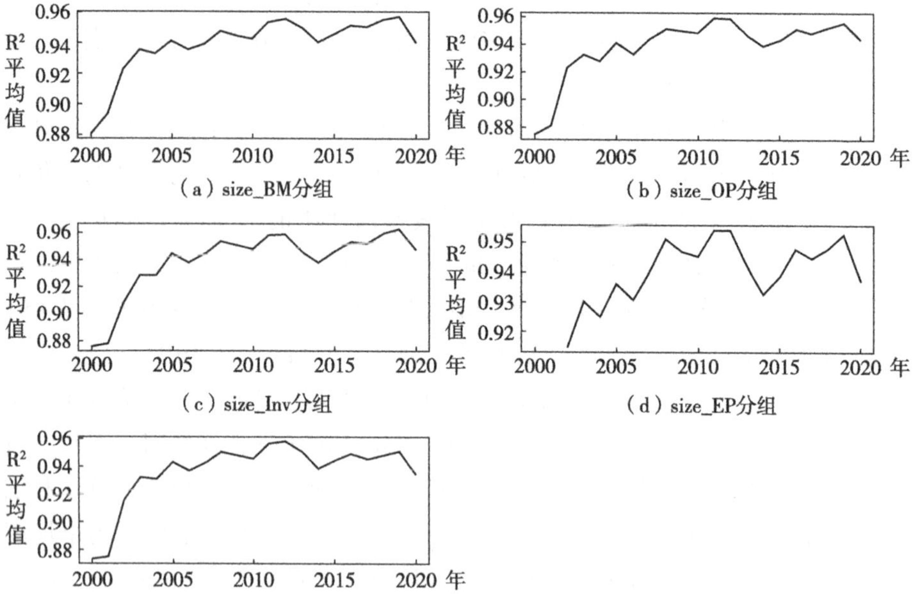

（a）size_BM分组　（b）size_OP分组
（c）size_Inv分组　（d）size_EP分组
（e）size_TO分组

图 9－2　Fama－French 五因子的有效性检验结果

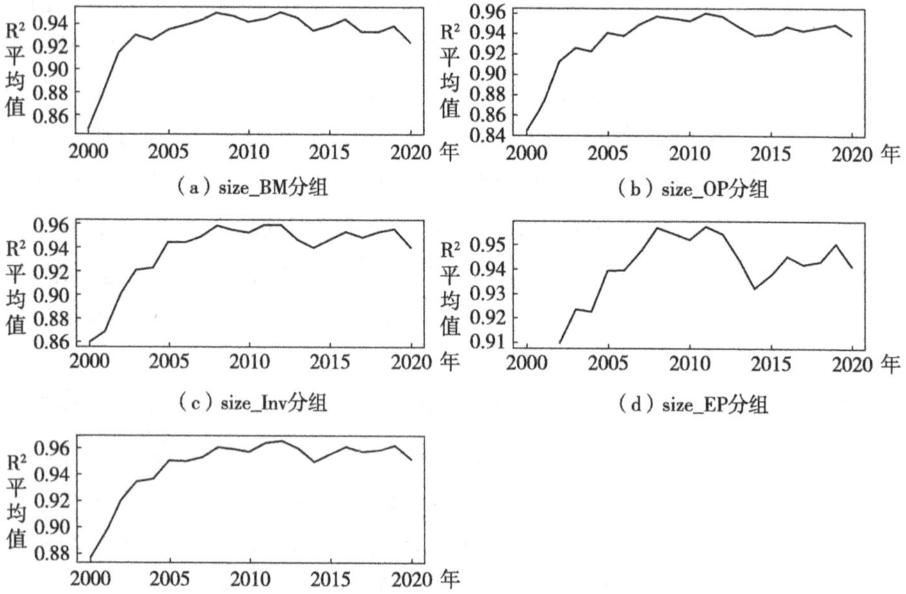

（a）size_BM分组　（b）size_OP分组
（c）size_Inv分组　（d）size_EP分组
（e）size_TO分组

图 9－3　LSY 四因子的有效性检验结果

均处于提升的趋势中，尤其是在 2006 年股权分置改革基本完成的时间点，表明市场有效性在这一段时间得到快速提升，这也与刘维奇等（2010）和李志冰等（2017）的发现一致，即股权分置改革提升了市场的有效性。从具体数值来看，Fama - French 五因子的结果表明在大部分分组情形下，平均 R^2 由 88% 左右提升至 95% 左右，市场的有效性改善明显，并且这一提升同样适用于不基于 Fama - French 分组参考指标构建的投资组合，比如 size - EP 分组和 size - TO 分组。LSY 四因子模型给出了同样的结论，以 size - OP 的分组为例，市场的有效性由 1996—2000 年（横坐标对应 2000 年）的 84% 的 R^2 提升至 2003—2007 年（横坐标对应 2007 年）的超过 95%，之后长期稳定在该水平。

第六节　资源配置功能

一、各行业的融资情况

金融市场的资源配置功能，指资本市场在市场化机制的作用下，资金从使用效率较低的行业转到使用效率更高的行业，提升资本的使用效率。在产业升级迭代过程中，服务业和高新技术产业通常具有更高的回报率（吴丰华和刘瑞明，2013），因此，如果市场具有更加高效的资源配置功能，那么资金将由传统的第一产业和第二产业流向服务行业和高新技术行业。对于已由高速增长阶段转向高质量发展阶段的我国经济而言，促进生产要素自由流动和资源优化配置是高质量发展的关键（王一鸣，2020），作为最重要的生产要素之一的资本交易流通平台，资本市场资源配置效率的提升对于高质量发展、构建新发展格局至关重要。为检验市场的资源配置功能，表 9 - 2 以 5 年为一个周期，统计了 30 余年各行业的上市公司在资本市场进行股权融资进行融资的情况。

表 9 - 2　　各行业股权融资规模的变化

Panel A：各行业在不同周期的融资规模（亿元）						
周期	1991—1995 年	1996—2000 年	2001—2005 年	2006—2010 年	2011—2015 年	2016—2020 年
资本货物	92.75	475.26	383.31	4277.34	6289.32	11319.10
银行	1.35	112.82	295.85	5973.62	4813.37	11313.32
材料Ⅱ	50.80	815.63	871.29	3542.38	5388.03	10328.17

续表

Panel A：各行业在不同周期的融资规模（亿元）						
周期	1991—1995 年	1996—2000 年	2001—2005 年	2006—2010 年	2011—2015 年	2016—2020 年
多元金融	13.72	101.65	52.46	1918.81	2361.06	6118.28
技术硬件与设备	16.94	193.87	180.72	1053.27	2881.66	5778.33
软件与服务	11.62	60.21	57.94	361.77	1530.27	3988.96
运输	20.30	236.32	179.74	1913.45	1213.25	3852.31
制药、生物科技与生命科学	24.55	219.26	171.98	596.64	1744.93	3785.45
公用事业Ⅱ	32.24	298.33	350.43	1211.84	2405.63	3261.31
汽车与汽车零部件	16.96	207.02	111.69	728.53	1257.06	3174.48
房地产Ⅱ	59.53	239.70	206.41	1970.81	2029.22	2812.03
半导体与半导体生产设备	0.00	18.99	30.68	299.66	684.06	2582.27
食品、饮料与烟草	21.09	252.57	188.48	445.93	1452.82	2377.24
耐用消费品与服装	36.71	222.00	111.54	515.81	1035.01	1866.88
零售业	36.68	105.73	68.38	246.91	892.25	1825.89
能源Ⅱ	28.04	91.94	221.74	2174.01	1438.20	1550.80
媒体Ⅱ	5.81	85.32	90.94	274.41	1811.02	1513.77
医疗保健设备与服务	4.68	36.62	50.28	180.24	320.96	1315.80
商业和专业服务	5.63	39.88	9.60	124.80	488.73	1265.46
电信服务Ⅱ	0.97	0.00	160.00	33.76	7.84	642.71
消费者服务Ⅱ	4.50	46.84	20.26	197.35	333.05	604.59
食品与主要用品零售Ⅱ	8.78	20.40	14.83	117.44	239.89	344.22
家庭与个人用品	2.06	0.00	16.67	26.95	5.20	68.63
Panel B：各行业在不同周期的融资排名						
周期	1991—1995 年	1996—2000 年	2001—2005 年	2006—2010 年	2011—2015 年	2016—2020 年
资本货物	1	2	2	2	1	1
银行	21	11	4	1	3	2
材料Ⅱ	3	1	1	3	2	3
多元金融	13	13	17	6	6	4
技术硬件与设备	12	10	8	9	4	5
软件与服务	14	16	16	14	10	6

续表

Panel B：各行业在不同周期的融资排名						
周期	1991—1995 年	1996—2000 年	2001—2005 年	2006—2010 年	2011—2015 年	2016—2020 年
运输	10	6	9	7	14	7
制药、生物科技与生命科学	8	8	10	11	9	8
公用事业Ⅱ	6	3	3	8	5	9
汽车与汽车零部件	11	9	12	10	13	10
房地产Ⅱ	2	5	6	5	7	11
半导体与半导体生产设备	23	21	19	15	17	12
食品、饮料与烟草	9	4	7	13	11	13
耐用消费品与服装	4	7	13	12	15	14
零售业	5	12	15	17	16	15
能源Ⅱ	7	14	5	4	12	16
媒体Ⅱ	16	15	14	16	8	17
医疗保健设备与服务	18	19	18	19	20	18
商业和专业服务	17	18	23	20	18	19
电信服务Ⅱ	22	22	11	22	22	20
消费者服务Ⅱ	19	17	20	18	19	21
食品与主要用品零售Ⅱ	15	20	22	21	21	22
家庭与个人用品	20	23	21	23	23	23
Panel C：各行业在不同周期的融资占比（%）						
周期	1991—1995 年	1996—2000 年	2001—2005 年	2006—2010 年	2011—2015 年	2016—2020 年
资本货物	18.71	12.25	9.97	15.18	15.48	13.86
银行	0.27	2.91	7.69	21.19	11.85	13.85
材料Ⅱ	10.25	21.02	22.66	12.57	13.26	12.64
多元金融	2.77	2.62	1.36	6.81	5.81	7.49
技术硬件与设备	3.42	5.00	4.70	3.74	7.09	7.07
软件与服务	2.34	1.55	1.51	1.28	3.77	4.88
运输	4.10	6.09	4.67	6.79	2.99	4.72
制药、生物科技与生命科学	4.95	5.65	4.47	2.12	4.30	4.63
公用事业Ⅱ	6.50	7.69	9.11	4.30	5.92	3.99

续表

Panel C：各行业在不同周期的融资占比（%）						
周期	1991—1995 年	1996—2000 年	2001—2005 年	2006—2010 年	2011—2015 年	2016—2020 年
汽车与汽车零部件	3.42	5.34	2.90	2.58	3.09	3.89
房地产Ⅱ	12.01	6.18	5.37	6.99	5.00	3.44
半导体与半导体生产设备	0.00	0.49	0.80	1.06	1.68	3.16
食品、饮料与烟草	4.25	6.51	4.90	1.58	3.58	2.91
耐用消费品与服装	7.41	5.72	2.90	1.83	2.55	2.29
零售业	7.40	2.72	1.78	0.88	2.20	2.24
能源Ⅱ	5.66	2.37	5.77	7.71	3.54	1.90
媒体Ⅱ	1.17	2.20	2.36	0.97	4.46	1.85
医疗保健设备与服务	0.94	0.94	1.31	0.64	0.79	1.61
商业和专业服务	1.14	1.03	0.25	0.44	1.20	1.55
电信服务Ⅱ	0.20	0.00	4.16	0.12	0.02	0.79
消费者服务Ⅱ	0.91	1.21	0.53	0.70	0.82	0.74
食品与主要用品零售Ⅱ	1.77	0.53	0.39	0.42	0.59	0.42
家庭与个人用品	0.42	0.00	0.43	0.10	0.01	0.08

注：数据来自 Wind 数据库。

首先，从规模上来说，受益于我国 30 年来的经济增长奇迹和资本市场发展，各行各业的融资规模均大幅上升。从相对的视角来看，融资规模排名爬升较快的行业有银行业、半导体与半导体生产设备、软件与服务、多元金融以及技术硬件与设备等行业；而融资规模略有下滑的行业主要有零售业、耐用消费品与服装、房地产Ⅱ以及能源Ⅱ等行业。可以看出，资金逐步从传统的能源消费行业向高端技术产业和金融产业转移，这既与经济发展水平的提升相呼应，也是我国经济转型背景下的迫切需求。

金融行业融资规模迅速扩展的原因在于前期结构较为单一，规模较小。随着经济的发展，以及资本市场深化改革的推进，经济与金融之间关系更加紧密，金融服务实体经济、加速产业结构升级转型的功能逐步凸显（伍海华和张旭，2001；易信和刘凤良，2015），金融业也逐步成为最为重要的服务产业。例如，2020 年我国金融产业的产值已占到全年 GDP 的 8.27%。具体来看，金融行业在 2006—2010 年的股权融资增速最为明显，尤其是银行业，主要原因在于国际金融危机后，各大银行为应对国际金融危机对经济造成的冲击，助力经济发展，大量投放贷款，这要求银行需要通过增加资本以获取更大的信贷额度。例如，包括农业银行、建设银行和工商银行在内的 11 家银行在这一期间进行了 IPO 融资。除此之外，已上市的中国银行则进行了大额的再融资。但是，即便是剔除这一阶段的影响，也可以看出无论是银行业还是多元金融均呈稳步增长的趋势，例如，银行业和多元金融在总股权融资中的占比分别由 1991—1995 年的 0.27% 和 2.77% 增长至 2016—2020 年的 13.85% 和 7.49%。

高新技术产业则是另一个融资规模快速增长的领域，半导体与半导体生产设备、软件与服务以及技术硬件与设备的融资占比分别从 1991—1995 年的 0、2.34% 和 3.42% 增长至 2016—2020 年的 3.16%、4.88% 和 7.07%，三个行业的总融资规模也由 1991—1995 年的 28.56 亿元增加至 12349.56 亿元。与融资规模相对应的则是产业的发展，从产业占比来看，信息传输、软件和信息技术服务业占 GDP 的占比由 2004 年的 2.62% 增长至 3.74%。并且，随着科创板的成立，高新技术企业有了更加便捷、高效的融资渠道，表 9－3 给出了 2019 年 7 月 22 日科创板第一批企业上市至 2020 年底三个行业在各个板块的股权融资情况。可以看到，除技术硬件与设备外，科创板已经成为另外两个行业进行股权融资的最主要场所，有助于进一步发挥资本市场资源配置的功能。

表 9－3　自科创板成立以来至 2020 年底高新技术产业在各个板块的融资情况　单位：亿元

板块	科创板	创业板	主板
半导体与半导体生产设备	865.03	164.35	622.95
软件与服务	349.34	146.75	260.84
技术硬件与设备	355.03	356.61	923.78

注：数据来自 Wind 数据库。

二、资源配置效率的评估及演变

为进一步深入探究分析我国资本市场资源配置效率的演变过程，本章借鉴 Wurgler（2000）和陈艳利等（2014）的模型对我国资本市场资源配置效率的演变过程进行了分析，具体做法为：基于每一年的数据，利用式（9－1）的回归方程进行研究。

$$I_{i,t} = \alpha + \beta \times V_{i,t} + CV + \varepsilon_{i,t} \qquad (9-1)$$

其中，$I_{i,t} = \frac{AVP_{i,t}}{AVP_{i,t-1}}$用以衡量公司$i$在$t$年度的投资，$AVP_{i,t}$是公司$i$在$t$年度的每股资产，$V_{i,t} = \frac{EPS_{i,t}}{EPS_{i,t-1}}$可以衡量公司$i$在$t$年度的盈利情况。其中，$EPS_{i,t}$为公司$i$在$t$年度的每股净利润。另外，$CV$指其他控制变量，具体包括ROE、杠杆率、流通市值、年度个股回报率、年度换手率、盈利价格比以及国有股占比。基于式（9－1），如果β系数显著为正，说明资金会流向回报率更高的行业，则意味着资本市场具有优化资源配置的功能。

为了更好地衡量我国资本市场资源配置效率的演变，本章利用每一年所有上市公司的数据，计算出每个年度的β系数，如果市场的配置效率越来越高，反映在β系数上的表现是β系数越来越大。图9－4给出了1996—2020年我国资本市场资源配置效率的演变过程。

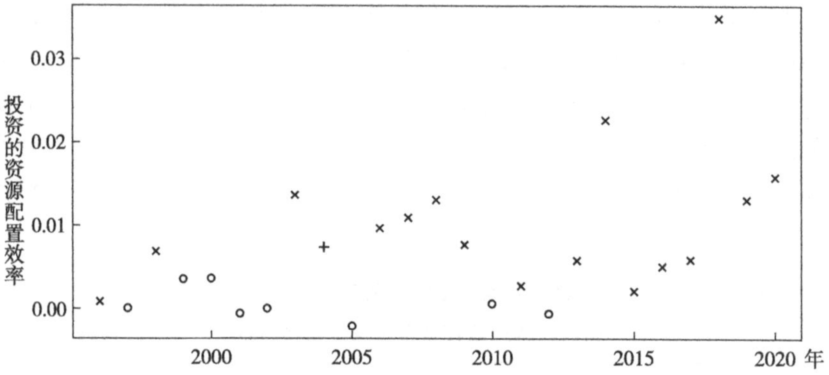

注：○、+、×分别代表不显著、在5%水平下显著、1%水平下显著。

图9－4 我国资本市场资源配置效率的演变情况

首先，从β系数的显著性来看，在2006年前，大部分年份的β系数并不显著，表明资本市场并没有充分发挥应有的资源配置功能。但是，随着2006年股权分置改革的基本完成，市场化程度提高，非流通股东利用再融资进行利益攫取以及内幕交易的动机减弱。同时，新股发行上市制度也在2004年由通道制转为保荐人制度，同样提升了资本市场的市场化程度。随着资本市场越来越市场化，市场也从2006年开始逐步发挥其资源配置功能。

其次，β系数自2013年以后全部都在1%的水平下显著。笔者认为，这与我国2013年十八届三中全会通过《中共中央关于全面深化改革若干重大问题的决定》之后资本市场的改革进入全面深化改革阶段密不可分。尤其是在2015年股市大波动之后，市场进入平稳期，为资本市场的改革建设提供了良好的条件，资本市场改革的步伐提挡加速，科创板的成立与注册制的试点、新三板全面深化改革、QFII与RQFII制度进一步优化、创业板试点注册制以及转板退市制度的完善，资本市场的市场化进程加快，资本市场的资源配置功能逐步提升。从β系数的数值来看，从2015年开始整体呈较明显的增长趋势，验证了我国资本市场资源配置效率逐步提升的结论（见图9-4）。

第七节　总　结

在30余年的改革建设进程中，我国资本市场经历了股权分置改革，从审批制到核准制，再到注册制的股票上市发行制度变革，QFII/RQFII与互联互通机制的逐步优化，以及多层次资本市场的建设与完善等一系列重要的基础制度建设，使我国资本市场无论是规模还是质量，均得到了显著的提升。

在资本市场建设取得丰硕成果的作用下，资本市场的发展为实体经济的发展提供了强大的助推力，同时市场功能完成进化：首先，在融资功能方面，市场的多层次发展与多元化发展为不同类型、不同阶段的企业提供了丰富多元的融资渠道和融资工具，在30余年间共为企业融得资金39.37万亿元，为政府融得资金60.14万亿元。其次，除融资功能外，市场的投资功能开始逐渐显现，股票的现金分红比例在一系列制度的作用下快速提升。再次，股权分置改革和注册制改革加快了资本市场的市场化进程；另外，资本市场开放以及做空制度的建设吸引了更多长期投资者和信息投资者，使市场更加理性、更加成熟，市场的有效性显著得到了提升。最后，随着市场有效性的提升，资金更加高效地流向投资回报率更高的企业和项目，增强了资本市场的资源配置功能。

参考文献

[1] 陈艳利，乔菲，孙鹤元．资源配置效率视角下企业集团内部交易的经济后果——来自中国资本市场的经验证据［J］．会计研究，2014（10）：28-35+96.

[2] 李志冰，杨光艺，冯永昌，景亮．Fama-French五因子模型在中国

股票市场的实证检验［J］. 金融研究，2017（6）：191－206.

［3］刘荣茂，刘恒昕. 沪港通对沪市股票市场有效性的影响［J］. 经济与管理研究，2015，36（8）：54－62.

［4］刘维奇，牛晋霞，张信东. 股权分置改革与资本市场效率——基于三因子模型的实证检验［J］. 会计研究，2010（3）：65－72＋97.

［5］王一鸣. 百年大变局、高质量发展与构建新发展格局［J］. 管理世界，2020，36（12）：1－13.

［6］吴丰华，刘瑞明. 产业升级与自主创新能力构建——基于中国省际面板数据的实证研究［J］. 中国工业经济，2013（5）：57－69.

［7］伍海华，张旭. 经济增长·产业结构·金融发展［J］. 经济理论与经济管理，2001（5）：11－16.

［8］吴晓求，方明浩. 中国资本市场30年：探索与变革［J］. 财贸经济，2021，42（4）：20－36.

［9］易信，刘凤良. 金融发展、技术创新与产业结构转型——多部门内生增长理论分析框架［J］. 管理世界，2015（10）：24－39＋90.

［10］支晓强，胡聪慧，童盼，等. 股权分置改革与上市公司股利政策——基于迎合理论的证据［J］. 管理世界，2014（3）：139－147.

［11］中山证券课题组. 股票市场投资者结构国际比较研究［J］. 证券市场导报，2020，333（4）：13－24.

［12］周小川. 中国的股市泡沫令人担忧［J］. 科学决策，2007（6）：44－45.

［13］Fama E F, French K R. A Five－factor Asset Pricing Model［J］. Journal of Financial Economics, 2015, 116（1）：1－22.

［14］Liu J, Stambaugh R F, Yuan Y. Size and Value in China［J］. Journal of Financial Economics, 2019, 134（1）：48－69.

［15］Wurgler J. Financial Markets and the Allocation of Capital［J］. Journal of Financial Economics, 2000, 58（1－2）：187－214.

附录A　中国资本市场大事记

1990年前

1978年12月13日	邓小平在党的十一届三中全会前夕的中共中央工作会议闭幕式上发表了题为《解放思想，实事求是，团结一致向前看》的重要讲话。
1978年12月18—22日	党的十一届三中全会召开，决定将全党的工作重点和全国人民的注意力转移到社会主义现代化建设上，改革开放正式启航。
1979年7月3日	国务院发布《关于发展社队企业若干问题的规定》，提出社队企业“在开办的时候，或者有条件的地方，经过公社、大队社员代表大会通过，可从大队、生产队公积金中提取适当数量的入股资金”。
1980年1月1日	中国人民银行抚顺市分行新抚办事处代理发行抚顺红砖厂280万股票。
1980年8月2—7日	在全国劳动就业工作会议上，厉以宁提出采用股份制形式的企业解决知识青年回城的就业问题。
1981年1月28日	国务院颁布《中华人民共和国国库券条例》，国债恢复发行。
1983年1月2日	中共中央印发了《当前农村经济政策的若干问题》，提出“不能一讲合作就只限于按劳分配，不许股金分红”，鼓励股份合作经济的发展。
1983年7月25日	广东省宝安县联合投资公司在《深圳特区报》上公开招股。
1984年7月20日	北京市天桥百货股份有限公司成立，公开发行300万元股票。

1984年10月20日	党的十二届三中全会通过了《中共中央关于经济体制改革的决定》，将改革工作的重点由农村转移至城市。
1984年11月18日	上海飞乐音响股份有限公司公开发行50万元股票。
1984年11月27日	国务院颁布《中华人民共和国一九八五年国库券条例》，允许银行办理国库券贴现和抵押贷款。
1986年3月10日	第一次全国城市经济体制改革工作会议在北京召开，做出了“中国的一部分企业也很有可能实行一种全新的股份制”的指示。
1986年9月26日	中国工商银行上海市信托投资公司静安证券营业部开业，创建了我国第一个交易柜台，柜台交易开始，股票流通市场开始逐步规范。该营业部在当时被称为“世界上最小的证券交易所”，成为我国金融体制乃至经济体制改革的一个重要窗口，仅1986年下半年，就有80多批300多位外宾来访，其中包括纽约证券交易所主席、伦敦证券交易所主席以及英国女王访华代表团，20多个国家和地区的报纸杂志、电视广播现场报道。
1986年10月12日	深圳市政府出台了《深圳经济特区国营企业股份化试点暂行规定》。
1986年12月5日	国务院出台了《关于深化企业改革、增强企业活力的若干规定》，提出“各地可以选择少数有条件的全民所有制大中型企业，进行股份制试点”。
1987年9月27日	我国第一家证券公司——深圳经济特区证券公司——成立。
1987年10月25日—11月1日	中共十三大会议召开，会议提出“改革中出现的股份制形式，包括国家控股和部门、地区、企业间参股以及个人入股，是社会主义企业财产的一种组织方式，可以继续试行。一些小型全民所有制企业的产权，可以有偿转让给集体或个人”。
1987年11月1日	静安股价指数发布，成为我国第一个股票价格指数，此后于1991年7月15日被上证指数代替。
1988年3—6月	以王波明、高西庆和王巍等留学人员为主的八人小组起草了一份《关于促进中国证券市场法制化和规范化的政策建议》，提出在中国建立证券交易所的设想。

1988 年 4 月 7 日　深圳特区证券公司开始受理深圳发展银行的股票转让业务，成为深圳地区第一个柜台交易点。

1988 年 4 月 21 日　国债流通市场试点在上海、深圳、广州、武汉、沈阳、哈尔滨、重庆七大中心城市率先开始。

1988 年 7 月 8 日　上海万国证券正式成立。

1988 年 8 月 15 日　中国人民银行总行正式批复同意成立上海海通证券公司(前身为交通银行上海分行信贷二部证券科)，与申银证券（前身为中国工商银行上海市信托投资公司静安证券营业部）和万国证券成为 1990 年前后上海的三大证券公司。

1988 年 9 月 8 日　万寿宾馆会议召开，会议起草形成了《中国证券市场创办与管理的设想》，其中包括在北京建立证券交易所的设想。

1988 年 11 月　深圳市政府成立了深圳市资本市场领导小组，开始有组织、有计划地筹建深圳证券交易所。

1989 年 3 月 15 日　证券交易所研究设计联合办公室（简称联办）正式成立。

1989 年 12 月 2 日　上海市委书记、市长朱镕基就如何深化上海金融体制改革的问题召开市委常委扩大会议，在听取刘鸿儒等专家的意见后认为上海要加快金融体制改革的步伐，重现国际金融中心的风采，决定建立证券交易所。

1990 年

5 月 8 日　上海申银证券公司联合上海工商银行信托投资公司、中国工商银行总行信托投资公司以及 7 家省、市信托投资公司，建立了由 34 家公司组成的中国工商银行全国证券信息网，这是我国第一个证券信息网。

9 月 17 日　中国人民银行上海市分行向中国人民银行总行和上海市政府提交了《关于建立上海证券交易所的请示》。

11 月 14 日　中国人民银行总行批复同意设立上海证券交易所。

11 月 26 日　上海证券交易所举行成立大会。

12月1日　深圳证券交易所试营业。

12月5日　STAQ系统在北京人民大会堂举行开通典礼。

12月19日　上海证券交易所正式开业。

1991年

3月7日　财政部、中国人民银行发布《关于全面开放国债转让市场的通知》，决定“在全国地市级以上的城市和地区所在的县级市（西藏除外）全面开放国债转让市场”。

4月3日　深圳全部股票进入交易所集中交易，深圳证券交易所开始发布深证综合指数。

4月9日　第七届全国人民代表大会第四次会议审议通过《国民经济和社会发展十年规划和第八个五年计划纲要》，提出“稳步发展金融市场。拓宽融资渠道，健全证券流通市场。在有条件的大城市稳妥地进行证券交易所的试点，并逐步形成规范化的交易制度”。

4月11日　股票市场办公会议制度建立。

4月20日　财政部第一次组织国债的承购包销，标志着国债发行由之前的行政分配转为承购包销的形式，开启了国债发行的市场化进程。

6月10日　中国人民银行批准成立中国证券业协会。

7月3日　深圳证券交易所正式开业。

7月8日　上海证券交易所实现股票无纸化交易。

7月15日　上海交易所正式公布上证综合指数。

8月28日　中国证券业协会正式成立。

10月12日　上海真空电子器件股份有限公司发布公告，向社会公开发行B股100万股，发行价格为420元/股，以美元支付，B股市场开始逐步形成。

10月28日　深圳的南方玻璃股份有限公司发布公告，向社会公开发行外资股1600万股，发行价格3.38元/股。

11月22日　中国人民银行、上海市人民政府联合发布《上海市人民币特种股票管理办法》，成为第一个有关B股市场的专门性法规。

12月5日　中国人民银行、深圳市人民政府联合发布《深圳市人民币特种股票管理办法》。

1992年

1月18日—2月21日　邓小平南方谈话，指出“证券、股市，这些东西究竟好不好，有没有危险，是不是资本主义独有的东西，社会主义能不能用？允许看，但要坚决地试”。

2月21日　真空B股上市，成为第一只上市的B股。

3月18日　国务院发布《中华人民共和国国库券条例》。

4月28日　国务院批转国家体改委、国务院生产办《关于股份制企业试点工作座谈会情况报告的通知》。

5月15日　国家体改委、国家计委、财政部、中国人民银行、国务院生产办联合发布《股份制企业试点办法》，国家体改委颁布了《股份有限公司规范意见》和《有限责任公司规范意见》，成为股份制改革与试点的重要制度文件与指导。

5月21日　上海证券交易所取消了涨跌幅限制，并开始实行T+0交易制度，当天上证指数上涨105.27%，创造了上证指数单日上涨的最大幅度。

6月8日　上海飞乐股份有限公司配股权证在上交所挂牌上市，成为我国证券市场上第一个权证。

7月1日　STAQ正式投入运行。

8月10日　由于新股认购中存在的不规范以及腐败等问题，爆发了“8·10”事件。

9月22日　三大全国性证券公司——华夏证券公司、国泰证券公司和南方证券公司成立。

10月12日　国务院办公厅发布《关于成立国务院证券委员会的通知》，决定成立国务院证券委员会和中国证券监督管理委员会。

10月12—19日　党的十四大正式把建立社会主义市场经济体制确立为我国经济体制改革目标，从根本上解除了传统计划经济理论的束缚。

11月3日	淄博乡镇企业投资基金设立，这是我国第一个公司型投资基金。
12月17日	国务院颁发《国务院关于进一步加强证券市场宏观管理的通知》，提出要严格规范发行上市程序，股票发行上市制度审批制正式确立。
12月20日	第一家期货经纪公司——广东万通期货经纪公司成立。
12月28日	上交所推出国债期货交易。

1993年

2月28日	大连商品交易所成立。
4月22日	国务院颁布《股票发行与交易管理暂行条例》，这是新中国成立后第一部规范股票发行与交易行为的法规。
4月28日	中国证券交易系统有限公司NET系统投入运行，成为继STAQ系统之后第二个法人股流通市场。
6月19日	中国证监会、沪深交易所、香港证监会、香港联交所签署证券事务《监管合作备忘录》，打通了大陆企业赴港上市的通道。
6月29日	青岛啤酒股份有限公司在香港发布招股书。
7月5—7日	全国金融工作会议召开，会议决定整顿金融秩序，规范股票发行和上市，逐步扩大规模。
7月15日	青岛啤酒在香港联合交易所上市，成为第一家H股上市公司。
7月26日	上海石化美国存托凭证（ADR）和H股分别在纽交所和港交所挂牌上市，成为我国首家发行ADR的境内企业。
9月2日	国务院证券委发布《禁止证券欺诈行为暂行办法》。
9月30日	中国宝安集团股份有限公司宣布持有上海延中实业股份有限公司发行在外的普通股超过5%，由此开创了中国上市公司收购的先河。另外，在此次收购过程中涉嫌违规，此次事件也被称为“宝延事件”。
10月25日	为提升国债期货交易的活跃度，上交所向社会公众开放国债期货交易。

11月11—14日　党的十四届三中全会召开，会议通过了《中共中央关于建立社会主义市场经济体制若干问题的决定》，勾画了社会主义市场经济体制的基本框架，并明确提出资本市场要积极稳妥地发展债券、股票融资。

12月29日　《中华人民共和国公司法》正式颁布，并于1994年7月1日起正式施行。

1994年

7月1日　《公司法》正式施行。

7月16日　深圳证券交易所推出新股上网定价发行模式，并发布了《深圳证券交易所系统定价发行证券管理暂行办法》，缓解了大批投资人携带大量资金和支票涌入深圳造成的社会治安压力。

7月20日　粤宏远采用定价发行的方式发行了1800万股的社会公众股。此后，新股上网定价发行方式得到迅速推广，并成为主流发行方式。

7月30日　股市在经历了16个月的下跌后，《人民日报》发表国务院与证监会有关部门共同稳定和发展股票市场的“三大政策”：（1）年内暂停各种新股的发行和上市；（2）有选择地对资信和管理较好的证券机构进行融资；（3）逐步吸引外国基金进入A股市场。

8月4日　国务院颁布《关于股份有限公司境外募集股份及上市的特别规定》。

9月30日　为抑制投机，沪深交易所宣布自1995年1月1日起取消T+0回转交易，改为T+1交易制度。

1995年

1月1日　A股正式实施T+1交易制度。

1月18日　仪征化纤股份有限公司在上交所上网定价发行，这是A股首次采取上网定价方式发行A股。

2 月 23 日　“3 · 27” 国债期货事件。

5 月 17 日　国务院办公厅转发证监会《关于暂停国债期货交易试点的紧急通知》，决定从 5 月 18 日起暂停国债期货交易试点。

7 月 3 日　沪深交易所将交易时间统一为9:30—11:30，13:00—15:00。

12 月 15 日　证监会发布《股票发行与上市审核程序及工作规则》。

12 月 19 日　国务院副总理朱镕基视察上海证券交易所，提出指导证券市场的“法治、监管、自律、规范”八字方针。

12 月 25 日　国务院颁布《关于股份有限公司境内上市外资股的规定》，这是我国关于 B 股的第一部全国性法规。

1996 年

12 月 13 日　沪深交易所分别下发了《关于实行交易价格涨跌幅限制的通知》，决定自 1996 年 12 月 16 日起两市开始实行 10% 的涨跌停制度。

12 月 16 日　《人民日报》刊发了第一篇针对股票市场的特约评论员文章——《正确认识当前股票市场》。

12 月 26 日　证监会发布《关于股票发行与认购方式的暂行规定》。

1997 年

3 月 24 日　大唐发电股份有限公司在伦敦证券交易所挂牌上市，成为第一家在伦敦证券交易所上市的中国境内公司。

3 月 25 日　国务院证券委发布《可转换公司债券管理暂行办法》。

4 月 4 日　国务院证券委决定进行可转换债公司债券发行试点。

6 月 27 日　天津中新药业集团股份有限公司在新加坡证券交易所挂牌上市，成为第一家在新加坡证券交易所上市的中国境内公司。

11 月 17—19 日　第一次全国金融工作会议召开。

12 月 6 日　中共中央、国务院下发《关于深化金融改革，整顿金融秩序，防范金融风险的通知》。

1998 年

2 月 24 日	中国工商银行成为国内第一家证券投资基金托管银行。
3 月 5 日	国泰基金管理有限公司、南方基金管理有限公司成立，首批基金公司成立。
3 月	成思危在全国政协九届一次会议上提交了《关于尽快发展我国风险投资事业的提案》。
3 月 16 日	证监会发布《关于上市公司状况异常期间的股票特别处理方式的通知》，规定特别处理股票的日涨跌幅限制为 5%。
3 月 23 日	国泰和南方两家基金公司设立的基金金泰和基金开元上网发行，标志着我国证券投资基金正式启动。
3 月 25 日	国务院转发证监会《关于清理整顿场外非法股票交易方案》。
3 月 29 日	撤销国务院证券委，工作改由证监会承担。
4 月 22 日	沪深交易所决定对“财务状况异常”的上市公司实行特别处理。
4 月 28 日	粤海发展、辽物资、辽房天以及湘中意 4 只股票被冠以“ST”，成为首批被特别处理的股票。
6 月 21 日	中国人民银行发布公告，宣布关闭海南发展银行，海南发展银行成为我国第一家破产的商业银行。
6 月 26 日	上海龙头股份有限公司采用上网定价方式公开发行社会公众股，向原社会公众股股东按 2:1 比例实施配售，这是 A 股第一家上网增发 A 股的上市公司。
8 月 5 日	国务院批转证监会《证券监管机构体制改革方案》，决定完善证券监管体系。
9 月 14 日	ST 苏三山股票暂停上市，成为第一家因连续三年亏损而暂停上市的公司。
9 月 15 日	第一只规范化的可转换债“丝绸转债”挂牌上市。
9 月 28 日	国务院转发证监会《清理整顿证券交易中心方案的通知》，决定对未经人民银行和证监会批准，擅自设立的证券交易中心及其所属的证券登记公司等进行清理整顿。

11月　中国保险监督管理委员会设立，简称“保监会”。

12月29日　《中华人民共和国证券法》正式通过，这是我国第一部规范证券发行和交易行为的法律。

1999年

1月15日　深交所向证监会正式呈送《深圳证券交易所关于进行成长板市场的方案研究的立项报告》。

3月29日　经国务院同意，证监会决定开展原有投资基金清理规范工作。

4月1日　云南云天化股份有限公司公告，拟回购母公司所持有部分国有法人股，这是上市公司首例回购事件。

4月19日　为处置四大行的不良资产，中国信达资产管理股份有限公司（4月19日，处置中国建设银行和国家开发银行的不良资产）、中国东方资产管理公司（10月15日，处置中国银行的不良资产）、中国长城资产管理公司（10月18日，处置中国农业银行的不良资产）、中国华融资产管理公司（10月19日，处置中国工商银行的不良资产）四大资产管理公司相继成立。

5月4日　证监会发布《关于清理整顿证券交易中心有关事项的通知》，上海期货交易所试营业。

5月16日　国务院批准了包括改革股票发行体制、逐步解决证券公司合法融资渠道、允许部分具备条件的证券公司发行融资债券、扩大证券投资基金试点规模、搞活B股市场、允许部分B股H股公司进行回购股票在内的“搞活市场六项政策”。

5月19日　“5·19”行情开启了长达两年的牛市，上证指数于2001年6月14日达到2245.44点。

6月2日　国务院发布《期货交易管理暂行条例》。

6月16日　沪深交易所分别发布有关规则，对暂停上市股票实行“特别转让”（PT）。

7月1日　《证券法》正式实施，规定“公开发行股票，必须依照公司法规定的条件，报经国务院证券监督管理机构核准，发行人必须向国务院证券监督管理机构提交公司法规定的申请文件和国务院证券监督管理机构规定的有关文件”，核准制的法律地位正式被确立。

7月9日　PT双鹿、PT农商社、PT苏三山和PT渝钛白进入特别转让。

8月20日　中共中央、国务院发布《关于加强技术创新，实现产业化的决定》，提出“适当时候在现有的上海、深圳证券交易所专门设立高新技术企业板块”。

9月10日　琼民源公司股票终止上市。

9月16日　证监会发布《中国证券监督管理委员会股票发行审核委员会条例》，对核准制进行进一步的细化和规范。

9月22日　党的十五届四中全会审议通过的《中共中央关于国有企业改革和发展若干重大问题的决定》，第七条第三款规定：“在不影响国家控股的前提下，适当减持部分国有股，所得资金由国家用于国有企业的改革和发展。”

11月12日　《基金从业人员资格管理暂行规定》发布实施。至此，证券、期货和基金三大领域均建立了从业人员资格管理制度。

11月29日　政府推出了国有股配售试点方案，并确定了冀东水泥、华一投资、惠天热电、陆家嘴、中国嘉陵、天津港、富龙热力、成商集团、黔轮胎、太极集团10家单位为国有股配售预选单位。

12月14日　中国嘉陵和黔轮胎分别发布减持配售方案。

12月25日　全国人大常委会通过了《关于修改〈中华人民共和国公司法〉的决议》，提出“根据高新技术股份有限公司的特点，其上市交易的股票在现有的证券交易所内单独组织交易系统，进行交易”。

2000年

2月14日　证监会改革股票发行方式，采用向二级市场投资者以其所持证券市值配售新股的方法。

2月25日	上海虹桥国际机场股份有限公司向其社会公众股股东定向配售可转换公司债券，成为我国首家发行可转债的上市公司。
3月16日	证监会发布修订后的《中国证券监督管理委员会股票发行核准程序》，明确拟上市公司须由主承销商推荐并向证监会申报，标志着我国股票发行制度由审批制向核准制转变。
5月16日	国务院原则上同意了证监会《关于支持高新技术企业发展设立二板市场有关问题的请示》。
7月6日	沪深交易所上市公司总数突破1000家。
9月	深交所为筹备创业板，停止在主板发行新股。

2001年

1月20日	证监会下发《关于成立中国证券登记结算有限责任公司的通知》。
2月19日	为提升B股市场的活跃度，证监会和国家外汇局联合发布《关于境内居民个人投资境内上市外资股若干问题的通知》，允许境内居民投资B股市场。
2月23日	中国证监会发布《亏损公司暂停上市和终止上市实施办法》，我国的退市制度正式开始建立。
3月17日	新股发行核准制正式启动。
3月26日	华安基金管理公司被确定为首家开放式基金试点公司。
3月30日	中国证券登记结算有限责任公司正式成立，标志着全国集中统一的证券登记结算体制的组织框架已基本形成。
4月23日	证监会做出《关于上海水仙电器股份有限公司股票终止上市的决定》，PT水仙正式退市，成为A股退市第一股。
6月6日	国务院正式颁布《减持国有股筹集社会保障资金管理暂行办法》，标志着第二次国有股减持尝试正式启动。
6月12日	经证监会批准，中国证券业协会发布《证券公司代办股份转让服务业务试点办法》。
8月3日	《财经》杂志刊登了名为《银广夏陷阱》的调查报告，揭露了银广夏财务造假的行为。

7月26日 烽火通信、北生药业、江气股份以及华纺股份4只新股在上交所上网定价发行，标志着新股发行配合国有股减持方案正式启动。

9月19日 被终止上市的上海水仙电器股份有限公司将委托申银万国证券公司代办转让。

10月1日 《中华人民共和国信托法》正式实施。

10月 中央财经大学财经研究员刘姝威在《金融内参》上发表标题为“应立即停止对蓝天股份发放贷款”的短文，揭开了蓝田股份财务造假的秘密，刘姝威也因此获得了央视评选的“2002中国经济年度人物”。

12月5日 证监会出台了新退市办法，新的退市办法取消了PT制度。

12月11日 中国正式成为世界贸易组织（WTO）的成员国。

12月13日 财政部、劳动和社会保障部发布《全国社会保障基金投资管理暂行办法》。

2002年

2月5—7日 第二次全国金融工作会议召开。

6月1日 证监会发布《外资参股证券公司设立规则》《外资参股基金管理公司设立规则》。

6月23日 国务院决定，除企业海外发行上市外，对国内上市公司停止执行《减持国有股筹集社会保障资金管理暂行办法》中关于利用证券市场减持国有股的规定，并不再出台具体实施办法，叫停了国有股减持。

8月9日 由于鞍山证券公司严重违规经营，证监会决定自即日起撤销鞍山证券，鞍山证券成为第一个被撤销的证券公司。

8月29日 证监会决定将退市公司纳入代办股份转让试点范围。

9月28日 证监会发布《上市公司收购管理办法》。

11月5日 证监会与中国人民银行联合发布《合格境外机构投资者境内证券投资管理暂行办法》，正式开始试点合格境外机构投资者（QFII）制度。

11月26日	因红光实业虚假陈述，11名投资者通过调节共获得支付款22万余元，中国证券民事赔偿第一案结案。
12月13日	中信证券公司公开招股，成为第一家公开发行股票的证券公司。
12月19日	湘财证券与里昂证券共同组建的华欧国际证券有限责任公司成立，这是我国加入WTO之后首家中外合资证券公司。
12月20日	南方基金等6家基金管理公司获得首批社保基金管理资格。
12月26日	首家中外合资基金管理公司——招商基金管理公司——成立。

2003年

1月9日	最高人民法院发布《关于审理证券市场因虚假陈述引发的民事赔偿案件的若干规定》。
2月24日	证监会批准中国工商银行等5家银行QFII托管人资格，这是首批获得托管人资格的商业银行。
3月	中国银行业监督管理委员会设立，简称“银监会”，“一行三会”的金融监管体系形成。
3月7日	天同180指数证券投资基金成立，这是我国首只标准指数型基金。
4月2日	沪深交易所分别下发《关于对存在股票终止上市风险的公司加强风险警示等有关问题的通知》，规定存在股票终止上市风险的公司，交易所在公司股票简称前冠以“*ST”标记。
4月25日	湘财合丰行业基金成立，这是我国首只“伞”形基金。
5月23日	经证监会批准，瑞士银行、野村证券成为首批取得证券投资业务许可证的合格境外机构投资者。
5月28日	加拿大蒙特利尔银行参股富国基金管理公司，这是首例外资以增资扩股形式参股我国基金管理公司。
6月9日	全国社会保障基金正式进入证券市场运作。

6 月 28 日　海南证券交易中心关闭。至此，全国所有的地方证券交易中心全部关闭。

7 月 9 日　瑞士银行率先通过申银万国证券公司的席位完成一笔 A 股买入交易，这是 QFII 在 A 股市场上的第一笔交易。

9 月 9 日　中国建设银行与香港上海汇丰银行举行合格境外机构投资者托管协议签字仪式，这是中资银行与境外机构签署的第一份托管协议。

9 月 30 日　TCL 集团发布拟吸收合并 TCL 通讯并整体上市的公告，这是中国证券市场上换股吸收合并整体上市的首例。

10 月 11—14 日　党的十六届三中全会通过了《中共中央关于完善社会主义市场经济体制若干问题的决定》。

10 月 28 日　《中华人民共和国证券投资基金法》在十届全国人大常委会第 5 次会议上通过。

11 月 6 日　中国人民财产保险股份有限公司股票在香港联交所挂牌上市，成为内地第一家完成股份制改革并在境外上市的国有金融机构。

12 月 28 日　证监会发布了《证券发行上市保荐制度暂行办法》，并决定于 2004 年 2 月 1 日正式实施上市保荐人制度。

12 月 30 日　首只货币市场基金——华安富利基金成立。

2004 年

1 月 31 日　国务院发布《关于推进资本市场改革开放和稳定发展的若干意见》，将发展中国资本市场提升到国家战略任务的高度，提出了 9 个方面的纲领性意见，也常被称为“国九条”。

2 月 23 日　劳动和社会保障部、银监会、证监会、保监会发布《企业年金基金管理试行办法》。

3 月 2 日　首只保本基金——银华保本增值证券投资基金成立。

3 月 17 日　国嘉实业登陆代办股份转让市场，这是退市公司强制平移机制建立以来首家登陆代办股份转让市场的退市公司。

4月8日	第一百货决定吸收合并华联商厦，这是上市公司间吸收合并的首例。
5月17日	经国务院批准，证监会做出《关于同意在深圳证券交易所设立中小企业板块的批复》，同意在深圳证券交易所主板市场内设立中小企业板。
5月27日	中小板启动仪式举行。
6月25日	首批8家公司在中小板正式挂牌交易。
7月8日	上海证券交易所推出交易型开放式指数基金（ETF）。
8月18日	深圳证券交易所推出上市开放式基金（LOF）。
9月16日	证监会发布《证券投资基金管理公司管理办法》。
10月24日	保监会、证监会联合发布《保险机构投资者股票投资管理暂行办法》，允许保险机构投资者直接投资股票市场，参与一级市场和二级市场。
12月20日	首只LOF——南方积极配置基金在深交所上市交易。
12月30日	首只ETF——50 ETF成立。

2005年

1月17日	华电国际电力股份发布招股意向书，成为询价制度实施后第一家实行询价制度的首次公开发行公司。
2月16日	保监会、银监会、证监会联合发文，宣布自即日起保险资金可直接投资股票市场；同日，华泰财产保险公司投资资金开始运作，成为国内首笔直接投资股市的保险资金。
2月20日	中国人民银行、银监会、证监会联合发布《商业银行设立基金管理公司试点办理办法》，明确国有商业银行和股份制商业银行可以设立基金管理公司。
3月7日	保险资金正式启动A股二级市场的直接投资。
4月8日	沪深交易所联合发布沪深300指数。
4月29日	证监会下发《关于上市公司股权分置改革试点有关问题的通知》，正式启动上市公司股权分置改革试点工作。
5月9日	金牛能源、三一重工、紫江企业和清华同方4家单位发布公告，成为证监会确定的股权分置改革试点单位。

5月30日	证监会、国资委联合发布《关于做好股权分置改革试点工作的意见》。
5月31日	证监会发布《关于做好第二批上市公司股权分置改革试点工作有关问题的通知》。
6月10日	三一重工股权分置改革方案通过流通股股东投票表决，成为我国第一家通过股权分置改革实现全流通的上市公司。
6月19日	证监会公布第二批42家股权分置改革试点上市公司名单。
6月23日	交通银行股份有限公司在香港联交所挂牌上市，成为第一家在境外上市的国有商业银行。
6月30日	证监会、财政部、中国人民银行联合发布《证券投资者保护基金管理办法》，决定设立证券投资者保护基金有限责任公司。
7月28日	证监会查处西藏发展内幕交易一案获法院判刑，成为证监会查处并获刑事判决的首例内幕交易案件。
7月29日	第一只以沪深300指数为投资标的的指数基金——嘉实沪深300指数基金成立。
8月2日	南方基金等9家基金管理公司获得首批企业年金管理资格。
8月23日	证监会、国资委、财政部、中国人民银行和商务部联合发布《关于上市公司股权分置改革的指导意见》，股权分置改革全面展开。
8月30日	中国证券投资者保护基金有限责任公司成立。
9月4日	证监会发布《上市公司股权分置改革管理办法》。
10月19日	国务院批转证监会《关于提高上市公司质量的意见》。
10月27日	第十届全国人大常委会第十八次会议通过修订后的《证券法》和《公司法》。
11月21日	黔源电力股改方案通过，中小企业板率先完成股权分置改革。
12月1日	深圳证券交易所发布中小企业板指数。
12月31日	证监会发布《上市公司股权激励管理办法（试行）》。

2006 年

1月4日	上海证券交易所推出新上证综合指数。
1月16日	中国证券业协会发布《证券公司代办股份转让系统中关村科技园区非上市公司股份有限公司股份报价转让试点办法》。
5月6日	证监会发布《上市公司证券发行管理办法》，标志着以恢复再融资为开端的“新老划断”① 被正式提上日程，市场的再融资功能逐步恢复。
5月15日	沪深交易所发布了修订后的《上海证券交易所交易规则》和《深圳证券交易所交易规则》，自7月1日起正式实施，为实施 T+0 回转交易制度、差异化涨跌幅、融资融券制度等留下制度接口。
5月16日	长江电力发行认股权证通过证监会审核，成为“新老划断”启动后通过审核的首单再融资申请。
5月18日	《首次公开发行股票并上市管理办法》正式开始实施，标志着市场的首发融资功能逐步恢复。
6月8日	国务院批准成立中国金融期货交易所，为股指期货的推出做好准备。
6月17日	三一重工股改产生的有限售条件流通股上市。
6月19日	中工国际成为“新老划断”后第一只首发上市的公司。
6月30日	证监会发布《证券公司融资融券业务试点管理办法》，自8月1日起实施。
8月24日	证监会、人民银行和国家外汇局联合发布《合格境外机构投资者境内证券投资管理办法》。
10月30日	沪深300股指期货仿真交易正式启动。

① “新老划断”：2005年4月29日证监会发布《关于上市公司股权分置改革试点有关问题的通知》后，为了给股权分置改革让路，暂停了IPO以及再融资的审核；“新老划断”是指在股权分置改革后逐步恢复市场的融资功能，具体做法主要分三步走：第一步，恢复不增加即期扩容压力的定向增发以及以股本权证方式进行的远期再融资；第二步，择机恢复面向社会公众的其他方式的再融资；第三步，择机选择优质公司，启动全流通条件下的首次公开发行。

11月2日 华安国际配置混合基金（QDII）成立，这是QDII业务试点之后的首只基金产品。

12月31日 截至2006年底，沪深两市已完成或者进入股改程序的上市公司共1301家，占应改革上市公司的97%，对应市值占比为98%，股权分置改革任务基本完成。

2007年

1月19—20日 第三次全国金融工作会议召开。

2月2日 证监会发布《上市公司信息披露管理办法》。

3月6日 国务院发布《期货交易管理条例》，将适用范围由原来的商品期货交易扩大至商品、金融期货和期权合约交易。

6月21日 证监会发布《合格境内机构投资者境外证券投资管理试行办法》。

7月23日 证监会、中国人民银行和国家外汇局联合修改并发布新的《合格境外机构投资者境内证券投资管理办法》，适当降低QFII准入的资格标准，允许QFII直接开立证券账户。

7月29日 证监会完成首次证券公司分类评价工作。

8月1日 证监会批准证券公司2007年缴纳投资者保护基金的具体比例，证券公司首次缴纳投资者保护基金工作正式启动。

8月14日 证监会颁布《公司债券发行试点办法》，我国公司债发行正式启动。

8月21日 经证监会核准，中国国际金融有限公司成为首家获得QDII业务资格的证券公司。

9月4日 沪深两市的A股开户总数突破1亿户。

9月19日 南方全球精选配置基金成立，成为《合格境内机构投资者境外证券投资管理办法》发布后获准成立的首只公募QDII基金。

9月24日 中国长江电力股份有限公司2007年第一期公司债券网上、线下同步成功发行，成为《公司债券发行试点办法》颁布之后第一只公司债券。

10月16日　上证指数达到历史最高点6124.04点。

12月9日　国家外汇管理局宣布，QFII投资额度扩大到300亿美元。

12月26日　中国证券投资者保护网正式开通上线，这是中国证券市场第一个以投资者保护为主题的网站。

2008年

1月9日　黄金期货合约在上海期货交易所上市交易。

4月16日　证监会发布《上市公司重大资产重组管理办法》。

4月25日　第一只非1元面值股票——紫金矿业——以每股0.1元面值在上交所上市。

4月30日　证券行业全面实现客户交易结算资金第三方存管。

8月25日　证监会发布《关于修改上市公司现金分红若干规定的决定》，鼓励上市公司建立长期分红政策。

11月5日　国务院总理温家宝主持召开国务院常务会议，研究部署进一步扩大内需、促进经济平稳较快增长的措施，会议确定了当前进一步扩大内需、促进经济增长的十项措施，此计划会新增“四万亿”新增投资规模。

12月8日　国务院办公厅发布《国务院办公厅关于当前金融促进经济发展的若干意见》，也被称为“金融国九条”或者2008年“国九条”。

2009年

5月26日　证监会公布《证券公司分类监管规定》，根据证券公司评价计分的高低，将证券公司分为A、B、C、D、E五大类11个级别。

6月19日　财政部、国资委、证监会、社保基金会联合发布《境内证券市场转持部分国有股充实全国社会保障基金实施办法》，宣布将境内的股份有限公司部分国有股转由社保基金持有。

10月23日　创业板启动仪式。

10月30日　创业板正式开市。

2010年

1月12日　证监会批复同意中金所开展股指期货交易。

1月22日　证监会发布《关于开展证券公司融资融券业务试点工作的指导意见》。

3月18日　证监会核准中信证券等6家证券公司首批融资融券业务资格。

3月24日　证监会批复同意中金所上市交易沪深300股指期货。

3月31日　融资融券业务试点正式启动。

4月16日　沪深300股指期货正式上市交易。

4月23日　经证监会核准，东方证券成为首家专设资产管理子公司从事证券资产管理业务的证券公司。

5月31日　深圳证券交易所发布创业板指数。

10月11日　证监会发布《关于深化新股发行体制改革的指导意见》。

2011年

3月23日　《期货公司期货投资咨询业务试行办法》正式公布。

5月4日　证监会发布了《合格境外机构投资者参与股指期货交易指引》，允许QFII参与股指期货交易。

10月26日　证监会发布《转融通业务监督管理试行办法》。

10月28日　中国证券金融股份有限公司成立，为融资融券业务提供转融通服务。

11月14日　国务院发布《关于清理整顿各类交易场所切实防范金融风险的决定》，正式启动对各类交易场所违法违规交易活动的清理整顿工作。

11月25日　证监会发布实施了《关于上市公司建立内幕信息知情人登记管理制度的规定》。

12月16日	证监会、中国人民银行、国家外汇管理局联合发布了《基金管理公司、证券公司人民币合格境外机构投资者境内证券投资试点办法》，允许符合条件的基金公司、证券公司香港子公司作为试点机构开展RQFII业务，RQFII制度正式启动。

2012年

1月6—7日	第四次全国金融工作会议召开。
1月10日	国务院批复同意建立由证监会牵头、其他23个部委参加的清理整顿各类交易场所部际联席会议制度。
2月13日	中金所正式启动国债期货仿真交易。
2月15日	中国上市公司协会成立。
2月21日	中国证券登记结算有限责任公司开立首个RQFII账户。
3月29日	最高人民法院出台《关于内幕交易、泄露内幕信息刑事案件具体应用法律若干问题的解释》。
4月3日	证监会、中国人民银行、国家外汇管理局决定新增QFII投资额度500亿美元，新增RQFII投资额度500亿元人民币。
4月28日	证监会发布《关于进一步深化新股发行体制改革的指导意见》。
6月7日	中国证券投资基金业协会成立。
6月28日	上交所、深交所公布新退市制度方案，规定连续三年净资产为负，或连续三年营业收入低于1000万元，或连续20个交易日收盘价低于股票面值的公司应终止上市，制定了面值退市标准，基本形成了财务类、交易类、规范类的退市指标体系。
7月8日	国务院批准证监会《关于扩大中关村试点逐步建立全国中小企业股份转让系统的请示》，在中关村园区基础上，新增上海张江、武汉东湖、天津滨海新区进入试点范围。
7月12日	国务院办公厅发布《关于清理整顿各类交易场所的实施意见》。

8月23日　证监会发布《关于规范证券公司参与区域性股权交易市场的指导意见（试行）》，引导证券公司规范参与区域性股权交易市场的相关业务。

8月27日　经证监会批准，中国证券金融公司发布《转融通业务保证金管理实施细则（试行）》《转融通业务规则》《融资融券业务统计与监控规则》。

8月30日　中国证券金融公司正式启动转融资业务试点。

9月20日　全国中小企业股份转让系统有限责任公司成立。

9月28日　证监会发布《非上市公司监督管理办法》，确定了非上市公众公司的范围，提出了公司治理和信息披露的基本要求，明确了公开转让、定向转让、定向发行的申请程序。

2013年

1月1日　经国务院批准，从即日起，对个人从公开发行和转让市场取得的上市公司股票，股息红利所得按持股时间长短实行差异化个人所得税政策。

1月16日　全国中小企业股份转让系统在北京正式揭牌运营。

2月28日　中国证券金融公司正式启动转融券业务试点。

3月1日　证监会、中国人民银行、国家外汇管理局公布了《人民币合格境外机构投资者境内证券投资试点办法》。

3月15日　中国证券业协会发布《证券公司金融衍生品柜台交易业务规范》，允许符合资质的相关公司开展场外期权业务。

3月22日　人社部、银监会、证监会和保监会联合下发《关于扩大企业年金基金投资范围的通知》。

5月24日　沪深交易所分别联合中国证券登记结算公司发布《股票质押式回购交易及登记结算业务办法（试行）》，推出股票质押式回购交易。

6月　蚂蚁金服推出余额宝产品。

6月19日　国务院常务会议决定加快发展多层次资本市场，将中小企业股份转让系统试点扩大至全国。

6月21日	证监会与保监会联合发布《保险机构设立基金管理公司试点办法》，支持保险机构投资设立基金管理公司。
7月4日	证监会批准中金所上市国债期货。
7月12日	证监会、中国人民银行、国家外汇管理局决定将QFII投资额度增加至1500亿美元。
8月8日	国务院办公厅发布《关于金融支持小微企业发展的实施意见》，提出在清理整顿各类交易场所的基础上，将区域性股权市场纳入多层次资本市场体系。
8月16日	“光大乌龙指”事件。
11月9—12日	十八届三中全会通过了《中共中央关于全面深化改革若干重大问题的决定》，提出要健全多层次资本市场体系，推动股票发行注册制改革等。
11月30日	国务院发布《关于开展优先股试点的指导意见》。
11月30日	证监会发布《关于进一步推进新股发行体制改革的意见》，推进新股市场化发行机制改革。
12月13日	国务院发布《关于中小企业股份转让系统有关问题的决定》。
12月25日	国务院办公厅发布了《关于进一步加强资本市场中小投资者合法权益保护工作的意见》，包括健全投资者适当性制度、优化投资回报机制、保障中小投资者知情权、健全中小投资者投票机制、建立多元化纠纷解决机制、健全中小投资者赔偿机制、加大监管和打击力度、强化中小投资者教育、完善投资者保护组织体系9部分，也被称为2013年“国九条”。
12月31日	全国中小企业股份转让系统正式面向全国受理企业挂牌申请。

2014年

1月24日	266家企业在全国中小企业股份转让系统举办集体挂牌仪式。

2月7日	中国证监会审议通过了《关于改革完善并严格实施上市公司退市制度的若干意见》（以下简称《退市意见》），增加了重大违法公司强制退市制度，进一步完善了我国资本市场退市制度体系的建设，正式形成了交易类、财务类、规范类、重大违法类四类退市标准的退市框架。
3月21日	证监会发布《优先股试点管理办法》，启动优先股试点。
4月10日	国务院总理李克强在博鳌亚洲论坛2014年年会开幕式上发表主旨演讲，提出积极创造条件，建立上海与香港股票市场交易互联互通机制。
5月8日	国务院发布《国务院关于进一步促进资本市场健康发展的若干意见》，提出了包括发展多层次股票市场、扩大资本市场开放、推进股票发行注册制等在内的九条意见，对我国资本市场发展作出整体部署，立足全局、着眼长远，勾画出今后一个时期资本市场的发展路线图，也被称为2014年“国九条”。
5月9日	上交所发布《上海证券交易所优先股业务试点管理办法》。
6月13日	证监会发布《沪港通股票市场交易互联互通机制试点若干规定》。
6月20日	证监会发布《关于上市公司实施员工持股计划试点的指导意见》。
8月25日	全国股转系统做市转让方式正式实施。
10月15日	证监会发布《关于改革完善并严格实施上市公司退市制度的若干意见》，健全上市公司主动退市制度，增加了重大违法公司强制退市制度。
10月17日	中国证监会发布《关于证券公司参与沪港通业务试点有关事项的通知》，进一步明确了证券公司参与沪港通业务试点有关事项。
10月24日	证监会发布修订后的《上市公司重大资产重组管理办法》和《关于修改〈上市公司收购管理办法〉的决定》，取消对不构成借壳上市的上市公司重大购买、出售和置换资产行为的审批。

11 月 14 日	中国农业银行非公开发行不超过 800 亿元的优先股，成为境内首单优先股发行。
11 月 17 日	沪港通正式开通。
12 月 5 日	中证中小投资者服务中心有限责任公司成立。
12 月 5 日	沪深两市单日成交额首次突破 1 万亿元。
12 月 12 日	证监会批准上海国际能源交易中心组织开展原油期货交易。

2015 年

1 月 9 日	证监会发布《股票期权交易试点管理办法》，同时批准上交所开展股票期权交易试点。
1 月 15 日	证监会发布《公司债券发行与交易管理办法》，发行人范围由上市公司扩大至全部公司制法人。
2 月 9 日	上证 50 ETF 期权合约上市交易，这是我国第一只场内期权产品。
4 月 12 日	中国证券登记结算有限责任公司发布《关于取消自然人投资者 A 股等证券账户一人一户限制的通知》，自 2005 年 4 月 13 日起，取消自然人投资者开立 A 股账户的“一人一户”限制。
4 月 16 日	上证 50 和中证 500 股指期货合约在中金所上市交易。
5 月 1 日	《存款保险条例》正式施行，标志着中国存款保险制度正式建立。
6 月 12 日	上证指数再次触及 5000 点高点，达到 5178.19 点。此后，指数一路下跌，2015 年出现股市大波动。
7 月 1 日	证监会发布《证券公司融资融券业务管理办法》。
7 月 6 日	“国家队”救市资金正式入场。
8 月 23 日	国务院公布《基本养老保险基金投资管理办法》。
8 月 24 日	中共中央、国务院印发《关于深化国有企业改革的指导意见》。
8 月 28 日	证监会发布《关于调整沪深 300、上证 50、中证 500 股指期货非套期保值持仓交易保证金的通知》。

8月31日	证监会、财政部、国务院国资委和银监会联合发布《关于鼓励上市公司兼并重组、现金分红及回购股份的通知》，以进一步提高上市公司质量，建立健全投资者回报机制。
9月7日	最严格的股指期货限仓政策正式实施。
9月7日	财政部、国家税务总局和证监会发布《关于上市公司股息红利差别化个人所得税政策有关问题的通知》，个人从公开发行和转让市场取得的上市公司股票，持股超过1年的，股票红利所得暂免征收个人所得税。
9月13日	中共中央、国务院印发了《关于深化国有企业改革的指导意见》，从改革的总体要求到分类推进国有企业改革、完善现代企业制度和国有资产管理体制、发展混合所有制经济、强化监督防止国有资产流失、加强和改进党对国有企业的领导、为国有企业改革创造良好环境条件等方面，全面提出了新时期国有企业改革的目标任务和重大举措。
12月18日	首批7只内地相关互认基金获得中国证监会和香港证监会注册。

2016年

1月4日	熔断机制实施。
1月7日	证监会决定暂停实施熔断机制。
2月4日	国家外汇管理局表示，放宽单价QFII机构投资额度上限，进一步扩大境内资本市场开放。
3月10日	国务院发布《全国社会保障基金条例》。
5月27日	《全国中小企业股份转让系统挂牌公司分层管理办法（试行）发布实施》。
6月27日	新三板实施市场分层管理，设置基础层和创新层。其中，创新层在整体上设置了高于基础层的准入条件。
7月5日	欣泰电气成为中国证券市场第一家因欺诈发行而遭强制退市的上市公司。

7月13日	证监会发布《上市公司股权激励管理办法》，自8月13日起正式施行。
9月30日	证监会发布《内地与香港股票市场交易互联互通机制若干规定》，深交所发布与深港通相关的八大业务规则，标志着深港通业务规则基本齐备。
10月10日	国务院发布《关于积极稳妥降低企业杠杆率的意见》，这是我国防范化解企业债务问题的重要文件。
12月5日	深港通正式启动。

2017年

1月20日	国务院办公厅印发《关于规范发展区域性股权市场的通知》。
3月31日	我国首只商品期权——豆粕期权在大连商品交易所挂牌交易。
5月3日	证监会发布《区域性股权市场监督管理试行办法》。
5月26日	证监会发布《上市公司股东、董监高减持股份的若干规定》。
6月12日	全国银行间同业拆借中心发布《全国银行间同业拆借中心“债券通”交易规则（试行）》。
6月21日	中国人民银行发布《内地与香港债券市场互联互通合作管理暂行办法》。
6月21日	明晟公司宣布将A股纳入MSCI指数。
6月23日	因为欺诈发行，深交所决定欣泰电气股票终止上市，欣泰电气因此成为首家被强制退市的上市公司。
6月26日	中央国债登记结算有限责任公司发布《“债券通”北向通登记托管结算业务规则》。
6月28日	上海清算所发布《银行间市场清算所股份有限公司“债券通”北向通业务指南（试行）》，明确了登记托管、清算结算业务操作流程。
7月3日	债券“北向通”正式开始试运行。
7月14—15日	第五次全国金融工作会议

10月23日　国内首单央企租赁住房REITs、首单储架发行REITs——中联前海开源保利地产租赁住房一号资产支持专项计划获得上交所审议通过。

12月29日　经国务院批准，证监会宣布启动H股全流通试点。

2018年

1月19日　红狮控股集团有限公司"一带一路"建设公司债券在上交所成功发行，成为国内首家公开发行"一带一路"建设公司债券的企业。

2月24日　在十二届全国人大党委会第33次会议上，决定将国务院实施股票发行注册制改革的期限延长至2020年2月29日。

3月26日　原油期货合约在上海国际能源交易中心上市交易。

4月8日　中国银行业监督管理委员会和中国保险监督管理委员会合并为中国银行保险监督管理委员会，简称银保监会，我国的金融监管体系由原来的"一行三会"变为"一行两会"。

4月11日　中国证监会联合香港证监会发布公告，5月1日起扩大互联互通每日额度，将沪股通和深股通每日额度调整为520亿元，沪港通下的港股通和深港通下的港股通每日额度分别调整为420亿元。

4月20日　证监会推出首家H股全流通试点企业——联想控股股份有限公司。

4月27日　中国人民银行、中国银行保险监督管理委员会、中国证券监督管理委员会、国家外汇管理局联合印发了《关于规范金融机构资产管理业务的指导意见》，该文件被简称为"资管新规"。

5月22日　中国投资网正式开通运行。

6月1日　A股正式被纳入MSCI新兴市场指数。

6月6日　证监会核准首家境内企业——青岛海尔到中欧国际交易所发行D股。

7月27日　证监会发布《关于修改〈关于改革完善并严格实施上市公司退市制度的若干意见〉的决定》，开启了第四轮退市制度改革。

9月26日　银保监会发布《商业银行理财业务监督管理办法》，要求“商业银行应当通过具有独立法人地位的子公司开展理财业务”。

11月5日　习近平主席在首届中国国际进出口博览会上宣布，在上海证券交易所设立科创板并试点注册制。

11月16日　深交所启动对长生生物重大违法强制退市机制。

12月19—21日　中央经济工作会议提出“要通过深化改革，打造一个规范、透明、开放、有活力、有韧性的资本市场”。

2019年

1月23日　中央全面深化改革委员会第六次会议审议通过了《在上海证券交易所设立科创板并试点注册制总体实施方案》。

1月28日　证监会发布《关于在上海证券交易所设立科创板并试点注册制的实施意见》。

3月1日　证监会发布《科创板首次公开发行股票注册管理办法（试行）》和《科创板上市公司持续监管办法（试行）》。

3月29日　证监会核准设立摩根大通证券（中国）有限公司、野村东方国际证券有限公司。

5月14日　MSCI宣布将指数里的大盘A股纳入因子从5%提高至10%。

6月3日　中国建设银行全资子公司建信理财有限责任公司在深圳正式开业，成为国内首家正式开业运营的银行理财子公司。

6月13日　科创板正式开板。

6月17日　中国证监会和英国金融行为监管局发布沪伦通《联合公告》，沪伦通正式启动；同日，上交所上市公司华泰证券股份有限公司发行的沪伦通机制下首只全球存托凭证（GDR）在伦交所挂牌交易。

6月21日　富时罗素全球指数纳入A股。

6月25日　上交所和日交所集团分别举行中日ETF互通的开通仪式。

7月22日　科创板首批25家公司挂牌上市交易。

8月9日　《中共中央　国务院关于支持深圳建设中国特色社会主义先行示范区的意见》发布。

8月24日　富时罗素将A股的纳入因子由5%提升至15%。

9月20日　标普道琼斯正式将A股以25%因子首次纳入其全球宽基指数BMI。

10月25日　证监会启动新三板全面深化改革。

11月15日　证监会宣布全面推开H股全流通改革，同日发布《H股公司境内未上市股份申请“全流通”业务指引》。

11月18日　经国务院同意，证监会正式启动扩大股票股指期权试点工作，将按程序批准上交所、深交所上市沪深300 ETF期权，中金所上市沪深300股指期权。

11月26日　MSCI将A股纳入因子由15%提升至20%，并以20%的纳入因子纳入中盘股。

12月23日　沪深300 ETF期权在沪深两个交易所同步上市交易，沪深300股指期权在中金所上市交易。

12月28日　新修订的《证券法》在第十三届全国人大常委会第15次会议上表决通过。

2020年

3月1日　新《证券法》正式实施，即日起公司债券发行实行注册制。

4月27日　中央全面深化改革委员会第十三次会议审议通过了《创业板改革并试点注册制总体实施方案》。

4月30日　证监会、发展改革委联合发布《关于推进基础设施领域不动产投资信托基金（REITs）试点相关工作的通知》，标志着境内基础设施领域公募REITs试点正式起步。

5月15日　全国性纠纷调解组织中证资本市场法律服务中心成立。

6 月 3 日	证监会发布《关于全国中小企业股份转让系统挂牌公司转板上市的指导意见》。
6 月 12 日	证监会发布了《创业板首次公开发行股票注册管理办法(试行)》等一系列创业板注册制改革的规范性文件。与此同时，深交所、中国结算、证券业协会等也发布了相关配套规则。
6 月 18 日	证监会核准摩根大通期货成为我国首家外资全资控股期货公司。
7 月 10 日	证监会和银保监会联合发布《证券投资基金托管业务管理办法》。
7 月 27 日	新三板精选层正式设立，首批 32 家公司股票挂牌交易。
8 月 18 日	最高人民法院发布《关于为创业板改革并试点注册制提供司法保障的若干意见》。
8 月 24 日	创业板改革并试点注册制顺利落地，首批 18 家企业在深交所创业板上市。
9 月 25 日	经国务院批准，证监会、中国人民银行和国家外汇管理局发布《合格境外机构投资者和人民币合格境外机构投资者境内证券期货投资管理办法》。
10 月 9 日	国务院印发《关于进一步提高上市公司质量的意见》。
10 月 9 日	证监会决定成立广州期货交易所筹备组，开始筹建广州期货交易所。
10 月 23 日	深港 ETF 互通正式开通。
10 月 29 日	十九届五中全会通过了《中共中央关于制定国民经济和社会发展第十四个五年规划和二〇三五年远景目标的建议》。

2021 年

2 月 5 日	证监会表示开始启动深主板和中小板合并。
2 月 7 日	包商银行被裁定破产。

2月26日	上交所和深交所分别发布《全国中小企业股份转让系统挂牌公司向上海证券交易所科创板转板上市办法（试行）》和《深圳证券交易所关于全国中小企业股份转让系统挂牌公司向创业板转板上市办法（试行）》，明确了转板条件，并进一步优化了审核程序，完善了制度衔接，便利了精选层企业升级转板。
3月18日	证监会发布修订后的《上市公司信息披露管理办法》。
4月6日	深交所主板与中小板正式合并。
4月19日	广州期货交易所揭牌仪式举行。
6月21日	沪深交易所首批9单基础设施公募REITs正式上市交易，标志着我国基础设施公募REITs试点进程迎来重要里程碑。
6月末	恒大危机爆发。
8月7日	中国证监会核准摩根大通100%控股摩根大通证券（中国）有限公司，摩根大通证券（中国）有限公司成为中国首家外资全资控股的证券公司。
8月11日	观典防务发布关于董事会审议转板上市相关事宜的提示性公告，成为转板上市规则颁布以来首次公开披露转板上市意向的新三板公司。
9月2日	习近平主席在2021年中国国际服务贸易交易会全球服务贸易峰会上致辞宣布，继续支持中小企业创新发展，深化新三板改革，设立北京证券交易所。
9月5日	北京证券交易所首批业务规则《北京证券交易所股票上市规则（试行）》《北京证券交易所交易规则（试行）》《北京证券交易所会员管理规则（试行）》向社会公开征求意见。
9月24日	债券“南向通”正式上线。
11月12日	广州市中级人民法院对全国首例证券集体诉讼案作出一审判决，责令康美药业股份有限公司因年报等虚假陈述侵权赔偿证券投资者损失24.59亿元。其中，包括5名曾任或在职的独立董事，需要承担连带责任，合计赔偿金额最高约3.69亿元，该案也成为我国首起独立董事承担连带责任的案例。

11 月 15 日　北交所正式开市，71 家新三板精选层以及 10 家已完成公开发行等程序的企业直接在北交所上市。

2022 年

1 月 1 日　经过三年的过渡，“资管新规”正式落地，理财产品告别刚兑，进入全面净值化时代。《区域全面经济伙伴关系协定》（RCEP）正式生效。

2 月 24 日　俄乌冲突爆发，全球能源、粮食价格大幅波动。

3 月 7 日　青山集团“伦镍事件”。

4 月　河南村镇银行事件爆发。

4 月 21 日　国务院办公厅发布《关于推动个人养老金发展的意见》。

7 月 4 日　ETF 纳入内地与香港股票市场交易互联互通机制。

7 月 22 日　中证 1000 股指期货和期权在中国金融期货交易所上市，弥补了我国 A 股小盘股指数衍生品的空白。

8 月 1 日　《中华人民共和国期货和衍生品法》正式施行，补齐了我国期货和衍生品领域的法律“短板”。

8 月 26 日　证监会、财政部与美国公众公司会计监督委员会签署审计监管合作协议。

10 月 31 日　首批 14 家科创板做市商正式开展科创板股票做市交易业务，这是境内主要股票市场首次引入做市商机制。

11 月 4 日　人力资源和社会保障部、财政部、国家税务总局、银保监会、证监会联合发布《个人养老金实施办法》，我国养老第三支柱正式落地；同时，个人养老金入市也为资本市场带来了长期稳定的巨量资金。

11 月 23 日　中国人民银行、银保监会公布《关于做好当前金融支持房地产市场平稳健康发展工作的通知》，共提出 16 条金融举措支持房地产发展。

12 月 27 日　《金融稳定法》草案提请十三届全国人大常委会第三十八次会议审议。

附录 B　基于牛熊市的资本市场制度变革分析

牛熊划分

虽然股权分置改革、注册制改革、资本市场开放、多层次资本市场建设以及市场的交易制度变革等大多是资本市场发展的历史趋势，但是股票市场的波动会对这一过程产生延缓或者助推的作用。另外，资本市场的变革同样会对股票市场的波动产生一系列影响。因此，为了更加深入地理解我国资本市场的建设与演变过程，本部分将从 A 股市场的牛熊转换来对中国市场的变革进行分析。根据 A 股市场的走势，我国资本市场大致可以分为九个牛熊阶段，附表 B－1 给出了各阶段牛熊市的基本情况。

附表 B－1　　我国资本市场的牛熊划分

阶段	起始日期	开始点位（点）	结束日期	结束点位（点）	涨跌幅度（%）
第一轮牛市	1990－12－19	95.79	1992－05－25	1421.57	1384.05
第一轮熊市	1992－05－26	1429.01	1992－11－17	386.85	－72.93
第二轮牛市	1992－11－17	386.85	1993－02－16	1558.95	302.99
第二轮熊市	1993－02－16	1558.95	1994－07－29	325.89	－79.10
第三轮牛市	1994－07－29	325.89	1994－09－13	1052.94	223.10
第三轮熊市	1994－09－13	1052.94	1996－01－19	512.83	－51.30
第四轮牛市	1996－01－19	512.83	1997－05－12	1510.18	194.48
第四轮熊市	1997－05－12	1510.18	1997－09－23	1025.13	－32.12
调整期	1997－09－23	1025.13	1999－05－19	1059.87	
第五轮牛市	1999－05－19	1059.87	2001－06－14	2245.44	111.86

续表

阶段	起始日期	开始点位（点）	结束日期	结束点位（点）	涨跌幅度（%）
第五轮熊市	2001-06-14	2245.44	2005-06-06	998.23	-55.54
第六轮牛市	2005-06-06	998.23	2007-10-16	6124.04	513.49
第六轮熊市	2007-10-16	6124.04	2008-10-28	1664.93	-72.81
第七轮牛市	2008-10-28	1664.93	2009-08-04	3478.01	108.90
第七轮熊市	2009-08-04	3478.01	2013-06-25	1849.65	-46.82
调整期	2013-06-25	1849.65	2014-07-22	2049.81	
第八轮牛市	2014-07-22	2049.81	2015-06-12	5178.19	152.62
第八轮熊市	2015-06-12	5178.19	2016-01-27	2638.3	-49.05
第九轮牛市	2016-01-27	2638.3	2018-01-29	3587.03	35.96
第九轮熊市	2018-01-29	3587.03	2019-01-14	2440.91	-31.95

第一阶段　牛熊转换

第一阶段牛熊转换由于处于股票市场成立初期，可以交易的股票标的较少，且大部分股票属于不可以流通的国有股和法人股，导致市场的投机氛围较为浓厚，为抑制市场投机，沪深两地交易所均采取了较为严格的涨跌幅限制，导致股票市场“有行无市”。

但是，这种严格的涨跌停制度使上市公司的良好业绩表现以及市场需求无法快速反映到股票价格中。因此，在1991年8月17日，深圳交易所取消了涨跌幅限制，深圳指数率先大幅上涨。这时由于上海交易所仍然实施较为严格的涨跌停制度，导致这一时期的股票价格几乎在大部分交易日均处于涨停的状态。为解决涨跌停制度导致的市场“有行无市”局面，上交所于1992年5月21日开始取消涨跌停制度，并实施T+0交易制度。涨跌停制度的取消使被压制的股票价格快速爆发。同时，T+0交易制度以及可交易股票规模较小的问题加剧了市场的投机氛围，导致上证指数当天就上涨了105.27%。此后，在连续上涨3个交易日之后，于1992年5月25日收于1421.57点，自上海交易所成立以来的95.79点来起算，涨幅达1384.05%。除此之外，1992年1月，邓小平南方谈话发表了一系列重要讲话，同样提振了股市的信心。

由于涨跌幅制度的取消以及T+0交易制度的实施，股价快速上涨所积聚的风险在1992年5月26日开始释放，股价从当日最高的1429.01点一路下跌，并且“8·10”事件的爆发严重损害了投资者对于市场的信心，导致市场在此后跌幅加快，于1992年的11月17日跌至386.85点的低点，使这一轮的下跌幅度达72.93%。在这一阶段，“8·10”事件的爆发使监管层更为关注市场的规章制度建设，并直接推动了中国证监会的成立。

【相关政策】涨跌停制度、T+0交易制度、中国证监会的成立

【相关事件】邓小平南方谈话、“5·21”揭盖、“8·10”事件

【牛市区间】1990年12月19日—1992年5月25日

【熊市区间】1992年5月26日—11月17日

第二阶段　牛熊转换

1992年底开始统一股票面值，除面值已为1元的外，其他上市公司纷纷将各自股票拆细，股票拆细带来的一个后果就是股票价格变得更低，在资本市场初期，由于投资者缺乏关于金融市场的理论知识，使投资者形成了股票变便宜的错觉。例如，飞乐音响在1992年12月10日，将股票面值由10元降为1元时，股票价格由前一个交易日收盘价的232.95点变为了23.30点。另外，股票市场在经历了一轮熊市后，股票指数已经下跌到了一个相对较低的价位，在统一股票面值的推动下，上证指数从1992年11月17日的386.85点快速上涨至1993年2月16日的1558.95点，涨幅达302.99%。

但是，股份拆细并不会改变上市公司的价值，股票大幅上涨使市场风险再次积聚。除此之外，1992年邓小平南方谈话以及党的十四大的召开，社会主义市场经济体制在我国正式确立，市场经济体制改革在拉动经济增长的同时，也产生了较为严重的通货膨胀。例如，1993—1995年3年间的通货膨胀率分别高达14.7%、24.1%和17.1%，为抑制通货膨胀继续恶化，政府开始严格控制信贷总规模，同样对股市产生了抑制作用。最终，股市从1993年2月16日开始进入下跌通道，并且，此次熊市持续时间更长。其间，虽然证监会也不断实施相关措施，但仍旧没有稳定股市。例如，1994年3月12日，中国证监会决定：（1）国有股、法人股年内不上市；（2）股票转让及所得税年内不征收；（3）55亿元新发行额度相当部分推迟到下一年度上市；（4）积极建立投资基金组织和发展机构投资者。股市的颓势一直持续到1994年7月底

“三大政策”[①] 的推出，市场才稳住颓势，其中“三大政策”分别是(1) 年内暂停各种新股的发行和上市；(2) 有选择地对资信和管理较好的证券机构进行融资；(3) 逐步吸引外国基金进入 A 股市场。股市也于 1994 年 7 月 29 日触及 325.89 的低点，跌幅达 79.10%。

【相关政策】社会主义市场经济体制改革、统一股票面值

【相关事件】“三大政策”

【牛市区间】1992 年 11 月 17 日至 1993 年 2 月 16 日

【熊市区间】1993 年 2 月 16 日至 1994 年 7 月 29 日

第三阶段　牛熊转换

在“三大政策”的刺激下，股市迎来了短暂的繁荣，在一个半月的时间内，上证指数快速由 1994 年 7 月 29 日的 325.89 低点上涨至 1994 年 9 月 13 日的 1052.94 点，涨幅达到 223.10%。

尽管“三大政策”在短期对股市产生了强烈的刺激作用，但是，“三大政策”除了停发新股外，其余两项政策在当时的条件下没有实施的可能，导致股市重新陷入低迷状态，并大幅波动下滑。股市短时间内的大幅上升和大幅下跌，使打击市场投机再次成为监管层的工作重点。为此，国务院证券委在 1994 年 10 月 5 日决定自 1995 年 1 月 1 日起取消 T+0 回转交易，实行 T+1 交易制度，但是，T+1 交易制度并没有遏制市场的颓势。

“3·27”国债期货事件爆发后，证监会于 1995 年 5 月 17 日发布《关于暂停全国范围内国债期货交易试点的紧急通知》，关闭了国债期货交易市场，尽管在此消息的影响下股市在之后 3 个交易日内大幅调高至 926.41 点，但之后股市又重新回到下跌的通道，并在 1996 年 1 月 19 日跌至 512.83 低点，从这一整轮熊市来看，上证指数由 1994 年 9 月 13 日的 1052.94 点下跌至 1996 年 1 月 19 日的 512.83 点，跌幅达 51.30%。

【相关政策】T+1 交易制度

【相关事件】“3·27”国债期货事件

【牛市区间】1994 年 7 月 29 日至 9 月 13 日

【熊市区间】1994 年 9 月 13 日至 1996 年 1 月 19 日

---

① 相关文件为《中国证监会与国务院有关部门就稳定和发展股市做出决策》。

第四阶段　牛熊转换

虽然之前有“三大政策”以及关闭国债期货市场等引起了市场短暂上扬，但是股市长达三年多的低迷使股市由1993年2月16日的1558.95点跌至1996年1月19日的512.83点，市场估值达到了低洼地带，股市开始逐步回暖，在春节过后的第一个交易日（1996年3月4日），上证指数大幅上涨8.87%。此后，一系列利好的宏观政策相继落地，3月30日，央行发布公告决定从4月1日起停办新的保值储蓄业务；4月1日，国务院领导在听取证监会关于股市情况的汇报后，指示要“稳步发展，适当加快”；5月和8月，央行两度降息，为市场提供了充足的流动性；另外，香港回归临近，相关概念股票受到市场的关注。在此过程中，虽然管理层也相继发布了后来被称为“十二道金牌”的十二条规定来限制股市过快发展。但是，在多重利好因素的叠加下，股市仍然全线上涨，尤其是进入10月之后，股市上涨速度再次提挡，增加了市场的波动风险。

在上证指数于1996年12月11日上涨至1258.69点后，上交所和深交所分别发出《关于实行交易价格涨跌幅限制的通知》，规定从1996年12月16日起正式实施10%的涨跌幅限制。在短期内，虽然抑制了市场的过热发展，但却没能控制市场的大幅波动。在通知发布之后，上证指数在1996年12月16日和17日分别下跌了9.91%和9.44%。针对市场中的暴涨暴跌，《人民日报》在1996年12月16日发表了第一篇针对股票市场的特约评论员文章——《正确认识当前股票市场》。尽管涨跌幅制度在短期内对股市的过快发展产生了一定程度的抑制效应，但是，从1996年12月18日开始，股市再次进入上涨通道，并在1997年5月12日冲上了1500点，在达到1510.18点后，以1996年1月19日的512.83点作为牛市起点进行计算，本轮的牛市涨幅达194.48%。

无论是“十二道金牌”，还是涨跌停制度均未达到抑制市场过热发展的态势。直到1997年5月9日，国务院发布《国务院关于调整证券（股票）交易印花税税率的通知》，决定将印花税从3‰提升至5‰的水平，这一举措严重抑制了市场的投机行为，市场开始逐步释放积聚的风险，在1997年9月23日跌至1025.13点后，股市进入调整期。将这轮熊市以1997年5月12日的最高点1510.18点和1997年9月23日的最低点1025.13点进行计算，本轮熊市的跌幅为32.12%。

【相关政策】涨跌幅制度、印花税上调

【相关事件】香港回归、“十二道金牌”、《正确认识当前股票市场》

【牛市区间】1996年1月19日至1997年5月12日

【熊市区间】1997年5月12日至9月23日

第五阶段　牛熊转换

在经历了将近20个月的调整期后，1999年5月16日，国务院批准了包括改革股票发行体制、逐步解决证券公司合法融资渠道、允许部分具备条件的证券公司发行融资债券、扩大证券投资基金试点规模、搞活B股市场、允许部分B股H股公司进行回购股票在内的“搞活市场六项政策”，点燃了互联网的热情，A股从1999年5月19日开启了“5·19”行情。除了互联网的浪潮外，亚洲金融危机之后，宽松的货币环境同样也促进了市场的繁荣发展。例如，从1999年至2002年一共经历了三次降息或者降准。在互联网浪潮、政策支持以及宽松货币环境的助推下，股市从1999年5月19日开始，经历了三波涨势，股市涨至2001年6月14日的2245.44点，涨幅达111.86%。

当时，由于股权分置的问题已经严重制约了我国资本市场的发展，因此，在2001年6月6日，国务院正式颁布《减持国有股筹集社会保障资金管理暂行办法》，标志着第二轮国有股减持正式开始，但是，国有股减持的价格并没有被市场认可，导致市场大幅下跌，上证指数从减持方案发布日的2238.50点一路下跌至2001年10月22日的1514.86点，下跌幅度达到32.33%，市价总值损失达1.8万亿元。尽管市场反应使监管层叫停了此轮国有股减持，但是，关于国有股减持犹如悬在我国资本市场上空的“达摩克利斯之剑”。虽然在一些政策的支持下，股市偶有反弹，但是，在国有股减持的预期下，股市仍然处于下跌的大趋势中。例如，在2002年12月1日，中国人民银行颁布实施了《合格境外机构投资者境内证券投资管理暂行办法》，QFII制度正式设立。除此之外，2003年6月11日，全国社保基金正式进入市场，均被认为是挽救股市的一些举措。

在此轮大熊市之间也存在一轮小的技术性牛市，2003年10月，《证券发行上市保荐制度暂行办法》和《证券投资基金法》获通过，市场一系列重要的规范文件即将实施，再加上2004年1月31日，国务院颁布了《国务院关于推进资本市场改革开放和稳定发展的若干意见》（“国九条”），对我国资本市场的未来发展进行了整体部署，进一步提升了市场的信心，使股市在2003年底和2004年初经历了一波上涨，上证指数由2003年11月13日的最低点1307.40点上涨至2004年4月7日的1783.01点。

但是，“国九条”中的意见长期未能落实，导致市场重新陷入低迷，并且，市场长时间的低迷还导致了创业板的“流产”，转而成立了中小板用以过渡。市场真正的转机来自股权分置改革，在“国九条”的指导下，2005年4月29日，经国务院批准，证监会发布《关于上市公司股权分置改革试点有关问题的通知》，股权分置改革正式开启。但是，直到2005年6月初，试点公司的股改方案获得市场认可之后，市场才逐步稳定。以2001年6月14日的最高点2245.44点和2005年6月6日当日的最低点998.23点进行计算，本轮熊市上证指数一共下跌了55.54%。

【相关政策】QFII、国有股减持、上市保荐制、保险金入市、《证券投资基金法》、股权分置改革、中小板的设立

【相关事件】“5·19”行情、“国九条”

【牛市区间】1999年5月19日至2001年6月14日

【熊市区间】2001年6月14日至2005年6月6日

第六阶段　牛熊转换

股权分置改革的成功以及全球金融市场的非理性繁荣使A股市场从2005年6月开启了一轮我国资本市场影响最深远、记忆最深刻的牛市。首先，从股权分置改革来说，第一，市场化的原则使股改方案被市场所认可；第二，股权分置改革从根本上解决了股权分置的问题以及国有股流通的问题，稳定了市场关于国有股减持的预期；第三，从长期视角来看，股权分置改革有利于公司治理水平的提高，对于公司长远发展具有非常深远的意义。其次，再从国际金融市场来看，全球资本市场几乎全部经历了一轮长时间、大幅度的上涨，附表B-2为2007年金融牛市中各个国家和地区主要股票指数的表现，在全球资本市场非理性繁荣发展的引领下，与股权分置改革形成“叠加效应”，推动了股票市场加速上涨。除此之外，将近四年的熊市使市场估值陷入谷底，为此轮牛市的大幅度上涨提供了空间。在股权分置改革、全球金融市

场非理性繁荣和A股价值谷底的多重因素作用下，上证指数由2005年6月6日的998.23点上涨至2007年10月16日的6124.04点，上涨幅度达到513.49%。

附表B-2　　国际市场主要指数在2007年牛市中的表现

指数	谷底日期	谷底点位（点）	峰顶日期	峰顶点位（点）	上涨时间（个月）	上涨幅度（%）
道琼斯工业指数	2002-10-10	7197.49	2007-10-11	14198.1	60	97.26
标普500	2003-03-14	788.9	2007-10-12	1576.09	53	99.78
纳斯达克指数	2002-10-10	1108.49	2007-10-31	2861.51	60.5	158.14
日经225	2003-04-28	7603.76	2007-02-26	18300.39	46	140.68
恒生综指	2003-04-25	1021.92	2007-11-01	4580.11	54	348.19
新加坡海峡指数	2003-03-10	1170.85	2007-10-11	3831.19	55	227.21
英国富时100	2003-03-12	3277.5	2007-07-13	6754.1	52	106.07
法国CAC40	2003-03-12	2401.15	2007-06-01	6168.15	50.5	156.88
德国DAX	2003-03-12	2188.75	2007-07-13	8151.57	52	272.43

注：数据来自Wind数据库。

但是，市场的非理性发展使风险快速积聚。从国际资本市场来看，自2007年2月开始，美国的次贷危机开始逐步显现，在2007年8月，以美联储为代表的世界各国央行开始采取措施，虽然一定程度上稳定了市场，但是，股市最终还是崩塌了，作为上涨幅度更高的A股，同样没有经受住国际金融危机的冲击，尤其是16个月内超过500%的涨幅，更是让其摇摇欲坠，上证指数也由2007年10月16日的6124.04点快速跌至2008年10月28日的1664.93点，跌幅达72.81%。

股市的大涨大跌不仅容易造成投资者的损失，还对我国资本市场的建设产生了影响。首先，我国做空制度的建设从2006年就开始提上日程，但是，长期的牛市使市场一直处于价格高位，做空制度的推出容易导致市场的崩盘，之后市场牛熊转换之后，做空制度的推出可能加剧市场的低迷情绪，导致做空制度的建设长期被搁置。另外，股市的大跌又一次延缓了创业板的进程，股权分置改革后，市场逐步稳定，为创业板的成立创造了良好的条件，但是，市场在2007年10月再次进入下跌的通道，如果此时推出创业板，很有可能形成“抽血效应”，加剧市场的下跌，因此，创业板的设立再次被延缓。

【相关政策】股权分置改革的成功、融资融券和股指期货等做空制度被延缓、创业板的设立被推迟

【相关事件】国际金融危机

【牛市区间】2005 年 6 月 6 日至 2007 年 10 月 16 日

【熊市区间】2007 年 10 月 16 日至 2008 年 10 月 28 日

第七阶段　牛熊转换

股市大跌后，政府开始采取一系列稳定市场的措施。其中，2008 年 11 月 5 日，国务院常务会议，确定了进一步扩大内需、促进经济增长的十项措施。根据估算，此十项措施会产生四万亿新增投资，对市场产生了强烈的刺激作用，股票市场也从 2008 年 11 月起开启了一轮报复性上涨，上证指数由 2008 年 10 月 28 日的 1664.93 点上涨至 2009 年 8 月 4 日的 3478.01 点，涨幅达 108.90%。

尽管一系列救市措施短期稳定了市场，但是，美国次贷危机造成的影响仍然没有散去，此后进入了将近 4 年的熊市。需要指出的是，虽然此轮熊市持续时间较长，但是，整体的波动幅度并没有 2008 年国际金融危机期间那么剧烈，且偶有上涨，因此，此轮熊市也可被视为市场的调整期。在这一调整下跌的阶段，上证指数由 2009 年 8 月 4 日的 3478.01 点调整至 2013 年 6 月 25 日的谷底 1849.65 点，向下调整幅度达 46.82%。

在这一阶段，虽然股市下探幅度仍然高达 46.82%，但是，将时间拉长来看，市场的波动整体在可控范围内，市场表现较为平稳，也为我国的资本市场建设提供了一个窗口。例如，从 1999 年开始酝酿的创业板在 2009 年 10 月 30 日正式开板；2006 年就提上日程的做空制度也在 2010 年正式开始实施，首先是在 2010 年 3 月 31 日融资融券交易系统正式开通，之后在 2010 年 4 月 16 日，沪深 300 股指期货在中金所开始上市交易。

【相关政策】创业板的成立、融资融券制度、股指期货交易

【相关事件】“四万亿计划”

【牛市区间】2008 年 10 月 28 日至 2009 年 8 月 4 日

【熊市区间】2009 年 8 月 4 日至 2013 年 6 月 25 日

第八阶段　牛熊转换

进入2013年，美国次贷危机带来的影响开始逐渐消散。此时，党的十八届三中全会在2013年11月12日通过了《中共中央关于全面深化改革若干重大问题的决定》（以下简称《决定》），从《决定》的内容来看，在资本市场建设方面涉及了扩大金融业对外开放、健全多层次资本市场体系、股票发行注册制改革等众多市场基础性改革，对于市场的规范发展和健康发展具有十分重要的意义。

在政策的支持下，2014年11月17日，沪港通正式开通，吸引了大量外资流入。除此之外，央行在2014年底以及2015年初相继降息降准，为市场提供了充足的流动性；同时，融资融券制度的放松，加速了杠杆资金进入市场。最终，在“改革牛”和“杠杆牛”的相互作用下，股市从2014年7月开始进入疯狂发展的阶段，如果从牛市启动的2014年7月22日开始起算，上证综指由当天的最低点2049.81点一路上涨至2015年6月12日的最高点5178.19点，使这一轮牛市的涨幅达到152.62%。如果以上一轮熊市的谷底1849.65点（2013年6月25日）进行计算，上涨幅度高达179.96%。

股市的快速发展使监管层意识到市场的风险正在加剧，自2015年6月13日起，证监会开始加大对场外配资的打击力度，降低市场的杠杆率。另外，宏观经济的发展也没有达到市场的预期，在降杠杆的作用下，市场开始倾泻式下跌，虽然在此过程中，采取了一系列的措施。例如，2015年7月6日开始的国家队救市、2015年9月7日开始实施的最为严格的股指期货限仓政策以及2016年1月4日—7日仅实行4个交易日的熔断机制，上证指数还是在2016年1月27日触及了2638.30的低点，使这一轮熊市的跌幅达到49.05%。

由于这一阶段的牛熊转换速度较快，导致《决定》中关于资本市场建设的相关内容被延缓。例如，十二届全国人大常委会第33项会议决定将国务院实施股票发行注册制改革的期限延长至2020年2月29日。关于这一轮牛熊转换的相关内容，还可以参阅本书第八章第五节以及第十章第三节。

【相关政策】沪港通、股指期货限仓、熔断机制、注册制被延缓

【相关事件】国家队救市

【牛市区间】2014年7月22日至2015年6月12日

【熊市区间】2015年6月12日至2016年1月27日

第九阶段　牛熊转换

本轮牛市的主要驱动力来自供给侧结构性改革以及经济基本面的改善。2016 年 1 月 27 日，习近平总书记主持召开了中央财经领导小组第十二次会议，研究了供给侧结构性改革方案。周期股带动上证指数开启了新一轮牛市。除供给侧结构性改革的政策支持外，经济基本面以及市场流动性也同样对股市产生推动作用。其中，在经济基本面方面，最为典型的就是房地产行业，供给侧结构性改革也提升了煤炭钢铁等行业的利润率；在市场流动性方面，央行自 2016 年 3 月 1 日起普遍下调金融机构人民币存款准备金率 0.5 个百分点。除了降准外，央行还加大了公开市场操作频率为市场提供流动性。在多重利好因素的推动下，上证指数从 2016 年 1 月 27 日的低点 2638.30 点上涨至 2018 年 1 月 29 日的 3587.03 点，涨幅达 35.96%。

进入 2018 年后，中美贸易摩擦、资管新规和金融去杠杆的预期造成了市场一定程度的恐慌，尤其是中美贸易摩擦在短期内对我国部分产业造成了严重的打击，股市在经历了两年左右的美好时光后，进入新一轮的熊市中，上证指数由 2018 年 1 月 29 日的 3587.03 点跌至 2019 年 1 月 4 日的 2440.91 点，跌幅达 31.95%。

但是，这一轮牛熊转换呈“牛长熊短”的特征，且市场震荡幅度仍在可控范围内，市场处于一个较为稳定的环境中。而中美贸易摩擦引起了政府关于“卡脖子”技术的思考，为了进一步提升资本市场服务企业创新功能的发展，习近平总书记在 2018 年 11 月 5 日宣布成立科创板，并试点注册制。

【相关政策】注册制改革

【相关事件】供给侧结构性改革、中美贸易摩擦

【牛市区间】2016 年 1 月 27 日至 2018 年 1 月 29 日

【熊市区间】2018 年 1 月 29 日至 2019 年 1 月 14 日

2019 年至今的股市

在这一阶段，除了受 2019 年底和 2020 年初新冠疫情和石油价格崩塌的影响，市场曾出现过一段时间的大幅波动外，市场整体运行平稳，为资本市场的改革提供了良好的条件，《决定》中的相关内容也逐步落地。例如，在资

本市场开放方面，QFII 与 RQFII 总额度限制取消，互联互通机制逐步完善；在注册制改革方面，科创板、创业板以及北交所相继试点注册制；在多层次资本市场方面，科创板的成立、新三板深化改革、转板机制与退市制度的完善、中小板与主板合并、北交所的成立，使我国的多层次资本市场更加立体、更加统一；在市场规范方面，新《证券法》正式实施，加大了对市场违规行为的打击以及对投资者的保护力度。